最新行政复议法

条文解读与适用要点

周永龙/主　编

法律出版社 LAW PRESS · CHINA
北京

图书在版编目(CIP)数据

最新行政复议法条文解读与适用要点 / 周永龙主编
. -- 北京 : 法律出版社, 2023
ISBN 978-7-5197-8138-5

Ⅰ. ①最… Ⅱ. ①周… Ⅲ. ①行政复议法-法律解释-中国 Ⅳ. ①D925.35

中国国家版本馆 CIP 数据核字(2023)第 138391 号

最新行政复议法条文解读与适用要点
ZUI XIN XINGZHENG FUYIFA TIAOWEN JIEDU YU SHIYONG YAODIAN

周永龙 主 编

责任编辑 张红蕊
装帧设计 臧晓飞

出版发行 法律出版社
编辑统筹 法规出版分社
责任校对 王晓萍
责任印制 耿润瑜
经　　销 新华书店

开本 A5
印张 10　**字数** 288 千
版本 2023 年 9 月第 1 版
印次 2023 年 9 月第 1 次印刷
印刷 北京中科印刷有限公司

地址:北京市丰台区莲花池西里 7 号(100073)
网址:www.lawpress.com.cn
投稿邮箱:info@lawpress.com.cn
举报盗版邮箱:jbwq@lawpress.com.cn

销售电话:010-83938349
客服电话:010-83938350
咨询电话:010-63939796

书号:ISBN 978-7-5197-8138-5
定价:46.00 元
凡购买本社图书,如有印装错误,我社负责退换。电话:010-83938349

编　委　会

主　　编　周永龙

副 主 编　胡　静　冯　悦

编写成员　徐科雷　许　卉　衡　红

　　　　　　罗年新　赵　苗

《中华人民共和国行政复议法》适用提要

《中华人民共和国行政复议法》（以下简称《行政复议法》）是一部防止和纠正违法或者不当行政行为，保护公民、法人和其他组织的合法权益，监督和保障行政机关依法行使职权，发挥行政复议化解行政争议的主渠道作用，推进法治政府建设的重要法律。《行政复议法》由中华人民共和国第九届全国人民代表大会常务委员会第九次会议于 1999 年 4 月 29 日通过，自 1999 年 10 月 1 日起施行。2009 年 8 月 27 日，根据第十一届全国人民代表大会常务委员会第十次会议《关于修改部分法律的决定》第一次修正。2017 年 9 月 1 日，根据第十二届全国人民代表大会常务委员会第二十九次会议《关于修改〈中华人民共和国法官法〉等八部法律的决定》第二次修正。2023 年 9 月 1 日，第十四届全国人大常委会第五次会议对《行政复议法》进行修订，并对外公布。《行政复议法》分总则、行政复议申请、行政复议受理、行政复议审理、行政复议决定、法律责任、附则，共 7 章 90 条。

《行政复议法》的主要内容包括：

（一）总则

党的十八大以来，以习近平同志为核心的党中央高度重视行政复议制度的建设和完善，多次强调要发挥行政复议公正高效、便民为民的制度优势，逐步将行政复议打造成为化解行政争议的主渠道。此次行政复议法修改明确将“发挥行政复议化解行政争议的主渠道作用”加入立法目的条款之中，并重点从两个方面着手：一是完善行政复议体制机制，强化行政复议工作的软硬件保障，并建立专业化、职业化的行政复议人员队伍，提升行政复议共同体意识；二是明确行政复议工作要坚持中国共产党的领导，并遵循合法、公正、公开、高效、便民、为民的原则，坚持有错必纠，保障法律、法规的正确实施。

(二)行政复议申请

行政复议申请部分共包括行政复议范围、行政复议参加人、申请的提出、行政复议管辖四小节。为充分发挥行政复议化解行政争议的主渠道作用，此次修改在行政复议的受案范围上进行了扩大，将行政机关作出的赔偿决定等行为纳入，丰富行政协议、行政不作为的内涵与外延，删除不受理事项中“对公民、法人或者其他组织权利义务不产生实际影响的行为”；在行政复议参加人上为行政复议申请人提供便利，创设推荐代表人制度、法律援助制度等；在申请的提出上延长行政复议申请期限，增设邮寄、互联网渠道等行政复议申请书提交方式，扩充并明确行政复议前置的范围；在行政复议管辖上将“条块管辖”模式调整为“块块管辖”模式，由一级政府相对集中行使复议权。

(三)行政复议受理

行政复议受理环节决定着行政复议过程的开启，对申请人合法权益的保护至关重要。此次修改严把受理关，明确行政复议受理的七个条件。对于同时符合上述条件的，行政复议机关应当积极主动受理；对于不符合上述条件的，行政复议机关应当在审查期限内决定不予受理并说明理由，不属于本机关管辖的，还应当在不予受理决定中告知申请人有管辖权的行政复议机关；对于行政复议申请材料不齐全或者表述不清楚的，行政复议机关应当及时书面通知申请人进行补正。

(四)行政复议审理

为增强行政复议审理的公信力，此次修改完善了行政复议审理证据规则、增设了行政复议审理中止制度和行政复议审理终止制度，并将行政复议审理模式由原来的“书面审查为主、言词审理为辅”调整为“言辞审理为主，书面审查为辅”，即采取一种繁简分流的制度安排，在遵循基本司法原理和准则的基础上，适当兼顾案件的差异性以及公共资源的优化配置。具体而言,对于绝大部分的行政复议案件,行政复议机关应当采取言辞审理的模式,通过面对面或互联网等信息化方式听取当事人的意见,允许他们围绕案件的焦点、法律问题和事实问题等进行举证、质证并展开辩论。对于重大、疑难、复杂的行政复议案件,行政复议机关还应当组织听证,并听取行政复议委员会的意见;对于事实清楚、权利义务关系明确、争议不大的普通行政复议案件,行政复议机关则可以适用简易程序,采取书面审查的模式。

(五)行政复议决定

为充分激发行政复议优势,增强行政复议实质性化解行政争议的能力,此次修改极大丰富了行政复议决定的类型,主要表现在如下三个方面:一是将变更决定单列规定,并显著扩大其的适用范围,行政复议机关甚至可以针对"未正确适用法律依据"这一合法性问题直接作出变更决定。二是细化并扩充确认违法决定的适用情形,维护和保障国家利益、社会公共利益。创设确认无效决定,行政行为有实施主体不具有行政主体资格或者没有依据等重大且明显违法情形,申请人申请确认行政行为无效的,行政复议机关确认该行政行为无效。三是为行政协议纠纷增设单独的决定类型。被申请人不依法订立、不依法履行、未按照约定履行或者违法变更、解除行政协议的,行政复议机关决定被申请人承担依法订立、继续履行、采取补救措施或者赔偿损失等责任。被申请人变更、解除行政协议合法,但未依法给予补偿或者补偿不合理的,行政复议机关决定被申请人依法给予合理补偿。

(六)法律责任

行政复议机关不依照本法规定履行行政复议职责或者行政复议机关工作人员在行政复议活动中存在徇私舞弊或者有其他渎职、失职行为的,应当按照相关法律法规规章给予处分。构成犯罪的,还应当依法追究刑事责任。被申请人违反本法规定,不配合行政复议活动或者破坏行政复议活动,以及不履行或者无正当理由拖延履行行政复议决定书、调解书、意见书的,应当按照相关法律法规规章给予处分。构成犯罪的,还应当依法追究刑事责任。拒绝、阻挠行政复议人员调查取证,故意扰乱行政复议工作秩序的,依法给予处分或者治安管理处罚。构成犯罪的,依法追究刑事责任。另外,此次修订还创设了行政复议案件移送制度,即行政复议机关在审理行政复议案件过程中,发现行政机关及其工作人员违反本法规定或者公职人员涉嫌贪污贿赂、失职渎职等职务违法或者职务犯罪的问题线索,应当向监察机关或者公职人员任免机关、单位移送有关材料,由其依法调查处理。

(七)附则

附则,是附在法律法规规章后面的规则,是法的整体中作为总则和分则辅助性内容而存在的一个组成部分。除了明确行政复议期间的计算规则和行政复议文书的送达规则(本法有规定的,适用本法;本法没有规定的,依照《中华人民共和国民事诉讼法》的规定)、《行政复议法》的适用范围(外国人、无国籍人、外国组织在中华人民共和国境内申请行政复议,适用本法)以及《行政复议法》的实施日期之外,此次修改还增设了"行政复议机关受理行政复议申请,不得向申请人收取任何费用"之规定,删除了"本法施行前公布的法律有关行政复议的规定与本法的规定不一致的,以本法的规定为主"之规定。

目　　录

中华人民共和国行政复议法

中华人民共和国行政复议法

（1999 年 4 月 29 日第九届全国人民代表大会常务委员会第九次会议通过　根据 2009 年 8 月 27 日第十一届全国人民代表大会常务委员会第十次会议《关于修改部分法律的决定》第一次修正　根据 2017 年 9 月 1 日第十二届全国人民代表大会常务委员会第二十九次会议《关于修改〈中华人民共和国法官法〉等八部法律的决定》第二次修正　2023 年 9 月 1 日第十四届全国人民代表大会常务委员会第五次会议修订）

第一章　总　　则

第一条　【立法目的】为了防止和纠正违法的或者不当的行政行为，保护公民、法人和其他组织的合法权益，监督和保障行政机关依法行使职权，发挥行政复议化解行政争议的主渠道作用，推进法治政府建设，根据宪法，制定本法。

条文解读

本条是关于立法目的和立法依据的规定。

规定本条的主要目的是明确制定、实施《行政复议法》所要达到的目标、要实现的主要价值以及制定本法的上位法依据。

行政复议法的立法目的主要包括五个方面：

一是防止和纠正违法或者不当的行政行为。行政行为是行政法上的基础性概念，一般而言指的是享有行政权的主体运用行政权力所作出的能够产生法律效果的行为，包括抽象行政行为和具体行政行为。依法行政是行政法领域最基本的原则，它要求行政权力法定，贯彻“无法律即无行政”“法无授权即禁止”的基本要求，包括行政机关在内的行政主体必须依据法定职权和程序实施行政行为。同时，虽然行政法要求职权法定，但基于社会生活的复杂性等因素，立法者必须授予行政主体必要的裁量权，以确保行政主体能有效应对复杂多样的现实，在裁量范围内行政主体所实施的行为应当做到适当。然而，基于主观或者客观原因，行政主体实施的行政行为不可避免地会存在违反法律（包括法规等）或者不符合适当性要求的情形。为了实现法治要求，就有必要构建必要的机制来防止和纠正违法或不当的行政行为，行政复议就为此目的而生。

二是保护公民、法人和其他组织的合法权益。有权利必有救济是法治建设的基本要求。我国《宪法》第 41 条第 1 款规定，“对于任何国家机关和国家工作人员的违法失职行为，有向有关国家机关提出申诉、控告或者检举的权利”，这从根本上明确了权利救济的主要方式。行政复议是目前世界各国普遍存在的一项重要的行政救济方式，其通过对违法或者不当行政行为的纠正，为公民、法人和其他组织提供保障其合法权益的救济通道，以撤销、变更或者确认行政行为违法等方式为相对人的权利提供救济。需要明确的是，行政复议虽然可以保障行政相对人的合法权益，但其并不是一种司法制度，复议机关所行使的权力为行政权而非司法权。

三是监督和保障行政机关依法行使职权。习近平总书记多次指出，“权力是需要监督的，没有监督的权力就会异化，绝对权力导致绝对腐败”，要“把权力关进制度的笼子里”。行政权是同公民、法人和其他组织接触最密切的国家权力，行政机关是对相对人权利影响最大的权力主体，所以必须加强对行政主体的监督。从我国行政复议制度设计来看，行政复议是一项层级监督制度,也就是在行政体系内部上下级之间所进行的监督。行政主体上下级之间是领导与被领导的关系,相对而言,这种监督更为坚强有效,可以有效保障行政机关依法行政。当然,通过行政复议也可以对合法合理的行政行为予以维持,从而确保行政主体的权威和依法履职的积极性。

四是发挥行政复议化解行政争议的主渠道作用。2020 年 2 月 5 日,习近平总书记主持召开中央全面依法治国委员会第三次会议,审议通过了《行政复议体制改革方案》,要求充分"发挥行政复议公正高效、便民为民的制度优势和化解行政争议的主渠道作用",中共中央和国务院印发的《法治政府建设实施纲要(2021—2025 年)》再次明确"发挥行政复议化解行政争议主渠道作用"。这就明确了行政复议作为化解行政争议主渠道的制度定位。行政争议,是指行政主体在实施行政行为过程中与相对人之间发生的争议。在执法过程中不可避免地会产生行政争议,由此就产生了解决行政争议的现实需求。所谓"主渠道作用",是指在产生行政争议时相对人愿意首选行政复议的方式解决,而且行政复议在解决行政争议时适用次数最多也最有效。行政复议只有在以合法、公正的方式化解纠纷的情况下,才能真正成为解决行政争议的主渠道。

五是推进法治政府建设。2021 年 8 月,中共中央、国务院印发的《法治政府建设实施纲要(2021—2025 年)》指出:"法治政府建设是全面依法治国的重点任务和主体工程,是推进国家治理体系和治理能力现代化的重要支撑。"法治政府强调政府守法,依法行政,权力受监督,行政争议能依法有效化解。《行政复议法》规定了对行政权的监督,强调行政主体应当依法行使职权,违法或不当行使职权可能面临不利的法律后果,有助于推进法治政府建设。

本条同时明确了立法依据。"根据宪法,制定本法"的规定明确了《行政复议法》以《宪法》为依据,对于维护宪法权威,保障公民、法人和其他组织的合法权益具有重要意义。宪法是我国的根本大法,具有最高的法律效力。我国《宪法》"序言"规定:"全国各族人民、一切国家机关和武装力量、各政党和各社会团体、各企业事业组织，都必须以宪法为根本的活动准则，并且负有维护宪法尊严、保证宪法实施的职责。”同时，《宪法》第 5 条规定：“中华人民共和国实行依法治国，建设社会主义法治国家……一切国家机关和武装力量、各政党和各社会团体、各企业事业组织都必须遵守宪法和法律。一切违反宪法和法律的行为，必须予以追究。任何组织或者个人都不得有超越宪法和法律的特权。”《行政复议法》的规定是对《宪法》相关条文的具体化，能够以更为具体的规则确保行政机关的行为符合《宪法》规定，维护中国特色社会主义法治体系内部的和谐一致，保证《行政复议法》于宪有据。

适用要点

立法目的和立法依据须结合具体法律条文适用，充分发挥立法目的宏观指导作用。在执法和司法实践过程中，立法目的可以作为法律解释的依据、利益衡量的基准。具体来说，应在个案中，结合本法以及其他相关法律法规的具体条款，论证解释如何达到本法直接工作目的与根本价值目的的有机统一。

典型案例

巴彦淖尔市人力资源和社会保障局诉巴彦淖尔市人民政府行政复议案[1]

要旨：内蒙古自治区巴彦淖尔市中级人民法院审理后认为，根据《行政复议法》（2009 年修正）第 1 条的规定，该法的立法目的是防止和纠正违法的或者不当的具体行政行为，保护公民、法人和其他组织的合法权益，保障和监督

〔1〕 参见内蒙古自治区巴彦淖尔市中级人民法院行政裁定书，(2017) 内 08 行初 3 号。

行政机关依法行使职权。同时,《行政复议法》(2009 年修正) 第 5 条规定,"公民、法人或者其他组织对行政复议决定不服的,可以依照行政诉讼法的规定向人民法院提起行政诉讼"。在本案中,原告在行政复议中的法律地位为作出行政行为的"行政机关",不属于《行政复议法》(2009 年修正)规定的"公民、法人或者其他组织"。《行政复议法》(2009 年修正)没有规定行政机关对行政复议决定不服可以提起行政诉讼。《行政诉讼法》第 2 条第 1 款规定,"公民、法人或者其他组织认为行政机关和行政机关工作人员的行政行为侵犯其合法权益,有权依照本法向人民法院提起诉讼";第 25 条第 1 款规定,"行政行为的相对人以及其他与行政行为有利害关系的公民、法人或者其他组织,有权提起诉讼"。因此,只有作为行政行为相对人的公民、法人或者其他组织,认为行政机关的行政行为侵犯其合法权益的,才有权向人民法院提起行政诉讼。所以,原告作为作出原行政行为的行政机关,不具备提起行政诉讼的主体资格,不符合提起行政诉讼的条件。

第二条 【适用范围】公民、法人或者其他组织认为行政机关的行政行为侵犯其合法权益,向行政复议机关提出行政复议申请,行政复议机关办理行政复议案件,适用本法。

前款所称行政行为,包括法律、法规、规章授权的组织的行政行为。

条文解读

本条是关于行政复议法适用范围的规定。

本条明确了可以提起行政复议的行政行为的标准。行政复议,是指复议机关对公民、法人或其他组织认为侵犯自己合法权益的行政行为,基于相对人的申请而予以受理、审理并作出决定的法律制度。《行政复议法》对我国行政复议的适用范围作出了规定。

其一,包括公民、法人和其他组织在内的行政相对人认为行政行为侵犯了自己的合法权益。只要相对人认为行政主体的行政行为侵犯了自己的合法权益就可以提起行政复议,这是一个较为主观的判断,至于是否真的侵犯了相对人的合法权益、侵犯了何种合法权益、对合法权益的侵犯达到何种程度交由复议机关判断。这种侵害,可以是实际发生的侵害,也可以是行政相对人认为行政主体的行为构成了侵害。也就是说,只要公民、法人或者其他组织认为行政机关的具体行政行为侵犯了其合法权益,就可以申请行政复议。这也可以看出我国《行政复议法》规定的行政复议范围是相当宽的,能提起行政复议的条件也较为宽松,有助于保护相对人的合法权益。当然,这并不是说在毫无根据的情形下也可以提起行政复议,提起行政复议必须要有必要的证据。

其二,必须是行政行为。行政机关所实施的行为并不必然是行政行为,如行政机关可以平等身份参与民事活动,此时所产生的纠纷就不可以提起行政复议。本法第 11 条以及第 12 条明确了行政复议的受案范围和不能提起行政复议的行为:行政处罚、行政强制执行、行政许可、行政确权、行政征收、行政赔偿、不服工伤认定决定、侵犯经营自主权、滥用行政权力排除或者限制竞争、违法要求履行义务、行政给付等情形可以提起行政复议;而国防、外交等国家行为,行政法规、规章或者行政机关制定、发布的具有普遍约束力的决定、命令等规范性文件,行政机关对行政机关工作人员的奖惩、任免等决定,行政机关对民事纠纷作出的调解等情形不可提起行政复议。当然,行政机关制定、发布的具有普遍约束力的决定、命令等规范性文件并非绝对不可以提起复议。依照本法第 13 条第 1 款的规定,“公民、法人或者其他组织认为行政机关的行政行为所依据的下列规范性文件不合法,在对行政行为申请行政复议时,可以一并向行政复议机关提出对该规范性文件的附带审查申请:(一)国务院部门的规范性文件;(二)县级以上地方各级人民政府及其工作部门的规范性文件;(三)乡、镇人民政府的规范性文件;(四)法律、法规、规章授权的组织的规范性文件”。也就是说,可以在对具体行政行为提起复议之时,对上述抽象行政行为一并提起审查申请。至于行政法规和规章等特殊规范,依照我国《宪法》《立法法》《各级人民代表大会常务委员会监督法》等规定,可以另行向有关国家机关提起审查。

本条第2款为本次修订新增的内容。依照这一规定,除行政机关自己实施的行政行为外,法律、法规、规章授权的组织的所实施的行政行为也可以被提起行政复议。一般来说,行政行为应由行政机关依法实施,但是,由于社会经济的发展,现代行政事务不断增多,相当一部分涉及社会性和专业性的行政事务都需要社会组织参与,否则难以实现行政管理的目的。在此情形之下,基于最大限度地实现公共利益的需要,相关法律、法规和规章必须把某些行政职权授予某些特定组织行使。这一规定扩大了可以被提起行政复议的范围,有助于加强对授权行为的监督,也有利于保障行政相对人的合法权益。

适用要点

基于行政纠纷的普遍性和不可避免性以及行政机关在监督依法行政中的重要作用,提起行政复议的条件理应尽可能降低,从而充分方便行政相对人。同时,实践中应当充分把握不同主体所实施的行为是否为行政行为,所实施的行为是否有法律、法规和规章的授权。

典型案例

张某某诉浙江省金华市人民政府不履行行政复议法定职责案[1]

要旨:最高人民法院经审查认为,根据《行政复议法》(2017年修正)

[1] 参见最高人民法院行政裁定书,(2020)最高法行申7808号。

第2条的规定，行政复议范围限于能够对公民、法人或者其他组织产生实际影响的行政行为。《最高人民法院关于适用〈中华人民共和国行政诉讼法〉的解释》第1条第2款第9项规定，行政机关针对信访事项作出的登记、受理、交办、转送、复查、复核意见等行为不属于人民法院行政诉讼的受案范围。本案中，再审申请人张某某向金华市政府申请行政复议的内容实质为请求金华市政府针对其信访复查申请履行信访事项监督职责，不属于《行政复议法》（2017年修正）所规定的行政复议受理范围。张某某提起本案诉讼，不属于人民法院行政诉讼受案范围。因此，一审、二审法院分别裁定驳回其起诉和上诉，并无不当。

第三条　【行政复议工作的原则】行政复议工作坚持中国共产党的领导。

行政复议机关履行行政复议职责，应当遵循合法、公正、公开、高效、便民、为民的原则，坚持有错必纠，保障法律、法规的正确实施。

条文解读

本条是关于行政复议工作基本原则的规定。

本条第1款规定了行政复议活动必须坚持党的领导。党政军民学，东西南北中，党是领导一切的。党的十九大报告提出了新时代坚持和发展中国特色社会主义的基本方略，并概括为“十四个坚持”，第一个坚持就是要坚持党对一切工作的领导。2018年《宪法修正案》规定“中国共产党领导是中国特色社会主义最本质的特征”，在根本法上明确了党的领导，这有助于在全体人民中强化党的领导意识，确保党和国家事业始终沿着正确方向前进。行政复议工作中坚持党的领导是对宪法关于党的领导的规定的回应，从实践角度来看，也正是因为坚持党对行政复议工作的领导才使我国行政复议制度和实践不断迈向更高层次。今后,无论是在行政复议法律制度完善还是在行政复议过程中,都必须坚持党的领导,把党的领导贯穿于行政复议工作的全过程。

本条第 2 款规定了行政复议工作应当坚持的基本原则。具体来说,行政复议工作应当坚持以下几个原则:

其一,行政复议应当坚持合法原则。这一原则指的是承担复议职责的行政复议机关在进行行政复议过程中必须在法定范围内活动,一切程序、决定均须符合法律的规定,达到"以事实为依据,以法律为准绳"的要求。具体来说主要包括:第一,主体合法。只有法定主体才能进行行政复议活动,其他任何组织和个人均无权进行行政复议。第二,行政复议机关复议案件必须依据法律。这里的法律应当作广义来讲,不仅包括全国人大及其常委会制定的法律,也包括行政法规、地方性法规、自治条例和单行条例以及规章等。第三,行政复议活动必须符合法定程序。行政复议机关应当严格按照规定的程序进行复议活动。依照我国《行政诉讼法》的规定,如果违反法定程序,人民法院可以判决撤销或者部分撤销行政复议决定。

其二,行政复议应当坚持公正原则。这一原则要求复议机关平等对待申请人和被申请人,复议机关不仅应当审查行政行为的合法性,还应当审查合理性。复议机关在进行行政复议之时,不能存在偏私,尤其是应当避免先入为主,杜绝"官官相护"。此外,复议机关应当秉持公正要求行使裁量权,对于案件的最终决定应当在查明事实、准确适用法律的基础上作出。

其三,行政复议应当坚持公开原则。这一原则指的是在复议过程中,除涉及国家秘密、商业秘密和个人隐私或者可能危及国家安全、公共安全、社会稳定的事项外,都应当向当事人以及社会公开。"阳光是最好的防腐剂,公开是最佳的消毒液",依法公开是防止复议机关滥用权力的最佳方式。行政复议原则上采用书面审查的办法,但是申请人提出要求或者行政复议机关认为有必要时,可以听取申请人或者第三人的意见,向有关组织和人员调查了解情况。这一原则具体包括：首先，行政复议过程应当依法公开。复议机关应当听取申请人和被申请人的意见，让双方参与到行政复议过程中。其次，复议信息应当依法公开。这要求复议机关在申请人和被申请人的申请下，公开与案件有关的材料，以保证双方能参与到复议程序中。最后，行政复议决定应当依法公开。本法第 47 条规定："行政复议期间，申请人、第三人及其委托代理人可以按照规定查阅、复制被申请人提出的书面答复、作出行政行为的证据、依据和其他有关材料，除涉及国家秘密、商业秘密、个人隐私或者可能危及国家安全、公共安全、社会稳定的情形外，行政复议机构应当同意。"本法第 79 条第 1 款规定："行政复议机关根据被申请行政复议的行政行为的公开情况，按照国家有关规定将行政复议决定书向社会公开。"

其四，行政复议应当坚持高效性原则。法谚云："迟来的正义就是非正义。"《行政复议法》的这一原则要求复议机关应在法定期限内，尽可能迅速地完成复议案件的审理，并及时作出复议决定。这一原则是提升行政效率的客观要求，权利救济要求及时，不能久拖不决，否则可能带来更大的不公正。本法第 62 条第 1 款规定："适用普通程序审理的行政复议案件，行政复议机关应当自受理申请之日起六十日内作出行政复议决定；但是法律规定的行政复议期限少于六十日的除外。情况复杂，不能在规定期限内作出行政复议决定的，经行政复议机构的负责人批准，可以适当延长，并书面告知当事人；但是延长期限最多不得超过三十日。"

其五，行政复议应当坚持便民、为民原则。我国《宪法》规定，国家的一切权力属于人民，国家机关必须努力为人民服务，行政复议机关在复议过程中坚持便民、为民是为人民服务的题中之义。这一原则是指行政复议机关在复议过程中应当努力创造条件，为行政复议申请人提供必要的便利，践行为人民服务的要求。本法第 87 条规定："行政复议机关受理行政复议申请，不得向申请人收取任何费用。"另外，本法第 72 条第 2 款规定，申请人在申请行政复议时没有提出赔偿请求，行政复议机关可以主动作出赔偿决定，也体现了便民、为民的要求。

此外，“坚持有错必纠，保障法律、法规的正确实施”的规定是对《行政复议法》立法目的的再次强调。行政复议是一种监督制度，目的是保证下级行政机关依法行使职权，同时对相对人的权利予以有效救济。若能实现有错必纠，以有效的体制机制保证法律、法规的正确实施，也就能在一定程度上实现依法行政和法治政府建设的目标。

适用要点

法律原则是法律的重要构成要素。从法理层面来讲，法律原则，是指可以作为法律规则的基础或本源的综合性、稳定性原理和准则。[1] 法律原则和法律规则存在不同，它不预先设定任何确定的、具体的事实状态，没有规定具体的权利和义务，也没有确定的法律后果。但是，法律原则在处理重大疑难复杂案件之时，可以为执法和司法机关提供宏观指引。

行政复议的基本原则的作用主要表现在：其一，基本原则是行政复议法解释的基准，在对行政复议法进行解释时，不得违背基本原则。也就是说，基本原则可以提供宏观的指引，能确保复议工作符合实质正义的要求。其二，作为填补法律漏洞的工具，成文法不可避免地会落后于现实，此时，复议机关和人民法院可以直接适用行政复议的基本原则进行处理。需要注意的是，由于法律原则的宏观性与抽象性，在适用法律原则之时必须受到更多限制，如不得抛开行政复议法的规则而直接适用行政复议法的基本原则，在适用原则之时必须提供更充分的说理论证。

第四条 【行政复议机构及职责】县级以上各级人民政府以及其他依照本法履行行政复议职责的行政机关是行政复议机关。

〔1〕 参见《法理学》编写组编：《法理学》，人民出版社 2020 年版，第 48 页。

行政复议机关办理行政复议事项的机构是行政复议机构。行政复议机构同时组织办理行政复议机关的行政应诉事项。

行政复议机关应当加强行政复议工作，支持和保障行政复议机构依法履行职责。上级行政复议机构对下级行政复议机构的行政复议工作进行指导、监督。

国务院行政复议机构可以发布行政复议指导性案例。

条文解读

本条是关于行政复议机关、行政复议机构及其职责的规定。

本条第1款规定了行政复议机关。行政复议机关，是指依法受理行政复议申请，对行政行为进行审查并作出决定的行政主体。行政复议机关的特征包括：首先，行政复议机关必须是行政机关，其他任何国家机关均不能成为行政复议机关，没有独立资格的行政机构也不能充当行政复议机关；法律、法规、规章授权的组织可以依法成为行政主体，但不得充当行政复议机关。其次，复议机关必须享有法定的复议权，也就是对特定的复议申请有法定的管辖权，不能超越职权受理复议申请。如根据本法第24条的规定，"县级以上地方各级人民政府管辖下列行政复议案件：(一)对本级人民政府工作部门作出的行政行为不服的；(二)对下一级人民政府作出的行政行为不服的；(三)对本级人民政府依法设立的派出机关作出的行政行为不服的；(四)对本级人民政府或者其工作部门管理的法律、法规、规章授权的组织作出的行政行为不服的。除前款规定外，省、自治区、直辖市人民政府同时管辖对本机关作出的行政行为不服的行政复议案件。省、自治区人民政府依法设立的派出机关参照设区的市级人民政府的职责权限，管辖相关行政复议案件……"。本法第25条规定，"国务院部门管辖下列行政复议案件：(一)对本部门作出的行政行为不服的；(二)对本部门依法设立的派出机构依照法律、行政法规、部门规章规定，以派出机构的名义作出的行政行为不服的；(三)对本部门管理的法律、行政法规、部门规章授权的组织作出的行政行为不服的”。本法第30条第2款规定，对于不属于本机关管辖的行政复议申请，行政复议机关应当在不予受理决定中告知申请人有管辖权的行政复议机关。

本条第2款规定了具体办理行政复议事项的行政复议机构。受理行政复议申请、依照法律和事实进行审理并作出行政复议决定，是行政复议机关的法定职责。行政复议事项不仅数量大、涉及面广，而且政策性、法律性和技术性都很强。基于这一现实，为了保证复议工作的正常进行，需要有相应的工作机构具体办理复议事项。根据行政复议实践经验和我国法治建设实际，本次修法明确规定，行政复议机关办理行政复议事项的机构是行政复议机构。同时，行政复议机构负责组织办理行政复议机关的行政应诉事项，因为行政复议申请人可能对行政复议决定不服。根据《行政诉讼法》第26条第2款、第3款的规定，“经复议的案件，复议机关决定维持原行政行为的，作出原行政行为的行政机关和复议机关是共同被告；复议机关改变原行政行为的，复议机关是被告。复议机关在法定期限内未作出复议决定，公民、法人或者其他组织起诉原行政行为的，作出原行政行为的行政机关是被告；起诉复议机关不作为的，复议机关是被告”。为了保证行政复议机关法定代表人履行其领导职责，减轻行政复议机关法定代表人出庭应诉负担，通过专门的行政复议机构办理行政复议事项和行政应诉事项，有助于提升复议工作的实效。

本条第3款规定了复议机关应加强行政复议工作，从总体上明确了行政复议机关强化对行政复议工作领导的职责。行政复议机关应当支持和保障行政复议机构依法履行职责，行政复议活动的顺利开展离不开人、财、物的支持，这一规定是对行政复议机关加强行政复议工作领导的具体说明。对于本条的理解与适用可以结合本法第7、8条的规定，也就是行政复议机关应当确保行政复议机构的人员配备与所承担的工作任务相适应，提高行政复议人员专业素质，根据工作需要保障办案场所、装备等设施。县级以上各级人民政府应当将行政复议工作经费列入本级预算。行政复议机关应当加强信息化建设。行政复议工作的顺利开展除了需要本级行政复议机关的领导和支持外，上级复议机构也要加强对下级复议机构的指导和监督。根据《行政复议法实施条例》第2条的规定，复议机关的法制工作机构为行政复议机构。复议机关与复议机构之间是领导与被领导的关系，为了保证复议机构能依照法律和事实办理行政复议案件、统筹各方面关系，复议机关必须加强对复议机构的领导，以确保复议机构的复议行为能符合法律的规定。同时，上级复议机构在人员素质、专业技能、案件处理经验、统筹能力等方面较有优势，因此有必要加强对下级复议机构的指导和监督，以实现有错必纠，确保法律和法规能得到正确实施。

本条第4款确立了国务院复议机构发布行政复议指导性案例的权利。2005年，最高人民法院制定《人民法院第二个五年改革纲要》，首次提出"指导性案例"这一概念，强调要建立和完善案例指导制度，重视指导性案例在统一法律适用标准、指导下级法院审理工作、丰富和发展法学理论等方面的作用。2010年11月，最高人民法院制定了《关于案例指导工作的规定》，开启了以指导性案例为统领、参考性案例为基础的案例工作规范化、制度化新局面。2011年12月，最高人民法院发布第一批指导性案例，标志着具有中国特色的指导性案例制度正式确立。2018年修订的《人民法院组织法》第18条规定，最高人民法院可以发布指导性案例，首次从法律上确立了指导性案例制度。最高人民检察院也同样确立了指导性案例制度。

案例不仅记载着复议机构的办案活动，还能够反映执法人员办案中遇到的问题、困惑，以及由此产生的思路、对策等，具有鲜明、鲜活的特点。与研究制定司法解释、规范性文件相比，指导性案例的选编发布具有时间短、效率高的优势，因此可以根据执法形势及办案中的典型情况，及时发布相关案例，更高效发挥指导作用，更快回应社会关切。在行政复议中首次规定指导性案例工作,统一法律适用标准,是建设和完善中国特色社会主义法治体系的内在要求,是国务院复议机构依法公正行使复议权的基本职责,是维护国家法制统一尊严权威的重要保证,是提升执法质量、效率和公信力的必然要求,事关执法权的依法正确行使,事关当事人合法权益的保障,事关社会公平正义的实现。

适用要点

基于职权法定的要求,行政复议申请人应当"找准"复议机关,否则可能会延误提起复议的期限。依照本法之规定,县级以上人民政府以及其他法定的行政机关是行政复议机关,具体来说应当结合本法第 24 条的规定加以确定。行政复议机关应确定具体办理行政复议事项的机构,这有助于提升复议机关应对行政诉讼的专业性,确保行政复议的实效。基于复议机构和复议机关之间的关系,行政复议机关理应加强对复议机构的领导,确保行政复议机构的工作符合党的大政方针和有关法律法规的规定。上级复议机构在人员素质、案件处理经验等方面具有优势,应当对下级复议机构进行指导和监督,以提升复议工作的实效。

2021 年 12 月 1 日,最高人民法院下发《统一法律适用工作实施办法》,在其第 6 条中规定了法官应当启动类案检索的情形,类案检索可以只检索最高人民法院发布的指导性案例和最高人民法院的生效裁判;并在第 9 条规定:"待决案件在基本案情和法律适用方面与检索到的指导性案例相类似的,合议庭应当参照指导性案例的裁判要点作出裁判。参照指导性案例的,应当将指导性案例作为裁判理由引述,但不得作为裁判依据引用。在裁判理由部分引述指导性案例的,应当注明指导性案例的编号。"国务院复议机构将来下发的指导性意见,也应当参照最高人民法院的上述规定,推进统一法律适用、规范裁量权行使。

典型案例

刘某某诉某市人民政府不履行行政复议法定职责案[1]

要旨：某市中级人民法院认为，根据《行政复议法》（2009年修正）的规定，行政复议申请自行政复议机关负责法制工作的机构收到之日起即为受理，行政复议机关应当自受理申请之日起60日内作出行政复议决定。《行政诉讼法》规定，复议机关逾期不作决定的，申请人可以在复议期满之日起15日内提起诉讼。本案中，某市人民政府逾期未作决定，申请人应当在复议期满之日起15日内提起行政诉讼，刘某某向该院提起行政诉讼的时间为2017年4月24日，已超过法定期限，裁定驳回其起诉。

刘某某不服一审裁定提起上诉，请求撤销一审裁定。江西省高级人民法院认为，根据有关法律规定，刘某某应在复议期满之日（2017年3月20日）起15日内提起诉讼，而刘某某已超过起诉期限。刘某某上诉称其2017年1月19日寄给收件人为某市人民政府行政复议办公室李某某的行政复议申请被拒收。根据《行政复议法》（2009年修正）的规定，行政复议机关负责法制工作的机构有受理行政复议的法定职责，某市人民政府相关工作机构、工作人员拒收刘某某行政复议申请的行为，实质上已是明示的复议不作为，刘某某可自此时至复议期满之日起15日内提起诉讼。刘某某上诉称其于2017年2月9日至某市人民政府法制科李某某处提交行政复议申请，但其仅提供了录音光盘，并无其他证据予以佐证。因此，刘某某的上诉理由不能成立。一审法院认为其超过起诉期限，裁定驳回起诉并无不当。

---

〔1〕 参见江西省高级人民法院行政裁定书，（2017）赣行终361号。

第五条 【调解】行政复议机关办理行政复议案件，可以进行调解。

调解应当遵循合法、自愿的原则，不得损害国家利益、社会公共利益和他人合法权益，不得违反法律、法规的强制性规定。

条文解读

本条是关于行政复议中调解的规定。

本条第1款概括性规定了行政复议机关在复议过程中可以进行调解。1999年公布的《行政复议法》并未规定行政复议机关在办理行政复议案件时可以调解，其主要理由在于行政机关代表国家，不得自行任意处分国家的实体利益，同时，行政机关有可能通过牺牲国家利益和社会公共利益来换取对方撤销对复议的申请。但是，实践中广泛存在对于行政复议案件的调解。在行政复议过程中进行调解可以降低对抗性，有助于实质性化解争议，做到案结事了。2007年颁布实施的《行政复议法实施条例》首次在行政法规层面规定了可以由行政复议机关进行调解的情形：(1)公民、法人或者其他组织对行政机关行使法律、法规规定的自由裁量权作出的具体行政行为不服申请行政复议的；(2)当事人之间的行政赔偿或者行政补偿纠纷。本次修订增加了行政复议可以进行调解的规定，并将其置于总则部分，能对整部法律起到统领作用。这是对其他立法经验的总结，也是对实践中行政复议进行调解的肯定，既有助于切实解决行政纠纷，也有助于增强行政复议制度的弹性，促进实质公平的实现。

本条第2款对于调解所应当遵循的原则作了规定。所谓行政复议调解，是指在复议机构工作人员主持下，复议申请人和被申请人在自愿合法的基础上协商，达成协议解决行政争议的活动和结案方式。首先，调解必须遵循自愿原则，不可强行调解，否则可能激化矛盾。自愿原则包括程序和实体两个层面：在程序层面，当事人有权自主决定是否调解，选择调解开始的时间和调解方式。在实体层面，调解达成的协议内容必须反映双方当事人的真实意思;对有关实体权利进行处分,必须双方自愿,不能强迫。其次,调解必须符合法律的规定,对于法定不可调解的事项不得进行调解。合法原则要求行政复议机关和双方当事人的调解活动及协议内容,必须符合法律规定。一是复议机关进行调解活动,必须按照法律、法规规定的程序。二是当事人双方达成的协议内容,不得违反法律、法规的规定,不得损害国家利益、社会公共利益和他人合法权益。调解活动是对自己权利的处分,必须基于自愿,但是不得违反法律、法规的强制性规定。强制性规定,是指必须依照法律适用、不能以个人意志予以变更和排除适用的规定,其目的在于维护社会管理秩序和公共利益。如果以合意排除强制性规定,将会损害社会公共利益。所以,行政复议活动不得违反法律、法规的强制性规定。

适用要点

行政复议机关在办理行政复议过程中,可以依法进行调解。但是,于此过程中应当把握好自愿原则和合法原则,调解不得违背自愿原则,强迫行政复议申请人和被申请人进行调解,同时必须遵循法律的规定,对于法定不得调解的事项不可进行调解。在调解过程中应科学认定国家利益、社会公共利益和他人合法权益,不得以违背国家利益、社会公共利益和他人合法权益的方式进行调解,如果法律、法规有禁止性规定则不得进行调解。

典型案例

通化市某公司诉通化医药高新技术产业开发区建设局行政赔偿案[1]

要旨:吉林省通化市东昌区人民法院经审理后认为,根据《行政复议

〔1〕 参见吉林省通化市东昌区人民法院行政赔偿判决书,(2016)吉0502行初62号。

法实施条例》第50条第2款的规定,“当事人经调解达成协议的,行政复议机关应当制作行政复议调解书。调解书应当载明行政复议请求、事实、理由和调解结果,并加盖行政复议机关印章。行政复议调解书经双方当事人签字,即具有法律效力”。故可认定通化市人民政府出具的行政复议调解书合法有效,其效力等同于复议决定书,签订协议的三方当事人应遵照执行。由此可见,原告损失应由被告赔偿。

第六条 【行政复议人员队伍建设和管理】国家建立专业化、职业化行政复议人员队伍。

行政复议机构中初次从事行政复议工作的人员,应当通过国家统一法律职业资格考试取得法律职业资格,并参加统一职前培训。

国务院行政复议机构应当会同有关部门制定行政复议人员工作规范,加强对行政复议人员的业务考核和管理。

条文解读

本条是关于行政复议人员队伍建设和管理的规定。

本条是此次修订新增加的内容,旨在促进行政复议工作人员建设,实现行政复议人员的专业化和职业化。随着行政复议在中国特色社会主义法治体系建设中的作用越来越突出,对行政复议人员素质的需求也随之增长,建立一支高素质的行政复议队伍就显得极为迫切。在我国,法官和检察官队伍的专业性和职业化建设取得了显著成就。根据我国《法官法》《检察官法》规定,担任法官/检察官除应当满足《公务员法》中规定的公务员应当具备的有关条件外,所需具备的条件还包括学历、从事法律工作达到一定年限,以及初任法官/检察官应当通过国家统一法律职业资格考试取得法律职业资格。2021年出台的《监察官法》也规定,担任监察官的条件包括：熟悉法律、法规、政策，具有履行监督、调查、处置等职责的专业知识和能力；具有正常履行职责的身体条件和心理素质；具备高等学校本科及以上学历；等等。从上述法律规定可以看出我国对于特定从业人员的高度重视。相对而言，行政复议人员队伍的建设有待进一步加强，《行政复议法》等法律法规在相当长的时期内并未规定成为行政复议人员的条件，直至本次修法才明确了这一点。本条第 1 款从总体上规定了有关国家机关需要在条件具备之时推进行政复议人员队伍专业化、职业化建设，专业化和职业化也成为行政复议人员队伍建设的重点。专业化和职业化要求行政复议人员具备法律知识，了解相关领域的知识，专门从事行政复议工作，具备一定的从业经验。这有助于推动行政复议工作的开展，提升行政复议机关和行政复议人员的公信力，有利于切实把行政复议打造成化解行政争议的主渠道。

本条第 2 款规定了在行政复议机构中初次从事行政复议工作的人员应当通过国家统一法律职业资格考试取得法律职业资格，并参加统一职前培训。实行行政复议工作人员资格制度，尤其是必须通过国家统一法律职业资格考试取得法律职业资格，是对现有的行政复议人员从业制度的重大改革，是全面提升行政复议人员专业素养的有力举措。我国在 1986 年建立了律师资格考试制度，《法官法》和《检察官法》于 1995 年颁布实施，法院和检察院系统分别建立了初任法官、初任检察官考试制度。2001 年 6 月 30 日，九届全国人大常委会第二十二次会议通过了《关于修改〈中华人民共和国法官法〉的决定》和《关于修改〈中华人民共和国检察官法〉的决定》，两决定均于“附则”中明确增加：“国家对初任法官、检察官和取得律师资格实行统一的司法考试制度。国务院司法行政部门会同最高人民法院、最高人民检察院共同制定司法考试实施办法，由国务院司法行政部门负责实施。”这标志着统合律师资格、初任法官和初任检察官三项考试于一体的国家司法考试制度正式确立。党的十八大以来，以习近平同志为核心的党中央高度重视法治工作队伍建设，党的十八届四中全会通过的《中共中央关于全面推进依法治国若干重大问题的决定》着眼于推进法治专门队伍正规化、专业化、职业化,提出"完善法律职业准入制度,健全国家统一法律职业资格考试制度,建立法律职业人员统一职前培训制度"。2017 年 9 月,十二届全国人大常委会第二十九次会议审议通过《关于修改〈中华人民共和国法官法〉等八部法律的决定》,明确了法律职业人员考试的范围,规定了取得法律职业资格的条件,增加了有关禁止从事法律职业的情形等,定于 2018 年开始实施国家统一法律职业资格考试制度,为组织实施法律职业资格考试提供了法律依据。2018 年 4 月底,司法部发布了《国家统一法律职业资格考试实施办法》。这一部门规章明确了法律职业资格考试的报名条件、组织实施、违纪处理、资格授予管理等内容。行政复议机关中从事行政复议工作的人员通过法律职业资格考试并参加统一职前培训具有必要性,因为行政复议工作高度专业化,所涉及的问题多为法律并且高度技术化、精细化,与法官、检察官等法治工作人员高度类似,在一定意义上来说都是处理法律纠纷。要求初次从事行政复议工作人员通过国家统一法律职业资格考试有助于从整体上提升法治工作队伍的水平,助力社会主义法治建设。本款也明确初次从事行政复议工作的人员应当通过这一考试,也就是"老人老办法,新人新办法",不搞"一刀切",体现了具体问题具体分析的工作方法。当然,通过国家统一法律职业资格考试只是一部分,要成为优秀的行政复议工作人员还需要掌握实践经验,这就需要加强对相关人员的业务培训,实现理论知识和专业技能协同进步。

本条第 3 款规定了国务院行政复议机构应当会同有关部门制定行政复议人员工作规范,以刚性和科学的规定,加强对行政复议人员的业务考核和管理。根据党的十九届三中全会审议通过的《中共中央关于深化党和国家机构改革的决定》《深化党和国家机构改革方案》和第十三届全国人大一次会议批准的《国务院机构改革方案》,司法部具有承办申请国务院裁决的行政复议案件工作;指导、监督全国行政复议和行政应诉工作,负责行政复议和应诉案件办理工作的职责。因此,司法部应当会同有关部门结合有关法律和实际情况制定行政复议职业规范,明确行政复议人员、行政复议职业伦理等方面的事项,同时要加强对行政复议人员的业务考核及管理,推进行政复议人员队伍建设迈向更高层次。

适用要点

为了切实提升行政复议工作的实效,充分发挥行政复议化解行政纠纷主渠道作用,必须提升行政复议人员的专业化和职业化水平。根据本条的规定,相关国家机关有义务建立职业化、专业化的行政复议人员队伍。对于行政复议人员的选拔和任用必须符合一定的条件,如应当通过国家统一法律职业资格考试取得法律职业资格,并在上岗之前参加统一职前培训。国务院行政复议机构应当在自身职权范围内会同有关部门制定行政复议执业规范,以合法的方式加强对行政复议人员的业务考核及管理,充分保障行政复议人员的专业素养和职业素质。

第七条 【行政复议机构和人员保障措施】行政复议机关应当确保行政复议机构的人员配备与所承担的工作任务相适应,提高行政复议人员专业素质,根据工作需要保障办案场所、装备等设施。县级以上各级人民政府应当将行政复议工作经费列入本级预算。

条文解读

本条是关于行政复议机构和人员保障措施的规定。

行政复议作为重要的化解行政争议的方式,在防止和纠正违法或不当的行政行为,保护行政相对人的合法权益,监督和保证行政主体依法行政,化解行政争议,推进法治政府建设以及实现国家治理体系和治理能力现代化方面具有重要作用。要推进行政复议工作,实现行政复议工作更高程度的规范化、专业化、法治化和职业化必须具备相应的条件。所以，行政复议机关应当确保行政复议机构的人员配备与所承担的工作任务相适应，提高行政复议人员专业素质，根据工作需要保障办案场所、装备等设施。本条在基本法律层面明确了行政复议机关在保障行政复议机构的人员配备、提升行政复议人员专业素质、提供必要的办案场所和装备以及经费保障等方面的职责，具有刚性约束力，属于行政复议机关必须完成的职责。

具体而言，行政复议机关在提供保障措施方面主要包括以下几点：其一，复议机关应确保复议机构的人员配备同所承担的工作任务相适应。行政复议所承担的工作主要是解决行政争议，在此过程中需要有相应的人员队伍。我国地域广袤，不同地区之间发展水平差异较大，所面临的行政争议数量、复杂程度和类型也存在不同。因此，行政复议机关应当结合本地区案件数量、类型等有针对性地配备行政复议机构的行政复议人员，使二者能协调。这种配备应当随着社会经济的发展动态调整，在案件数量、类型有变化的情形下，应当及时调整人员数量和人员构成。其二，复议机关应当不断提升行政复议人员的专业素质。行政复议人员的专业素质直接关系到复议工作的开展，如果行政复议人员对法律理解不到位、相关事实无法准确认定，将会极大影响行政复议效能的提升。所以，行政复议机关有责任助力行政复议人员专业素质不断提升。具体来说，可以加强专业培训，构建必要的激励机制，以促使复议工作人员主动提升自我。其三，复议机关应当为复议机构及其工作人员根据工作需要保障办案场所、装备等设施。必要的办公条件是有效履职的重要基础，在信息化和数字化时代，相当多的行政争议可以借助网络和数字技术，这对于减轻申请人与被申请人的负担、提升解决行政争议的效率具有重要意义。因此，行政复议机关应当根据工作需要和经济发展水平提供必要的办案场所和装备。其四，县级以上各级人民政府应当将行政复议工作经费列入本级预算。预算是经法定程序审核批准的国家年度集中性财政收支计划，预算规定了财政收入的来源、支出方向和数量，反映着政府活动的范围和方向，对于规范财政管理具有重要意义。根据我国《预算法》的规定，“县级以上地方各级政府编制本级预算、决算草案；向本级人民代表大会作关于本级总预算草案的报告”；未依照《预算法》规定，“编制、报送预算草案、预算调整方案、决算草案和部门预算、决算以及批复预算、决算的”，责令改正，对负有直接责任的主管人员和其他直接责任人员追究行政责任。可见，预算是具有刚性约束的行为。本条规定县级以上人民政府将行政复议工作经费列入本级预算有助于保障行政复议活动的经费来源，促进行政复议发展。

适用要点

首先，复议机关在配备复议机构的人员方面应当因地制宜，充分考虑本地区经济社会发展状况和案件数量及类型，有针对性地配备行政复议人员，做到案件数量和类型与行政复议人员相匹配。其次，复议机关应当在硬件设施、软件配套等各方面着手，确保复议机构和人员能有充分的条件履行职责。最后，在经费保障方面，要将行政复议工作经费纳入同级财政，做到专款专用，做好监督和管理，使国家财政投入能够保障行政复议工作的顺利开展。

第八条　【加强信息化建设】行政复议机关应当加强信息化建设，运用现代信息技术，方便公民、法人或者其他组织申请、参加行政复议，提高工作质量和效率。

条文解读

本条是关于行政复议机关应当加强信息化建设的规定。

信息化建设已经成为法治政府建设的重要方向。中共中央、国务院于2021年印发的《法治政府建设实施纲要（2021—2025年）》强调，要“全面推进行政复议规范化、专业化、信息化建设,不断提高办案质量和效率。健全优化行政复议审理机制”,“加快推进信息化平台建设。各省(自治区、直辖市)统筹建成本地区各级互联、协同联动的政务服务平台,实现从省(自治区、直辖市)到村(社区)网上政务全覆盖。加快推进政务服务向移动端延伸,实现更多政务服务事项‘掌上办’”。总之,《法治政府建设实施纲要(2021—2025年)》为行政机关信息化建设和行政复议工作信息化建设指明了方向。本条的规定是对《法治政府建设实施纲要(2021—2025年)》的规范化,有助于促进行政机关信息化工作的制度化和规范化。

“行政复议机关应当强化信息化建设,运用现代信息技术”的规定明确了复议机关在信息化建设方面的职责。行政复议机关有义务以适当的方式推进信息化建设,应当结合工作实际充分利用计算机技术、网络技术和通信技术构建电子法规政策系统、数字(电子)公文系统、数字档案系统、智慧行政复议案件审理系统等,以便公民、法人或者其他组织申请、参加行政复议。具体来说,行政复议机关加强信息化建设有以下几个方面的作用:第一,有助于加强行政复议机关自身的建设。信息化对于行政复议机关而言既是机遇也是挑战,既给复议机关的工作带来极大的便利,也可带来了过去所没有的问题。因此,复议机关应当以信息技术为手段,充分运用信息技术和新媒体,构建符合实际需要的网络平台,推进数字政府和信息政府建设。第二,有助于增强复议工作的透明度。信息化所具有的数据采集与信息传播的功能,使复议机关的工作全程留痕,建立健全“数据铁笼”,极大压缩了潜在的寻租空间。第三,有助于增强行政复议工作的实效。信息化建设可以有效打破时空限制,通过计算机、数字通讯技术等实现信息的快速传递,及时获得信息反馈,更加全面地掌握相关信息和数据,实现行政复议工作由“线下”到“线下+线上”的飞跃,最大限度减少人力、物力和财力浪费。第四,有助于方便当事人申请、参加行政复议。借助信息化平台,行政复议申请人可以线上申请行政复议,有效减轻申请人的负担。本法第22条第2款规定,书面申请行政复议的,“可以通过邮寄或者行政复议机关指定的互联网渠道等方式提交行政复议申请书,也可以当面提交行政复议申请书”。本法第49条规定:“适用普通程序审理的行政复议案件,行政复议机构应当当面或者通过互联网、电话等方式听取当事人的意见,并将听取的意见记录在案……”这就可以在相当程度上节省申请人的成本,也有利于被申请人作出答复,进而快速解决行政争议。

适用要点

本条主要针对行政复议机关的信息化建设而展开。在适用过程中应当注意以下两点:第一,充分发挥复议机关的能动性。复议机关应当根据自身条件和复议工作需要主动、及时加强信息化建设,在工作过程中充分运用现代信息技术,在此过程中行政复议机关享有较大的裁量权。第二,行政复议机关的信息化建设应当以方便公民、法人或者其他组织申请参加行政复议工作为出发点和落脚点,以提升行政复议工作的质量和效率为追求,充分发挥行政复议化解行政纠纷的作用。在信息化建设中,不能搞花架子、流于形式,而应当因地制宜,既要注重实际效果也要注意前瞻性,不能使信息化建设过快落后于需要。

第九条　【表彰和奖励】对在行政复议工作中做出显著成绩的单位和个人,按照国家有关规定给予表彰和奖励。

条文解读

本条是关于行政复议工作表彰和奖励的规定。

本条是本次修订新增的条款,是对行政复议机关和工作人员开展行政复议工作的正面激励规定。根据该条的规定,可以按照国家有关规定对在行政复议工作中作出显著成绩的单位和个人给予表彰和奖励。本条规定最早源自《行政复议法实施条例》第61条规定:“各级行政复议机关应当定期总结行政复议工作,对在行政复议工作中做出显著成绩的单位和个人,依照有关规定给予表彰和奖励。”

之所以会在修法时增加本条规定,是为激励行政复议机关积极履职,发挥行政复议公正高效、便民为民的制度优势和化解行政争议的主渠道作用。自1999年实行《行政复议法》以来,全国各行政复议机关处理了接近300万件行政复议案件,在维护群众合法权益、促进社会和谐稳定、加快建设法治政府建设方面发挥了重要的作用。但是这一过程也暴露了行政复议的问题,诸如行政复议维持率高、纠错率低等典型问题在很大程度上挫伤了公民对行政复议制度的信任,也阻碍了行政复议制度化解行政争议的主渠道作用的发挥。因此,在《行政诉讼法》中规定行政复议“双被告”制度的同时,还应当进一步通过正面激励的方式,确保行政复议机关和工作人员依法积极正确履职。

对于行政复议工作中做出显著成绩的判断标准,应当正视行政复议工作本身所具有的专业性和职业化的特点,借鉴法官司法责任制评价体系,综合复议人均年度办案量、纠错率、和解调解率、诉讼败诉率等指标,建立科学的行政复议人员绩效考评制度。这也是促进大量行政争议化解在行政复议阶段的应然举措。

第十条 【司法救济】公民、法人或者其他组织对行政复议决定不服的,可以依照《中华人民共和国行政诉讼法》的规定向人民法院提起行政诉讼,但是法律规定行政复议决定为最终裁决的除外。

条文解读

本条是关于行政复议不服向人民法院提起行政诉讼的规定,对应《行政复议法》(2017年修正)的第5条。

行政复议行为具有行政和司法的双重属性:行政属性,是指行政复议是基于行政科层体制在行政系统内部进行的,具有典型的行政行为特征;司法属性,是指行政复议隶属于行政救济范畴,是行政复议机关作为纠纷或争议双方的居中裁判者,依法判断是非。因此,申请人对行政复议决定不服的,可基于行政复议的行政属性提起行政诉讼,向司法机关寻求作为最后手段的司法救济。

就程序规定而言,申请人对行政复议决定不服的,应当按照《行政诉讼法》第 44 条和第 45 条的规定,于收到复议决定书之日起 15 日内向人民法院提起诉讼;如果行政复议机关逾期未作出行政复议决定,申请人可以在复议期满之日起 15 日内向人民法院提起诉讼。

需要注意的是,对于某些特殊类型的行政行为,考虑到行政管理的复杂性、专业性和技术性,行政复议决定被视为最终裁决,申请人不能再向人民法院提起行政诉讼。最终裁决,是指依照法律规定行政机关拥有最终行政裁决权的行政行为,必须存在法律明文规定授权。最终裁决包括《行政复议法》直接规定的最终裁决和其他法律规定的最终裁决两种。

本法经过此次修订后,对于有关最终裁决的规定有所修改。《行政复议法》(2017 年修正)规定的最终裁决包括以下情形:(1)申请人就国务院部门或者省、自治区、直辖市人民政府的具体行政行为不服并申请行政复议后,对行政复议决定仍不服的,可以向国务院申请裁决,国务院依法作出的裁决是最终裁决;(2)根据国务院或者省、自治区、直辖市人民政府对行政区划的勘定、调整或者征收土地的决定,省、自治区、直辖市人民政府确认土地、矿藏、水流、森林、山岭、草原、荒地、滩涂、海域等自然资源的所有权或者使用权的行政复议决定是最终裁决。本次修订对最终裁决的规定体现在第 26 条:申请人对省、自治区、直辖市人民政府依照本法第 24 条第 2 款的规定、国务院部门依照本法第 25 条第 1 项的规定作出的行政复议决定不服,向国务院申请裁决的,国务院所作裁决是最终裁决。相对于2017年修正的《行政复议法》，本次修订将省级人民政府确认自然资源所有权或者使用权的行政复议决定移出了最终裁决；根据新法规定，当事人对上述行为不服的，可以向人民法院提起行政诉讼，也可以申请由国务院进行裁决，但是国务院所作裁决会成为最终裁决。

其他法律规定的最终裁决包括以下几种：(1)《出境入境管理法》第36条规定，“公安机关出入境管理机构作出的不予办理普通签证延期、换发、补发，不予办理外国人停留居留证件、不予延长居留期限的决定为最终决定”；第64条第1款规定，“外国人对依照本法规定对其实施的继续盘问、拘留审查、限制活动范围、遣送出境措施不服的，可以依法申请行政复议，该行政复议决定为最终决定”；第81条第2款规定，“外国人违反本法规定，情节严重，尚不构成犯罪的，公安部可以处驱逐出境。公安部的处罚决定为最终决定”。(2)《集会游行示威法》第13条规定，“集会、游行、示威的负责人对主管机关不许可的决定不服的，可以自接到决定通知之日起三日内，向同级人民政府申请复议，人民政府应当自接到申请复议书之日起三日内作出决定”。同时，《集会游行示威法实施条例》第14条规定，“人民政府作出的复议决定，主管公安机关和集会、游行、示威的负责人必须执行”。这也表明，对公安机关不许可集会、游行、示威的决定不服申请行政复议的，同级人民政府的行政复议决定是最终裁决。

适用要点

本条适用过程中需要关注行政复议与行政诉讼之间的协调。根据本条规定，对于特殊类型的行政行为经过行政复议产生的决定是最终裁决，当事人对其不得另行提起行政诉讼。对于复议终局行政行为的认定应当结合具体的部门法，如《出境入境管理法》《集会游行示威法》等相关法律加以确定。

典型案例

钱某某诉中国银行保险监督管理委员会江苏监管局行政复议案[1]

要旨：江苏省高级人民法院经审理认为，《最高人民法院关于适用〈中华人民共和国行政诉讼法〉的解释》第1条第2款第10项规定，对公民、法人或者其他组织权利义务不产生实际影响的行为，不属于人民法院行政诉讼的受案范围。根据《行政复议法》(2017年修正)及《行政诉讼法》的相关规定，我国实行的是一级复议制度，相对人对复议机关作出的除终局以外的复议决定不服，可以向人民法院提起行政诉讼，而非逐级继续申请行政复议。本案中，钱某某因认为上海浦东发展银行南通分行未依照《政府信息公开条例》的有关规定对其公开相关信息，向南通银监分局申请行政复议。南通银监分局针对其行政复议申请作出的《申请事项答复意见书》系一级复议决定。钱某某因对《申请事项答复意见书》不服，又向江苏银保监局提出行政复议申请，于法无据。被上诉人江苏银保监局本可以适当方式释明即可，且该释明行为不会对钱某某的权利义务产生实际影响。现钱某某对被上诉人江苏银保监局以《2号复议决定》方式作出的释明行为不服提起行政诉讼，显然没有事实根据和法律依据，不属于人民法院行政诉讼的受案范围。依照上述法律规定，一审法院裁定驳回上诉人钱某某的起诉并无不当。上诉人钱某某的上诉请求和理由由于缺乏事实根据和法律依据，依法不予支持。

---

[1] 参见江苏省高级人民法院行政裁定书，(2019)苏行终1741号。

第二章　行政复议申请

第一节　行政复议范围

第十一条　【复议范围】有下列情形之一的，公民、法人或者其他组织可以依照本法申请行政复议：

（一）对行政机关作出的行政处罚决定不服；

（二）对行政机关作出的行政强制措施、行政强制执行决定不服；

（三）申请行政许可，行政机关拒绝或者在法定期限内不予答复，或者对行政机关作出的有关行政许可的其他决定不服；

（四）对行政机关作出的确认自然资源的所有权或者使用权的决定不服；

（五）对行政机关作出的征收征用决定及其补偿决定不服；

（六）对行政机关作出的赔偿决定或者不予赔偿决定不服；

（七）对行政机关作出的不予受理工伤认定申请的决定或者工伤认定结论不服；

（八）认为行政机关侵犯其经营自主权或者农村土地承包经营权、农村土地经营权；

（九）认为行政机关滥用行政权力排除或者限制竞争；

（十）认为行政机关违法集资、摊派费用或者违法要求履行其他义务；

（十一）申请行政机关履行保护人身权利、财产权利、受教育权利等合法权益的法定职责，行政机关拒绝履行、未依法履行或者不予答复；

（十二）申请行政机关依法给付抚恤金、社会保险待遇或者最低生活保障等社会保障，行政机关没有依法给付；

（十三）认为行政机关不依法订立、不依法履行、未按照约定履行或者违法变更、解除政府特许经营协议、土地房屋征收补偿协议等行政协议；

（十四）认为行政机关在政府信息公开工作中侵犯其合法权益；

（十五）认为行政机关的其他行政行为侵犯其合法权益。

条文解读

本条是关于可以申请行政复议的具体行政行为范围的规定。

本条是对《行政复议法》（2017 年修正）第 6 条规定的修订。本条修订的目的即在于扩大行政复议的受案范围，将更多行政争议纳入行政复议轨道。本条在修订过程中，对行政复议受案范围作出了两次扩大：《行政复议法（修订草案）》中明确规定，申请人对行政协议、政府信息公开等行为不服的，可以提起行政复议；《行政复议法（修订草案二次审议稿）》进一步扩大了行政复议的受案范围，将行政机关作出的赔偿决定纳入行政复议范围，明确行政协议包括“政府特许经营协议、土地房屋征收补偿协议等”，明确行政机关不履行法定职责包括“拒绝履行、未依法履行或者不予答复”。本条经过修订，相对于《行政复议法》（2017 年修正）第 6 条极大地扩充了行政复议的受案范围。

1. 对行政机关作出的行政处罚决定不服

本条第 1 项规定的情形为行政处罚案件，对应的《行政复议法》（2017

年修正）规定是“对行政机关作出的警告、罚款、没收违法所得、没收非法财物、责令停产停业、暂扣或者吊销许可证、暂扣或者吊销执照、行政拘留等行政处罚决定不服的”。本项规定放弃了列举的方式，直接采用了“对行政机关作出的行政处罚决定不服”这一表述。这一修订采用抽象法律概念，一方面避免了《行政处罚法》在进一步修订中可能出现的对行政处罚手段扩容导致的两法衔接问题；另一方面也能够增加对行政相对人的保护强度，只要行政机关所为行为是行政处罚，那么行政相对人就可以依据本项规定提起行政复议申请。

2. 对行政机关作出的行政强制措施、行政强制执行决定不服

本条第 2 项规定的情形为行政强制，对应的《行政复议法》（2017 年修正）规定是“对行政机关作出的限制人身自由或者查封、扣押、冻结财产等行政强制措施决定不服的”。同前项类似，本项修订后的规定也没选择列举的方式，而是概括性地将行政强制措施、行政强制执行决定作为可被提起行政复议申请的情形。行政强制措施是行政机关为了预防、制止违法行为或危害社会的状态，亦即为了查明案件事实或执行法律、法规及行政决定，根据需要对公民、法人或其他组织的人身或财产采取的强制性措施；行政强制措施既有保全性，又有制止性和执行性。行政强制执行决定，是指行政机关依法作出行政决定后，当事人在行政机关决定的期限内不履行义务的，具有行政强制执行权的行政机关作出的强制执行的决定。尽管《行政复议法》（2017 年修正）中并未直接规定行政强制执行决定是行政复议的受案范围，但是《行政强制法》第 37 条第 2 款规定，强制执行决定中应当载明申请行政复议的途径和期限，这也表明行政强制执行决定属于行政复议的受案范围。换言之，本项修订内容并未扩大原先的规定范围。

3. 申请行政许可，行政机关拒绝或者在法定期限内不予答复，或者对行政机关作出的有关行政许可的其他决定不服

本条第 3 项规定的情形为行政许可行为，对应的《行政复议法》（2017 年修正）规定是“对行政机关作出的有关许可证、执照、资质证、资格证等

证书变更、中止、撤销的决定不服的”和“认为符合法定条件，申请行政机关颁发许可证、执照、资质证、资格证等证书，或者申请行政机关审批、登记有关事项，行政机关没有依法办理的”。本项规定相对于《行政复议法》（2017 年修正）而言，对于行政许可的内容采取了概括的规定方式，但是列举了拒绝、不予答复以及其他决定等多种行政机关可能作出的行为。所以，根据本项规定，行政相对人对于行政机关作出的包括拒绝行政许可，法定期限内不予答复，变更、终止、撤销行政许可等行为，都可以提起行政复议申请。

4. 对行政机关作出的关于确认自然资源的所有权或者使用权的决定不服

本条第 4 项规定的情形为行政确权行为，对应的《行政复议法》（2017 年修正）规定是“对行政机关作出的关于确认土地、矿藏、水流、森林、山岭、草原、荒地、滩涂、海域等自然资源的所有权或者使用权的决定不服的”。本项规定相对于《行政复议法》（2017 年修正）而言，对于自然资源的类型没有采取列举方式。确权行为是行政机关对当事人之间就财产所有权或使用权的归属发生的争议作出确认裁决的行为。行政确权往往关系到公民、法人或其他组织的切身利益，如果行政机关违法或不当行使确认裁决权力，必然会给一方当事人造成极大的财产损失。因此，将确权裁决纳入行政复议范围，有利于为公民、法人或其他组织的合法权益提供保护。

5. 对行政机关作出的征收征用决定及其补偿决定不服

本条第 5 项规定的情形为行政补偿决定，是本次修订的新增内容。征收征用决定是行政机关根据公共利益的需要，对行政相对人财产的所有权或财产权作出的强制收回的行政决定，是对行政相对人权利的重大限制；征收征用补偿决定，是指行政机关在完成征收征用决定之后，依据补偿方案、评估结果等对被征收征用人如何补偿、安置等问题作出的行政决定。尽管《行政复议法》（2017 年修正）并未明确规定征收征用决定及其补偿决定是行政复议的受案范围，但是《国有土地上房屋征收与补偿条例》、《国务院法制办公室关于依法做好征地补偿安置争议行政复议工作的通知》(国法〔2011〕35号)等都规定了对相应行为可以提起行政复议申请。换言之,本项修订是对其他规范梳理后作出的新增列举,并未对既有法律框架作出过多修改。

6. 对行政机关作出的赔偿决定或者不予赔偿决定不服

本条第6项规定是指行政赔偿决定纠纷案件,是本次修订的新增内容。在《行政复议法》(2017年修正)规定中,行政赔偿请求只能附带于对行政行为的行政复议申请提出,不能单独申请复议机关就行政赔偿作出赔偿决定;对于行政机关已经作出的行政赔偿决定,往往会被视为行政机关作出的过程性行为,不能单独就行政赔偿决定提起行政复议申请。但是在实践中,这一认知对行政相对人的权利造成了较大限制,使行政相对人与行政机关之间就行政赔偿产生的纠纷只能通过行政诉讼的方式解决。这导致对类似纠纷的处理程序复杂延宕,且会耗费大量的司法资源,不利于高效化解行政纠纷。对此,本次修订从发挥行政复议化解行政争议主渠道作用的角度出发,将行政赔偿决定和不予赔偿决定纳入行政复议的受案范围。故而,对行政机关作出的赔偿决定或者不予赔偿决定不服的,行政相对人可以提起行政复议申请。

7. 对行政机关作出的不予受理工伤认定申请的决定或者工伤认定结论不服

本条第7项是指工伤认定纠纷案件,是此次修订的新增内容。根据《工伤认定办法》第23条规定,职工或者其近亲属、用人单位对不予受理决定不服或者对工伤认定决定不服的,可以依法申请行政复议或者提起行政诉讼;同时在该办法第19条还明确规定,社会保险行政部门在《认定工伤决定书》或者《不予认定工伤决定书》中均应当载明"不服认定决定申请行政复议或提起行政诉讼的部门和时限"。社会保险行政部门对工伤认定申请所作工伤认定决定或者不予认定工伤决定直接影响了职工、用人单位等主体的法律地位,因而理应赋予相应主体申请行政复议的权利。本条规定实质上是对《工伤认定办法》中有关行政复议规定的重述。

8. 认为行政机关侵犯其经营自主权或者农村土地承包经营权、农村土地经营权

本条第 8 项是指行政机关侵犯法定经营自主权、农村土地承包经营权和农村土地经营权的案件,对应的《行政复议法》(2017 年修正)规定是“认为行政机关侵犯合法的经营自主权的”和“认为行政机关变更或者废止农业承包合同,侵犯其合法权益的”。就经营自主权而言,本项规定直接承继了《行政复议法》(2017 年修正)的规定,指行政机关侵害行政相对人经营自主权的行政行为。就农村土地承包经营权和农村土地经营权而言,本项规定实际上是对《行政复议法》(2017 年修正)第 6 条第 6 项规定的转化。本条后续增加了行政协议纳入行政复议的规定,对于农业承包合同部分,将农村土地承包经营权和农村土地经营权作为确定行政复议受案范围的标准。

9. 认为行政机关滥用行政权力排除或者限制竞争

本条第 9 项是本次修订的新增内容。根据国家市场监督管理总局发布的《制止滥用行政权力排除、限制竞争行为规定》,行政机关和法律、法规授权的具有管理公共事务职能的组织滥用行政权力排除或限制竞争的情形包括:限定或者变相限定单位或者个人经营、购买、使用其指定的经营者提供的商品或者服务;妨碍商品在地区之间的自由流通;排斥或者限制经营者参加招标投标以及其他经营活动;排斥、限制、强制或者变相强制外地经营者在本地投资或者设立分支机构;强制或者变相强制经营者从事《反垄断法》规定的垄断行为等诸多情形。行政主体从事上述行为的,行政相对人可以向行政复议机关提起复议申请。

10. 认为行政机关违法集资、摊派费用或者违法要求履行其他义务

行政机关的活动大都是通过设定义务的方式实现的,但是如果行政机关没有按照法律规定或违反法律规定设定义务,就属于违法要求履行义务的情形。行政机关要求行政相对人承担额外的金钱、行为义务的,行政相对人有权提起行政复议申请。

11. 申请行政机关履行保护人身权利、财产权利、受教育权利等合法权益的法定职责，行政机关拒绝履行、未依法履行或者不予答复

本条第 11 项规定是指行政机关不履行法定职责案件，对应的《行政复议法》(2017 年修正)规定是“申请行政机关履行保护人身权利、财产权利、受教育权利的法定职责，行政机关没有依法履行的”。保护公民、法人或其他组织的人身权、财产权和受教育权是行政机关的法定职责，如果行政机关不履行法定职责，对行政相对人所作的权利保护申请怠于行使职权，就构成不履行法定职责。相对于《行政复议法》(2017 年修正)，本项规定对行政机关没有依法履行的具体情形作出列举，即行政机关拒绝履行、未依法履行和不予答复三种情形。故而，行政机关对于行政相对人提出的本项所述三项权利保护申请，拒绝履行、未依法履行或不予答复的，行政相对人有权提起行政复议申请。

12. 申请行政机关依法给付抚恤金、社会保险待遇或者最低生活保障等社会保障，行政机关没有依法给付

本条第 12 项规定是指行政给付案件，是对《行政复议法》(2017 年修正)第 10 款规定的重述。给付抚恤金、社会保险待遇和最低生活保障是行政机关的法定职责，行政机关履行法定职责的方式是作出相应的行政给付行为，公民享有相应的行政给付是公民权利的具体体现。因而，行政机关没有依法作出相应行政给付行为会对公民的合法权益造成侵害，公民有权提起行政复议申请。

13. 认为行政机关不依法订立、不依法履行、未按照约定履行或者违法变更、解除政府特许经营协议、土地房屋征收补偿协议等行政协议

本条第 13 项规定是指行政协议案件，是此次修订新增内容，与《行政诉讼法》第 12 条第 1 款第 11 项规定存在对应。随着行政活动方式的多元化，行政协议作为一种相对柔性的手段，越来越多地出现在行政活动中。在行政活动实践中，常见的行政合同包括政府特许经营协议、土地房屋征收补偿协议等。此类行政协议兼具行政性和合同性特征，行政机关可以基于行政优益权对行政协议及其履行作出相应的单方调整，从而存

在侵害合同相对人权利的可能。因此,行政机关不依法订立、不依法履行、未按照约定履行或违法变更、解除行政合同的,公民有权提起行政复议申请。

14. 认为行政机关在政府信息公开工作中侵犯其合法权益

本条第12项规定是指政府信息公开案件,是本次修订新增内容。政府信息,是指行政机关在履行行政管理职能过程中制作或者获取的,以一定形式记录、保存的信息。政府信息公开是公民、法人和其他组织依法获取政府信息,提高政府工作透明度,建设法治政府,充分发挥政府信息对人民群众生产、生活和经济社会活动的服务作用的关键。行政机关在政府信息公开过程中不履行相应职责或者未妥善履行相应职责的,会对申请人权益造成侵害。因此,行政相对人认为行政机关在政府信息公开工作中侵犯其合法权益,可以提出行政复议申请。

15. 认为行政机关的其他行政行为侵犯其合法权益

本条第15项属于概括性条款,也是兜底规定,其目的是更好地保护公民、法人或者其他组织的合法权益。本项规定的存在意味着对于其他未列举,但是符合本项规定的行政行为,行政相对人都可以提出行政复议申请。就行为构成要件而言,应包括两点:其一,提起行政复议的必须是行政行为;其二,行政相对人的合法权益受到侵害。

适用要点

本条是关于行政复议受案范围的规定。本次修订遵循发挥行政复议主渠道作用的目的取向,扩大了行政复议的受案范围。本条规定修订后统合了《行政复议法》(2017年修正)和《政府信息公开条例》等相关法律法规中的规定,将申请人对征收征用决定及其补偿决定、行政协议、政府信息公开、赔偿决定不服的情形,以及认为行政机关滥用行政权力排除或限制竞争的情形,一并纳入行政复议的受案范围。

典型案例

尹某某诉长沙市自然资源和规划局资源行政管理纠纷案[1]

要旨：长沙铁路运输中级人民法院经审理认为，原告申请行政复议的事项应属于法律法规规定的可申请行政复议的受案范围。《行政复议法实施条例》第28条第3项和第5项规定，申请人与具体行政行为有利害关系的行政复议申请应予受理，行政复议申请应当属于《行政复议法》规定的行政复议范围。同时，《行政复议法》（2017年修正）第2条、第6条规定了可以申请行政复议的情形。本案中，原告申请复议的事项是长沙市自然资源和规划局雨花区分局为准备听证而发布的听证通知，听证是为了作出《征地补偿安置方案实施公告》而进行的过程性行为，听证通知又是听证前的准备工作，故原告所诉的听证通知书明显是过程性行为，对原告的权利义务不产生影响。《最高人民法院关于适用〈中华人民共和国行政诉讼法〉的解释》第1条第2款第6项规定，行政机关为作出行政行为而实施的准备、论证、研究、层报、咨询等过程性行为，不属于人民法院行政诉讼的受案范围。一般来说，除必须复议前置的案件外，不可诉讼的行政行为亦不可复议，否则将破坏诉讼终局制度。综上，原告所申请的复议事项不属于行政复议的受案范围，原告在复议申请中要求被告组织听证属于履职申请，亦不属于行政复议申请审查的范围，故被告作出的《行政复议不予受理决定书》实体处理正确。被告在收到原告的复议申请后，依程序在法定期限内作出复议决定并送达原告，程序合法。

[1] 参见长沙铁路运输法院行政判决书，（2021）湘8601行初548号。

第十二条 【非行政复议范围】下列事项不属于行政复议范围：

（一）国防、外交等国家行为；

（二）行政法规、规章或者行政机关制定、发布的具有普遍约束力的决定、命令等规范性文件；

（三）行政机关对行政机关工作人员的奖惩、任免等决定；

（四）行政机关对民事纠纷作出的调解。

条文解读

本条是关于不属于行政复议范围的行政行为的规定。

本条规定是对《行政复议法》（2017 年修正）第 8 条规定的修订。本条规定修订历程为：《行政复议法（修订草案）》中就行政复议不受理事项新增“国防、外交等国家行为”“行政法规、规章或者行政机关制定、发布的具有普遍约束力的决定、命令等规范性文件”“对公民、法人或者其他组织权利义务不产生实际影响的行为”。《行政复议法（修订草案二次审议稿）》将行政复议不受理事项中的“行政机关作出的处分或者其他人事处理决定”修改为“行政机关对行政机关工作人员的奖惩、任免等决定”，同时删去了“对公民、法人或者其他组织权利义务不产生实际影响的行为”的规定。

本条前三项规定实际上与《行政诉讼法》第 13 条前三项规定内容相同。其一，国家行为是基于国家主权并且以国家名义实施的行为。国家行为带有高度的政治性，不同于一般的行政行为。此类行为不仅涉及相对人的利益，而且涉及国家的整体利益和人民的根本利益，关系到国家的荣誉、尊严和存亡，不宜纳入行政复议受案范围。其二，规范性文件的制定是立法行为。根据我国《宪法》《立法法》的规定，立法行为由全国人大及其常委会和地方同级人大及其常委会或者国务院监督，不应当基于行政相对人的申请进行行政复议。更进一步地，制定规范性文件的行为一般情况下不会直接侵害公民、法人或者其他组织的合法权益，就此也不应当承认行政相对人直接对规范性文件提起行政复议申请。其三，本条修订将“不服行政机关作出的行政处分或者其他人事处理决定的，依照有关法律、行政法规的规定提出申诉”调整为“行政机关对行政机关工作人员的奖惩、任免等决定”。行政机关对行政机关工作人员的奖惩、任免，属于行政机关内部的人事管理行为，学理上称为“内部行政行为”。内部行政行为之所以被排除在行政复议范围之外，主要是因为内部行政行为涉及的是行政机关的内部事务，我国法律对此已规定了其他救济路径。如果再将其纳入行政复议范围，则会出现行政复议与公务员主管部门乃至监察部门职权重叠、交叉现象，不利于解决此类争议。

本条第 4 项内容延续了《行政复议法》(2017 年修正)第 8 条第 2 款的规定。之所以行政机关对民事纠纷作出的调解不宜纳入行政复议受案范围，是因为这类调解行为是行政机关对平等主体之间的民事纠纷居间作出的行为，而不是基于行政权力作出的行为，只有另外经过仲裁机关或人民法院处理才会产生最终效力。

适用要点

本条规定在《行政复议法》(2017 年修正)第 8 条规定的基础上作了较大修订。本条的适用要点有二：其一，国防、外交等国家行为，行政法规、规章等行政机关制定、发布的具有普遍约束力的决定、命令等规范性文件，以及行政机关对民事纠纷的调解行为不纳入行政复议的受案范围。其二，相对于《行政复议法》(2017 年修正)规定，行政机关所作的人事处理决定中不纳入行政复议受案范围的被限制为奖惩、任免等决定，对于其他类型的人事处理决定可进行行政复议。

典型案例

方某诉南宁市人民政府行政复议纠纷案[1]

要旨:南宁铁路运输中级人民法院经审理认为,原告请求南宁市青秀区人民政府履职的事项应属于人事处理事项的范畴。原告于2002年成为分流人员时被取消了公务员编制,分流学习结束后也未重新取得公务员身份,故原告方某所请求的事项不属于公务员人事处理事项,不宜适用《行政复议法》(2017年修正)第8条第1款的规定来判断原告请求的事项是否属于行政复议的受理范围。根据《行政复议法》(2017年修正)第6条的规定,原告所请求的事项不符合该条所列举的11种可以提起行政复议的情形。从《行政复议法》的立法目的的角度考量,行政复议是为解决行政机关在行使行政职权过程中与行政相对人之间产生的行政争议,而向行政相对人提供的一项权利救济途径,是解决外部行政争议的法律制度。故《行政复议法》第6条第11项所规定的"认为行政机关的其他具体行政行为侵犯其合法权益的"情形,亦仅限于调整行政机关对外部的行政相对人作出具体行政行为所引起的行政争议。本案中,行政机构改革和人员分流具有明显的政策属性,根据相关政策性文件的规定,参加学习培训的分流人员,其人事关系由所在单位管理。原告虽不是公务员身份,但与南宁市青秀区人民政府存在人事管理关系,原告请求南宁市青秀区人民政府履职的事项均是基于原告与南宁市青秀区人民政府存在人事管理关系而产生的。原告与南宁市青秀区人民政府的人事关系属于行政机关的内部管理关系,原告请求的事项不符合《行政复议法》第6条第11项所规定的可以提起行政复议的情形。综上,原告请求事项不属于行政复议的受理范围。

---

[1] 参见南宁铁路运输中级人民法院行政判决书,(2018)桂71行初14号。

第十三条 【申请附带审查】公民、法人或者其他组织认为行政机关的行政行为所依据的下列规范性文件不合法，在对行政行为申请行政复议时，可以一并向行政复议机关提出对该规范性文件的附带审查申请：

（一）国务院部门的规范性文件；

（二）县级以上地方各级人民政府及其工作部门的规范性文件；

（三）乡、镇人民政府的规范性文件；

（四）法律、法规、规章授权的组织的规范性文件。

前款所列规范性文件不含规章。规章的审查依照法律、行政法规办理。

条文解读

本条是关于行政复议中规范性文件申请附带审查的规定。

本条规定对应《行政复议法》（2017 年修正）第 7 条，是对行政机关、被授权组织发布的规范性文件一并申请审查的规定。相对于原先的规定，本条此次修订增加了“法律、法规、规章授权的组织的规范性文件”。根据《行政诉讼法》第 2 条第 2 款的规定，法律、法规、规章授权的组织可以成为行政诉讼被告。换言之，法律、法规、规章授权的组织可成为行政行为的作出主体，即可以成为行政主体。故而，国务院部门，县级以上地方各级人民政府及其工作部门，乡、镇人民政府，法律、法规、规章授权的组织均是能够制定规范性文件的主体。

规范性文件，是指有权主体依照法定权限、程序制定并公布，涉及公民、法人或者其他组织权利义务，在本行政区域内具有普遍约束力，在一定时期内反复使用的公文。各部门发布规范性文件的具体权限为：国务院各部、各委员会根据法律和国务院的行政法规、决定、命令，在本部门的权限内,发布命令、指示和规章。省、自治区、直辖市以及省、自治区的人民政府所在地的市和经国务院批准的市的人民政府,可以根据法律和国务院的行政法规制定规章。县级以上地方各级人民政府可以规定行政措施,发布决议和命令。乡、民族乡、镇的人民政府发布决定和命令。法律、法规、规章授权的组织可以根据授权依据,对其所管辖公共事务范围制定规范性文件。

行政机关制定的规范性文件可以通过适用过程影响到公民的合法权益,进而可能影响到法制权威和统一。实践中,部分行政机关受到利益驱动,通过制定规范性文件抢权力、争利益,乱发文件,严重损害了公民权利。故而,对类似的规范性文件的制定行为,除既有的行政监督之外,还应当允许公民通过复议或者诉讼的方式进行监督。然而,行政复议制度的主要目的在于对行政机关的具体行政行为进行审查,产生监督效果。所以综合考虑,应当将规范性文件纳入行政复议的审查范围,但是应当参照《行政诉讼法》的旨趣,即公民、法人或者其他组织只有在对行政机关的行为提起行政复议申请的前提下,才能够附带性地一并对规范性文件提出审查申请。

适用要点

本条是对于行政复议中规范性文件附带审查的规定,与《行政诉讼法》中相关规定相似。在本条适用过程中需要注意的要点有二:

其一,对于国务院部门,县级以上地方各级人民政府及其工作部门,乡、镇人民政府,法律、法规、规章授权的组织制定的规范性文件可以在行政复议中申请附带审查。

其二,对于规范性文件的审查是附带性的,公民、法人或其他组织不能单独申请对规范性文件进行审查,而是应当在对行政机关基于该规范性文件所作的行政行为提起行政复议申请时,一并提出附带审查。

典型案例

史某某诉石家庄市自然资源和规划局资源行政管理案[1]

要旨：河北省石家庄市桥西区人民法院经审理认为，《行政复议法》（2017年修正）第7条规定："公民、法人或者其他组织认为行政机关的具体行政行为所依据的下列规定不合法，在对具体行政行为申请行政复议时，可以一并向行政复议机关提出对该规定的审查申请：（一）国务院部门的规定；（二）县级以上地方各级人民政府及其工作部门的规定；（三）乡、镇人民政府的规定。前款所列规定不含国务院部、委员会规章和地方人民政府规章。规章的审查依照法律、行政法规办理。"本案中，原告申请复议时，请求对中国共产党新乐市委员会新字〔2013〕18号文件合法性进行审查。但该文件的作出主体为中国共产党新乐市委员会，不符合《行政复议法》第7条规定的文件审查范围。根据《行政诉讼法》第53条的规定，"公民、法人或者其他组织认为行政行为所依据的国务院部门和地方人民政府及其部门制定的规范性文件不合法，在对行政行为提起诉讼时，可以一并请求对该规范性文件进行审查。前款规定的规范性文件不含规章"。根据上述规定，人民法院审查的规范性文件的制定主体为"国务院部门和地方人民政府及其部门"。本案中，原告申请审查的文件系中国共产党新乐市委员会制定的文件，不属于《行政诉讼法》规定的人民法院对规范性文件合法性审查的范围。

[1] 参见河北省石家庄市桥西区人民法院行政判决书，（2021）冀0104行初30号。

第二节　行政复议参加人

第十四条　【复议申请人】依照本法申请行政复议的公民、法人或者其他组织是申请人。

有权申请行政复议的公民死亡的，其近亲属可以申请行政复议。有权申请行政复议的法人或者其他组织终止的，其权利义务承受人可以申请行政复议。

有权申请行政复议的公民为无民事行为能力人或者限制民事行为能力人的，其法定代理人可以代为申请行政复议。

条文解读

本条是关于复议申请人的规定，对应《行政复议法》(2017 年修正)第 10 条第 1 款、第 2 款的规定。

本条第 1 款是对复议申请人的定义。行政复议申请人是认为行政主体的行政行为侵害其合法权益，以自己的名义向行政复议机关提出申请，要求对该行政行为进行复查并依法作出裁决的公民、法人或其他组织。

并非所有的主体均可以提起行政复议，行政复议申请人需要具备以下条件。其一，复议申请人是公民、法人或其他组织。公民身份自不待言，唯对法人、其他组织需要作出相应的限定。根据《行政复议法实施条例》的规定，首先，股东大会、股东代表大会或董事会有代表企业启动行政复议程序的资格，不需要企业法定代表人的决定。其次，对合伙企业而言，应当以核准登记的企业为申请人，由执行合伙事务的合伙人代表企业参加行政复议；其他合伙组织申请行政复议的，申请人为全体合伙人。其二，复议申请人必须是认为行政行为侵犯其合法权益的人，即申请人与被申请复议的行政行为有法律上的利害关系。

本条第2款是对复议申请人资格的转移的规定。概言之,复议申请权由申请人享有,但是在特殊情形下,申请人资格可转移给相应主体。一方面,行政复议申请权可通过继承的方式转移,即有权申请行政复议的公民死亡的,其近亲属可以申请行政复议。需要注意的是,近亲属的范围包括配偶、父母、子女、兄弟姐妹等。另一方面,如果享有行政复议申请权的主体是法人或者其他组织的,在其主体资格消灭的情况下,承受其权利的法人或者其他组织可以申请行政复议。具体包括如下两种情形:有申请资格的法人或者其他组织分立的,由继承行政复议问题所侵犯权益的主体获得申请资格;有申请资格的法人或者其他组织合并的,由合并后的法人或者其他组织获得申请资格。

本条第3款是关于代为提起行政复议申请的规定。行政复议申请权可由法定代理人代为行使,即有权申请行政复议的公民为无民事行为能力人或者限制民事行为能力人的,其法定代理人可以代为申请行政复议。无民事行为能力人和限制民事行为能力人的法定代理人是其监护人。其中,未成年人的监护人是父母,如果父母已经死亡或者没有监护能力,由其祖父母、外祖父母,兄、姐等担任监护人;无民事行为能力或者限制民事行为能力的成年人的监护人,由配偶、父母、子女以及其他近亲属等担任。

适用要点

本条适用中需要注意的要点包括:(1)在有权申请行政复议的公民死亡的情形下,有权继承复议申请权以自己名义提起复议申请的主体仅限于近亲属,即配偶、父母、成年子女、兄弟姐妹等主体。(2)对于无民事行为能力人和限制民事行为能力人,应当由其法定代理人申请行政复议。根据民法规定,上述两种群体的法定代理人应当为其监护人。(3)法人或者其他组织终止的,应当以继承相应权利的主体为申请人提起行政复议申请。

典型案例

王某某诉国家税务总局青岛市税务局税务行政管理案[1]

要旨：山东省青岛市中级人民法院经审理认为，本案的关键在于原告是否具有提起本案行政诉讼的原告主体资格。《行政诉讼法》第25条第1款规定："行政行为的相对人以及其他与行政行为有利害关系的公民、法人或者其他组织，有权提起诉讼。"第3款规定："有权提起诉讼的法人或者其他组织终止，承受其权利的法人或者其他组织可以提起诉讼。"本案中，涉案《税务事项通知书》系由国家税务总局青岛市市南区税务局向青岛某公司作出，而非向上诉人王某某作出。根据《行政复议法》(2017年修正)第10条第2款的规定，有权申请行政复议的法人或者其他组织终止的，承受其权利的法人或者其他组织可以申请行政复议。经该院询问，上诉人确认青岛某公司系有限责任公司，且作为法人并未终止。综合上述事实及规定，有权针对涉案《税务事项通知书》提出行政复议的申请人应为青岛某公司。虽然上诉人主张其系该公司的法定代表人，但这从法律角度不意味着其可以个人名义就涉案《税务事项通知书》提出复议申请。因此，上诉人以个人名义向被上诉人提出行政复议申请，未获答复后提起本案行政诉讼，不具有原告诉讼主体资格，青岛市崂山区人民法院据此裁定驳回其起诉并无不当。

第十五条　【行政复议代表人】同一行政复议案件申请人人数众多的，可以由申请人推选代表人参加行政复议。

---

[1] 参见山东省青岛市中级人民法院行政裁定书，(2021)鲁02行终119号。

代表人参加行政复议的行为对其所代表的申请人发生效力，但是代表人变更行政复议请求、撤回行政复议申请、承认第三人请求的，应当经被代表的申请人同意。

条文解读

本条是关于行政复议代表人的规定。

根据本条第1款规定，同一行政复议案件申请人人数众多的，可由全体申请人以协商的方式，推选出代表参加行政复议。本条规定源自《行政复议法实施条例》第8条规定。根据该规定，人数众多是指同一行政复议案件申请人超过5人，对代表人人数的限制是1~5人。

本条第2款规定是对复议代表人权限的规定。行政复议代表人有权参加整个行政复议程序，委托代理人辅助程序进行，并在相关法律文书上列明，所产生的法律效果归属于包括代表人在内的全体申请人。但是需要注意的是，复议代表人的权限仍有一定的范围限制，即其变更行政复议请求、撤回行政复议申请、承认第三人请求需要得到其他被代表的申请人的同意。实质上，本条规定是对行政诉讼中代表人制度的模仿，这一规定可提高行政复议的效率，也有利于保障申请人参加行政复议，减轻其经济负担。

适用要点

本条适用中需要注意的要点有二：

其一，行政复议案件适用复议代表人的，需要人数达到5人以上；少于5人的，一般不适用复议代表人，而是直接由复议申请人参与行政复议活动。

其二，行政复议代表人的权限是有限的。与行政诉讼中诉讼代表人的权限相似，行政复议代表人仅能够在一般权限内完成相应的行为，如果其要作出变更行政复议请求、撤回行政复议申请、承认第三人请求等剧烈影响复议申请人权利的行为,应当征得被代表的申请人同意。

典型案例

尤某某诉鹿邑县人民政府纠纷案[1]

要旨:河南省周口市中级人民法院经审理认为,《行政复议法实施条例》第8条规定:"同一行政复议案件申请人超过5人的,推选1至5名代表参加行政复议。"第28条规定:"行政复议申请符合下列规定的,应当予以受理:(一)有明确的申请人和符合规定的被申请人……"第48条第1款规定:"有下列情形之一的,行政复议机关应当决定驳回行政复议申请:……(二)受理行政复议申请后,发现该行政复议申请不符合行政复议法和本条例规定的受理条件的。"本案中,行政复议申请书上明确写明原告、李某某系代表后李村44户人家,但并未提供44户人家的具体身份信息,没有明确的申请人,也没有提供44户人家推选原告、李某某为代表参加行政复议的相关材料,明显不符合受理条件。鉴于该复议申请已经受理,依照上述规定,应当驳回该复议申请。关于被告作出复议决定是否超期的问题,另案行政判决已经对鹿邑县人民政府中止复议行为不符合法律规定予以评判,并责令鹿邑县人民政府在判决生效后30日内作出复议决定,鹿邑县人民政府在法院判决限定的时间内作出复议决定,并无不当。

---

〔1〕 参见河南省周口市中级人民法院行政判决书,(2018)豫16行初222号。

第十六条 【行政复议第三人】申请人以外的同被申请行政复议的行政行为或者行政复议案件处理结果有利害关系的公民、法人或者其他组织,可以作为第三人申请参加行政复议,或者由行政复议机构通知其作为第三人参加行政复议。

第三人不参加行政复议,不影响行政复议案件的审理。

条文解读

本条是关于行政复议第三人的规定,是对《行政复议法》(2017年修正)第10条第3款规定的修订。

行政复议第三人,是指同申请行政复议的行政行为或者案件处理结果有利害关系,而申请参加或者由复议机关通知其参加的申请人与被申请人以外的公民、法人或其他组织。

实践中,行政行为产生的效力是广泛性的,并不局限于行政相对人,还会对相关的公民、法人或其他组织产生行政法上的影响。如行政机关对自然资源使用权的确权错误的情形下,不仅会错误地授予行政相对人以用益物权,还会导致本应获得使用权的主体无法取得使用权,在其中一方主体申请行政复议后,行政复议决定必然会影响到另一方主体权益。因此,行政复议的参加人除申请人和被申请人外,还需要允许与行政行为存在利害关系的公民、法人或其他组织以行政复议第三人的身份参与到行政复议中。

本条规定中利害关系的判断可以参照行政诉讼法上利害关系的判断标准。一方面,行政复议第三人要与行政行为存在行政法上的利益关系,即当事人对行政行为所涉及的对象享有合法利益;另一方面,第三人主张的权利和行政行为之间要具有法律上的因果关系。同时,第三人参与到行政复议过程中必须经过行政复议机构的准许。但是,考虑到第三人相对于申请人而言是间接参与到行政复议活动中的,所以行政复议活动的程序设计主要考虑的是对申请人的权利保障，第三人不参加行政复议的，不应当影响到行政复议案件的审理。

适用要点

本条适用中需要注意的要点有如下几点：

其一，第三人需要同申请行政复议的行政行为或者案件处理结果有利害关系，这种利害关系可以是直接的，也可以是间接的。

其二，第三人需要在复议申请受理后、复议程序终结前参与到复议中来。

其三，第三人参与行政复议活动，需要获得行政复议机关的批准，既包括由第三人申请后经过行政复议机关批准，也包括行政复议机关通知其作为第三人参加行政复议。实质上，社会中发生的纠纷经常涉及双方当事人以外的人，纠纷的解决与其存有利害关系，尤其是考虑到行政行为的公共性，更需要对其他可能存在利害关系的人赋予行政复议申请权。

典型案例

北京某房地产公司诉北京市东城区住房和城市建设委员会行政复议纠纷案[1]

要旨：北京市通州区人民法院经审理认为，《行政复议法》(2017 年修正)第 10 条第 3 款规定，同申请行政复议的具体行政行为有利害关系的其他公民、法人或者其他组织，可以作为第三人参加行政复议。《行政复议法实施条例》第 9 条规定："行政复议期间，行政复议机构认为申请人以外的公民、法人

〔1〕 参见北京市通州区人民法院行政判决书，(2020)京 0112 行初 501 号。

或者其他组织与被审查的具体行政行为有利害关系的,可以通知其作为第三人参加行政复议。行政复议期间,申请人以外的公民、法人或者其他组织与被审查的具体行政行为有利害关系的,可以向行政复议机构申请作为第三人参加行政复议。第三人不参加行政复议,不影响行政复议案件的审理。”根据《行政复议法》(2017年修正)、《行政复议法实施条例》的规定来看,其均把“利害关系”作为是否追加第三人的判断标准。相关规定虽未强制性要求行政复议机关通知与被审查的具体行政行为有利害关系的公民、法人或者其他组织作为第三人参加行政复议,赋予了行政复议机关一定的裁量权,但行政复议过程仍应遵循正当程序原则的要求,保障行政复议当事人基本的、对等的程序权利。如果与行政行为有利害关系的公民、法人或者其他组织不参加到行政复议程序中,势必影响其正当权利的保护,甚至影响行政复议决定的正确性。本案中,北京某房地产公司作为东建拆裁字(2019)第1号东城住建委城市房屋拆迁纠纷裁决书的相对人,在张某某针对该裁决书提起了行政复议的情况下,市住建委作为复议机关应当遵循正当程序原则,保障北京某房地产公司享有程序权利和实体权利。市住建委未追加北京某房地产公司作为第三人参加复议,构成复议程序违法。

第十七条 【委托代理人】申请人、第三人可以委托一至二名律师、基层法律服务工作者或者其他代理人代为参加行政复议。

申请人、第三人委托代理人的,应当向行政复议机构提交授权委托书、委托人及被委托人的身份证明文件。授权委托书应当载明委托事项、权限和期限。申请人、第三人变更或者解除代理人权限的,应当书面告知行政复议机构。

条文解读

本条是关于行政复议委托代理人的规定。

本条属于新修订条目,《行政复议法》(2017 年修正)仅在第 10 条第 5 款规定了“申请人、第三人可以委托代理人代为参加行政复议”。《行政复议法实施条例》第 10 条对相关要求进行了明确。据此,新规定的变化有二:一是细化了行政复议委托代理人的人数要求和资格要求。申请人、第三人可以委托 1~2 名代理人代为参加行政复议,可以出任代理人的包括律师、基层法律服务工作者或者其他代理人。二是增设了行政复议委托代理人的确定要求。可见,无论是授权委托代理人还是变更或解除代理权,均须通过书面形式完成。

需要强调的是,《行政复议法》(2017 年修正)第 22 条规定,“行政复议原则上采取书面审查的办法,但是申请人提出要求或者行政复议机关负责法制工作的机构认为有必要时,可以向有关组织和人员调查情况,听取申请人、被申请人和第三人的意见”。在这种情况下,如果复议申请人或者第三人认为必要,可以委托近亲属或者聘请律师代为参加行政复议,以更好地维护自己的合法权益。本条只规定了申请人和第三人可以委托代理人参加行政复议,而没有规定被申请人可以委托代理人,所以被申请人是不可以委托行政复议代理人参加行政复议的。如果行政复议机关组织情况调查会,向有关人员了解情况,被申请人必须到场,不可以委托律师等代理人。

适用要点

行政复议代理人,是指行政复议中接受当事人的委托,以被代理人的名义代理他人进行复议的人。在行政复议中,当事人既可以亲自参加复议,也可以委托代理人参加复议。从代理人的产生方式来看,行政复议代理人可以分为法定代理人、指定代理人和委托代理人三种。

实践中，在确立复议代理人存在困惑时，可从以下两方面着手：其一，要理解复议代理人的四大特征。(1)复议代理人以被代理人的名义，为维护被代理人的利益参加复议，其与被复议的行政行为并无利害关系；(2)复议代理人必须在代理权限范围内实施代理行为；(3)复议代理人依法参加复议的法律后果由被代理人承担；(4)复议代理人只能代理当事人一方，不能在同一复议中代理双方。其二，当立法存在缺失时，可参照行政诉讼代理人的规定处理。

典型案例

祝某某与焦作市自然资源和规划局行政复议案[1]

要旨：根据《行政复议法》(2017年修正)第9条、第10条第5款、第17条第1款、第22条、第23条第1款的规定，公民认为具体行政行为侵犯其合法权益的，可以自知道该具体行政行为之日起60日内提出行政复议申请；但是法律规定的申请期限超过60日的除外。因不可抗力或者其他正当理由耽误法定申请期限的，申请期限自障碍消除之日起继续计算。申请人可以委托代理人代为参加行政复议。行政复议机关收到行政复议申请后，应当在5日内进行审查，对不符合该法规定的行政复议申请，决定不予受理，并书面告知申请人。行政复议机关负责法制工作的机构认为有必要时，可以向有关组织和人员调查情况，听取申请人、被申请人的意见。故原告祝某某有权依法委托河南某律师事务所作为行政复议代理人，该所具体指派原某某律师为其行政复议代理人。结合案件事实可知，被告焦作市自然资源和规划局的复议行为存在“行政行为主要证据不足、违反法定程序”的瑕疵。

〔1〕参见河南省焦作市山阳区人民法院行政判决书，(2019)豫0811行初69号。

第十八条　【法律援助】符合法律援助条件的行政复议申请人申请法律援助的，法律援助机构应当依法为其提供法律援助。

条文解读

本条是关于行政复议法律援助的规定。本条属于新增条目，《行政复议法》（2017 年修正）中没有关于行政复议法律援助的内容。

根据《法律援助法》第 2 条的规定，法律援助是国家建立的为经济困难公民和符合法定条件的其他当事人无偿提供法律咨询、代理、刑事辩护等法律服务的制度，是公共法律服务体系的组成部分。该法第 22 条规定的法律援助服务范围并未明确列举行政复议，只有第 7 项兜底性规定了“法律、法规、规章规定的其他形式”。结合《立法法》的规定可知，国务院各部、委员会、中国人民银行、审计署和具有行政管理职能的直属机构，可以根据法律和国务院的行政法规、决定、命令，在本部门的权限范围内，制定规章。省、自治区、直辖市和设区的市、自治州的人民政府，可以根据法律、行政法规和本省、自治区、直辖市的地方性法规，制定规章。按照《中共中央办公厅、国务院办公厅关于完善法律援助制度的意见》中“扩大法律援助范围”的要求，实践中已有不少地区开展了行政复议法律援助试点工作，具体依据包括《盐城市行政复议法律援助实施办法（试行）》《西安市行政复议法律援助实施办法（试行）》《海宁市行政复议法律援助实施细则（试行）》等。

就立法的正当性而言，行政复议是政府系统自我纠错的监督制度和解决“民告官”行政争议的救济制度，是推进法治政府建设的重要抓手。建立为经济困难的公民提供帮助的行政复议法律援助制度，是为了进一步方便群众申请行政复议，充分发挥行政复议的化解行政争议主渠道作用。通过法律援助制度为经济困难群众提供行政复议法律援助服务，既能解决群众“不会告”的问题，又能引导群众依法依规合理表达诉求，节约了司法行政资源，实现了政治效果、法律效果与社会效果的有机统一。

适用要点

作为一项经由地方先行、试点探索展开的法律制度，本条关于行政复议法律援助的规定在适用时应当注意以下要点：

一是遵循法律优先原则。法律优先原则，又称为法律优位原则，是指行政机关在实施行政行为的过程中，坚持以宪法和法律为最高的行为准则，一切行政决定都要服从宪法和法律。在此基础上，处理好《行政复议法》《法律援助法》《中共中央办公厅、国务院办公厅关于完善法律援助制度的意见》及各地关于行政复议法律援助制度等规定之间的关系。

二是应当进一步建立健全行政复议法律援助工作的程序要求与实施细则，如当事人申请行政复议法律援助的程序和材料、行政复议法律援助机构的权利与义务要求等。

第十九条　【被申请人】公民、法人或者其他组织对行政行为不服申请行政复议的，作出行政行为的行政机关或者法律、法规、规章授权的组织是被申请人。

两个以上行政机关以共同的名义作出同一行政行为的，共同作出行政行为的行政机关是被申请人。

行政机关委托的组织作出行政行为的，委托的行政机关是被申请人。

作出行政行为的行政机关被撤销或者职权变更的，继续行使其职权的行政机关是被申请人。

条文解读

本条是关于行政复议被申请人的规定。

相较于《行政复议法》(2017 年修正)第 10 条第 4 款的规定,本条规定不仅肯定了行政复议被申请人可以是“法律、法规、规章授权的组织”,而且进一步明确了特殊情形下被申请人的认定规则。

行政复议被申请人是行政复议申请人的对称,指的是申请人认为侵犯了自身合法权益,复议机关通知其参加复议的行政机关。能够成为被申请人必须具备以下两个条件:其一,被申请人必须是行政主体。只有行使行政职权、作出行政行为,才有可能与相对人产生行政争议,因此,被申请人必须是行政主体,并能够承担法律责任。行政主体包括行政机关和法律、法规、规章授权的组织。其二,被申请人必须实施了被申请复议的行政行为。只有实施被申请复议的行政行为才会引起争议,该行政主体才能提供作出行政行为的事实根据和法律依据,以便查清案情,并对自己实施的违法或不当行政行为承担责任。

一方面,为了适应《行政诉讼法》于 2014 年修正时新增第 2 条第 2 款这一变动,本条第 1 款的规定较之《行政复议法》(2017 年修正),变化有二:一是以“行政行为”替代了“具体行政行为”的表述;二是增设了“法律、法规、规章授权”的规定。

另一方面,行政复议的被申请人应当是作出具体行政行为的地方各级人民政府及其所属部门,且一般只有 1 个,但是行政管理的复杂性使作出具体行政行为的主体也变得十分复杂,行政复议的被申请人还可能存在多种特殊情形。对此,本条第 2 款至第 4 款分别作出了规定。(1)以共同的名义作出具体行政行为的两个以上行政机关作为被申请人。此时,作出这个具体行政行为的主体不是一个机关,而是两个以上的机关。出现这种情况,可能是因为地方政府相关部门组织联合大检查,或是依据几个部委联合下发的文件地方多个部门综合执法,或是政府部门联合办公等。凡是对以两个以上机关的名义作出的具体行政行为不服申请复议的,这两个以上机关就成为被申请人。(2)行政机关委托特定组织和个人实施行政行为的,以作出委托的行政机关为被申请人。与法律、法规、规章授权的组织不同,被行政委托的主体并没取得行政管理的主体资格,不能以自己的名义行使行政管理权,也无法独立承担法律后果。此时,仍然是以作出委托的行政机关为行政主体。(3)作出具体行政行为的机关被撤销或者职权变更的,继续行使其职权的行政机关成为被申请人。随着我国市场经济的发展和政府职能的转变,各级政府都面临着体制改革问题,政府各部门的撤销重组、个别部门的分立时有发生。这种情况的发生带来了行政管理职能的变化,使一些行政机关由此丧失了主体资格,其主体资格随着管理职能的转移而转移到其他行政机关。行政机关的主体资格变了,但是,行政机关作出的具体行政行为还客观存在,对于行政相对人来说仍然发生着法律效力。因此,行政相对人对这一具体行政行为不服,仍有申请行政复议的权利,这时该行政复议的被申请人就是继续行使其职权的行政机关。

适用要点

行政机关是一个庞大的组织系统,内部机关各种各样。在不同情况下,针对不同的行政行为,行政复议被申请人亦有不同,由此产生了复议被申请人的确认问题。实践中,复议被申请人与行政诉讼被告的确认规则大致相似。通常可以划分为一般情况和特殊情况。在一般情况下,行政复议被申请人是作出行政行为的行政机关或者法律、法规、规章授权的组织;而特殊情况又进一步划分为两个以上行政机关以共同的名义作出行政行为、以行政委托方式作出行政行为、作出具体行政行为的机关被撤销或者职权变更等情形。

典型案例

李某与北京市丰台区人民政府行政复议案[1]

要旨:根据《行政复议法》(2017年修正)第10条第4款的规定,公民、法人或者其他组织对行政机关的具体行政行为不服申请行政复议的,作出具体行政行为的行政机关是被申请人。第13条第1款规定,对地方各级人民政府的具体行政行为不服的,向上一级地方人民政府申请行政复议。本案中,被告北京市丰台区人民政府作为王佐镇人民政府的上一级人民政府,依法具有对原告所提行政复议申请作出行政复议决定的法定职权。被告收到原告提交的行政复议申请书后,依照《行政复议法》(2017年修正)的相关规定,进行了受理、答复通知,经审查作出被诉复议决定并送达当事人,复议程序符合相关法律法规规定。原告李某主张被告所作被诉复议决定中以违法建设主体认定事实不清作出撤销决定,属认定事实不清,其中"违法建设"的表述属于认定错误。但被告作为行政复议机关,对于被复议的行政行为进行了审查,经审查认定王佐镇人民政府对涉案建设主体认定事实不清并据此撤销了《限拆决定书》,并无不当之处。而且,对于被诉复议决定中"违法建设"的表述问题,被告当庭作出了解释说明,该解释说明具有合理性。故原告李某的该项主张不能成立。

第三节　申请的提出

第二十条　【一般申请时效】公民、法人或者其他组织认为行政行为侵犯其合法权益的,可以自知道或者应当知道该行政行为

〔1〕参见北京市第四中级人民法院行政判决书,(2022)京04行初27号。

之日起六十日内提出行政复议申请；但是法律规定的申请期限超过六十日的除外。

因不可抗力或者其他正当理由耽误法定申请期限的，申请期限自障碍消除之日起继续计算。

行政机关作出行政行为时，未告知公民、法人或者其他组织申请行政复议的权利、行政复议机关和申请期限的，申请期限自公民、法人或者其他组织知道或者应当知道申请行政复议的权利、行政复议机关和申请期限之日起计算，但是自知道或者应当知道行政行为内容之日起最长不得超过一年。

条文解读

本条是关于行政复议申请时效的一般规定，对《行政复议法》(2017年修正)第9条规定作出了修订。

申请时效又称申请行政复议的时间条件，指的是对申请复议权的时间限制。超过申请时效，将丧失申请复议的权利。法律规定申请时效主要是为了促使申请人尽快行使复议申请权，以利于复议案件的处理和行政秩序的稳定。

根据本条第1款的规定，行政复议申请的一般时效为60日。关于复议申请的期限问题，国务院于1994年公布的《行政复议条例》(已失效)第29条曾规定："公民、法人或者其他组织向有管辖权的行政机关申请复议，应当在知道具体行政行为之日起十五日内提出，法律、法规另有规定的除外。因不可抗力或者其他特殊情况耽误法定申请期限的，在障碍消除后的十日内，可以申请延长期限，是否准许，由有管辖权的行政机关决定。"但本法规定申请复议的期限为60日，主要考虑是：(1)适应当前复议实践的需要。随着我国市场经济的深入高速发展，行政管理也日趋多样化，内容也更加复杂，渗透到了社会生活的各个方面。公民、法人或者其他组织与行政机关在行政行为问题上产生争议是不可避免的。但对于一个老百姓来说认为自己受到了侵害,往往不知道采取什么补救措施,知道了救济途径又很难在短时间内找出确凿的理由和依据提出复议申请或者提起行政诉讼以维护自己的合法权益,一般还需要一定的时间进行了解或者寻求法律上的帮助。因此,为了更有利于保护公民、法人或者其他组织的合法权益,使那些准备申请行政复议的行政相对人不至于因为时间太紧而丧失申请行政复议的权利,本法将申请复议的期限适当延长,明确规定为 60 日。(2)适应扩大行政复议范围的需要。《行政复议法》(2017 年修正)第 7 条规定,公民、法人或者其他组织认为行政机关的具体行政行为所依据的规定不合法,对该具体行政行为申请行政复议时,可以一并向行政复议机关提出对该规定的审查申请。行政相对人如果要根据这一规定提出附带审查抽象行政行为的复议申请,难度会更大,很多都需要有律师或者有关法律专家的帮助,因而需要在一定程度上延长申请复议的期限。(3)适应国外立法趋势的需要。从其他国家和地区关于行政复议申请期限的规定看,一般也超过了 15 日,大多规定为 30 日或者 60 日,如日本规定为 60 日,韩国规定为 30 日。考虑到当前各单行法律对行政机关作出的各类行政行为不服申请行政复议期限的不同规定,适当地延长申请期限的规定,使各单行法律关于复议申请期限的规定基本上都纳入行政复议法的规定范围,有利于行政复议期限的基本统一。需要说明的是,本次修订在本款中完善了对于时效起算方式的规定,增设了自"应当知道"该行政行为之日起 60 日内提出行政复议申请的情形。

本条第 2 款规定,发生法定的意外情况时,复议申请期限可以延长。根据本款的规定,可以适当延期的情况有两类:一是不可抗力耽误了法定申请期限。关于不可抗力,我国《民法典》第 180 条第 2 款明确规定,其是指不能预见、不能避免且不能克服的客观情况,如地震、水灾、战争等。二是其他正当理由耽误了法定申请期限的,如法人处于合并或者改组阶段、复议申请人病重等。根据本款的规定,当上述两种情况耽误了法定申请期限时,申请期限自障碍消除之日起继续计算。这里讲的继续计算是指把因不可抗力或者其他正当理由而耽误的期限补足。例如,法定申请期限为 60 日,而在期限开始的第 21 天发生了某种障碍,申请人在这一障碍消除后,还有 40 天的申请复议期限。也就是说,在不可抗力或者其他正当理由出现时,申请复议期限处于中止状态,当这些障碍消除后,申请复议期限继续计算,注意这里不是重新计算。此外,本款规定取消了《行政复议条例》(已失效)关于延长期限需要申请批准的程序,规定障碍消除后期限继续计算。这一规定有利于提高行政复议工作的效率,有利于保护公民、法人和其他组织的合法权益,可以有效地避免个别行政机关借期限问题限制行政相对人依法行使复议权利,当然,对于是否属于因不可抗力或者其他正当理由耽误了复议申请期限的情形,行政复议机关在审查行政复议申请时还是可以一并审查的,对于确实超过法定期限又不符合本款规定的,复议机关有权不予受理。

本条第 3 款是新增内容,是对一般时效起算方式的补充规定。为避免行政机关作出行政行为时,未告知公民、法人或者其他组织申请行政复议的权利、行政复议机关和申请期限的,从而充分保护当事人的合法权益,敦促行政机关积极履行告知义务,本款明确在该种情况下,申请期限自公民、法人或者其他组织知道或者应当知道申请行政复议的权利、行政复议机关和申请期限之日起计算。但是为了维护行政行为的公定力和确定力,平衡各方利益,立法同时规定了时效限制,即自申请人知道或者应当知道行政行为内容之日起最长不得超过 1 年。

适用要点

本条完善了申请行政复议的期限,有利于更充分保障公民、法人和其他组织的行政复议申请权。在适用时,除把握行政复议申请的一般时效为 60 日外,需要特别关注申请行政复议期限的计算问题。根据本条的规定,要从公民、法人或者其他组织知道或应当知道该行政行为之日起计算,也就是从行政相对人通过法定途径,得以了解行政行为已经作出并知晓其内容之日起计算。

在实践中，知道或应当知道行政行为之日主要分为三种情形：一是当场作出行政行为的，在行政机关作出行政行为的决定书上会注明日期，这个日期就是行政相对人知道或应当知道行政行为之日；二是送达行政行为决定书的，送达日期就是行政相对人知道或应当知道行政行为之日；三是行政行为决定无法送达，通过公告作出的，公告中所注明的日期或者公告日，就是行政相对人知道或应当知道行政行为之日。当然，如果无法准确判断公民、法人或者其他组织知道或者应当知道具体行政行为的准确时间，难以认定行政相对人提出行政复议时是否已超过了法定申请日，本法第3款为平衡行政机关义务和社会公共利益进行了特别规定。

典型案例

王某与上海市宝山区人民政府不予受理行政复议案[1]

要旨：上诉人王某于2022年2月22日向被上诉人上海市宝山区人民政府申请行政复议，诉求指向为确认罗南派出所和区规自局共同作出的将户某1610649王某作为户某2的行为违法以及要求被上诉人作出国家赔偿决定。上诉人所称被复议行政行为系2011年6月16日作出，上诉人与之并不具有法律上的利害关系。而且，上诉人称其于2013年、2014年左右通过法院查阅摘抄知晓了被复议行政行为，其不服并请求撤销或确认违法之时，不仅已经超过了申请行政复议的法定期限，而且从提起行政诉讼的角度视之，也已经超过了《最高人民法院关于适用〈中华人民共和国行政诉讼法〉的解释》第64条第1款“但从知道或者应当知道行政行为内容之日起最长不得超过1年”法定起诉期限规定。上诉人在此前提下申请行政复议并进而提起行政诉讼，实质是向被上诉人信访或要求纠错。

〔1〕 参见上海市第三中级人民法院行政裁定书，(2023)沪03行终200号。

上诉人通过不断的信访、申请履职、申请复议，再反复缠诉，明显不具有诉的利益。被上诉人所作被诉不予受理决定，对上诉人的权利义务不产生实质影响。故而，上诉人不服被诉不予受理决定并进而提起行政诉讼，不符合法定的起诉条件。

第二十一条 【特殊申请时效】因不动产提出的行政复议申请自行政行为作出之日起超过二十年，其他行政复议申请自行政行为作出之日起超过五年的，行政复议机关不予受理。

条文解读

本条是关于申请行政复议最长期限的规定，是相较于本法第20条一般时效规定的特殊时效规则，是本次修订中新增的规定。

《行政复议法》（2017年修正）中对于申请行政复议最长期限并没有作出相关规定，是以根据《行政复议法》（2017年修正）以及《行政复议实施条例》的规定，当事人只要"自知道该具体行政行为之日起六十日内"或者法律另有规定的期限内提出行政复议申请，原则上均应当得到受理。但是这会产生行政复议和行政诉讼衔接的争议。根据《行政诉讼法》第46条第2款的规定，因不动产提起诉讼的案件自行政行为作出之日起超过20年，其他案件自行政行为作出之日起超过5年提起诉讼的，人民法院不予受理。换言之，行政诉讼中存在最长起诉期限的规定。该规定的目的在于督促当事人及时提起诉讼，尽早解决行政纠纷，尽快稳定社会关系，因而即使当事人不知道行政行为，一旦超出最长起诉期限，其仍然丧失起诉的权利。但是《行政复议法》（2017年修正）中缺乏对申请行政复议最长期限的规定，就会导致对于同一行政行为，虽然不能够提起诉讼，但是能够提起行政复议申请，并且对于行政复议决定可以进一步提起行政诉讼，由此出现两法衔接的矛盾。

实质上，行政复议兼具司法性和行政性，行政复议机关通过审查行政行为并作出决定的方式实现对当事人权利的救济。但是，与行政诉讼行为相同，行政复议行为同样可能存在撤销或者变更行政行为的可能，甚至行政复议行为还会进一步启动行政诉讼程序。如果对行政复议申请不设置最长期限，将会导致行政法律关系无限期地处于不稳定状态。因此，为解决这一问题，有必要在行政复议程序设计中比照行政诉讼的相关规定，设置最长申请期限，即一旦作出的行政行为越过某一时点，那么无论当事人是否知道或者应当知道，都不能够另行提起复议申请。如此，一方面可以实现《行政复议法》和《行政诉讼法》的妥善衔接；另一方面也能够辅助行政法律关系尽快归于稳定状态。

具言之，本条规定对行政行为申请行政复议最长期限的规定与《行政诉讼法》中最长起诉期限的规定大致相同。自涉及不动产的行政行为作出之日起超过 20 年，或者自其他类型的行政行为作出之日起超过 5 年，当事人提起行政复议申请的，行政复议机关不予受理。还需说明的是，本条规定的源头可追溯至民法的有关规定。早在《民法通则》(已失效)第 137 条中，就规定了诉讼时效期间从知道或者应当知道权利被侵害时起计算，但是从权利被侵害之日起超过 20 年的，人民法院不予保护。

适用要点

本条规定是对申请行政复议最长期限的规定，其在适用中的要点如下：

其一，判断最长期限的时点在于行政行为作出之日期，对于申请人是否知道该行为的作出在所不问。还需注意的是，本条规定会进一步覆盖本法第 20 条的规定，即便当事人存在正当理由耽误法定申请期限，一旦超过申请行政复议最长期限，仍然丧失申请行政复议的权利。

其二，在行政行为类型的判定中需要注意，涉及不动产的行政行为的申请行政复议最长期限为 20 年，与其他类型的行政行为有所不同。

第二十二条　【申请形式】申请人申请行政复议，可以书面申请；书面申请有困难的，也可以口头申请。

书面申请的，可以通过邮寄或者行政复议机关指定的互联网渠道等方式提交行政复议申请书，也可以当面提交行政复议申请书。行政机关通过互联网渠道送达行政行为决定书的，应当同时提供提交行政复议申请书的互联网渠道。

口头申请的，行政复议机关应当当场记录申请人的基本情况、行政复议请求、申请行政复议的主要事实、理由和时间。

申请人对两个以上行政行为不服的，应当分别申请行政复议。

条文解读

本条是关于行政复议申请形式的规定。

本条为新修订的内容，对应《行政复议法》(2017 年修正)第 11 条规定。本条修订的目的在于对当事人提起行政复议的形式作出更为详细的规定。《行政复议法》(2017 年修正)第 11 条规定，申请人申请行政复议，可以书面申请，也可以口头申请；口头申请的，行政复议机关应当当场记录申请人的基本情况、行政复议请求、申请行政复议的主要事实、理由和时间。《行政复议法》(2017 年修正)第 11 条前段对应本条第 1 款，后段对应本条第 3 款。

行政复议的申请方式，是指公民、法人或者其他组织提出复议要求和表达复议意愿的具体表现形式。本条修订后仍然保留了书面申请和口头申请两种形式，前者是一种要式的申请方式，后者是一种不要式的申请方式。根据我国多年来的行政复议实践经验，书面申请的方式是一种得到普遍认可的行政复议申请方式，并且国务院制定的《行政复议申请条例》也是基于以书面申请行政复议为主渠道的架构展开的，即“申请人向行政机关申请复议应当递交复议申请书”，且要求申请书中应当载明：(1)申请人的基本情况，包括公民的姓名、性别、年龄、身份证号码、工作单位、住所、邮政编码；法人或者其他组织的名称、住所、邮政编码和法定代表人或者主要负责人的姓名、职务；(2)被申请人的名称；(3)行政复议请求、申请行政复议的主要事实和理由；(4)申请人的签名或者盖章；(5)申请行政复议的日期。同时对当事人确实需要口头申请行政复议的情形作了相应的规定，即要求行政复议机构“当场制作行政复议申请笔录交申请人核对或者向申请人宣读，并由申请人签字确认”。

详言之，本法修订时对于口头申请这一补充渠道并未作出修改，仍然保留了原有规定的相关要求，但是对于书面申请而言，则适应社会实践的变化作出了相应的改变。面对社会发展过程中信息化在政务系统中的不断运用，本次修订的变化有二：一是明确了当事人可以通过互联网渠道提交行政复议申请书；二是行政机关通过互联网渠道送达行政行为决定的，应当同时提供提交行政复议申请书的互联网渠道。这是高效便民原则在行政复议制度中的具体体现。对具有化解行政争议主渠道作用的行政复议制度来说，“公正高效、便民为民”既是其内在制度要求，也是立法过程中应当贯彻的重要原则。本次修改，不仅减轻了当事人提起行政复议申请的负担，同时推动了政务信息化的改革。但是，考虑到我国社会环境的差异性，在推动信息化的同时，仍保留了当事人当面提交行政复议申请书的规定。

本条第4款进一步规定，申请人对两个以上行政行为不服的，应当分别申请行政复议。具言之，行政复议是申请人针对某一特定行政行为申请行政复议机关审核的机制，故而申请人提交的申请应当具体针对单一行政行为提起申请，如果同时对多个行政行为不服的，应当分别申请行政复议。就实质而言，本款规定是对行政复议单一处理原则的声明性规定，不是新创设的内容。

适用要点

本条适用中需要注意的要点有：

1. 申请行政复议的方式包括书面方式和口头方式两种。现行规定是以书面形式为申请行政复议主渠道的，但是基于全方位保障行政相对人权利的目的考虑，允许在一定情形下通过口头方式提起行政复议。

2. 书面形式申请行政复议的，可以在行政复议机关指定的互联网渠道完成，也可以当面提交复议申请。行政机关通过互联网渠道送达行政行为决定的，应当同时提供提交行政复议申请书的互联网渠道。

3. 对于实践中可能存在的当事人对多个行政行为不满提起行政复议的情形，当事人应当就各个行为分别提起行政复议申请，不能混同在一起。

典型案例

曹某某诉石家庄市人民政府行政监察案[1]

要旨：《行政复议法》（2017 年修正）第 11 条规定，申请人申请行政复议，可以书面申请，也可以口头申请。根据《行政复议法实施条例》第 18 条第 1 款的规定，申请人书面申请行政复议的，可以采取当面递交、邮寄或者传真等方式提出行政复议申请。上诉人曹某某向石家庄市人民政府邮寄了行政复议申请书，其填写的邮寄地址为“石家庄市中山东路 216 号石家庄市人民政府办公室”，收件人为“邢某某”。虽然曹某某邮寄行政复议申请书的地址与收件人有不当之处，但是鉴于石家庄市人民政府办公室为复议机

[1] 参见河北省高级人民法院行政裁定书，（2021）冀行终 56 号。

关石家庄市人民政府的工作部门，并且作为普通公民的本案上诉人曹某某对复议机关的内部工作流程以及法定代表人的情况不完全知悉亦尚可理解，且其信封封面上已注明“行政复议申请书”字样，并不影响石家庄市人民政府收到曹某某的行政复议申请，故不应视为曹某某未向石家庄市人民政府提出复议申请。

第二十三条　【复议前置】有下列情形之一的，申请人应当先向行政复议机关申请行政复议，对行政复议决定不服的，可以再依法向人民法院提起行政诉讼：

（一）对当场作出的行政处罚决定不服；

（二）对行政机关作出的侵犯其已经依法取得的自然资源的所有权或者使用权的决定不服；

（三）认为行政机关存在本法第十一条规定的未履行法定职责情形；

（四）申请政府信息公开，行政机关不予公开；

（五）法律、行政法规规定应当先向行政复议机关申请行政复议的其他情形。

对前款规定的情形，行政机关在作出行政行为时应当告知公民、法人或者其他组织先向行政复议机关申请行政复议。

条文解读

本条是关于行政行为纠纷复议前置的规定。

本法此次修订的一个显著改变在于强化了行政复议吸纳和化解行政争议的能力。行政复议是行政机关基于内部科层体制开展的对行政争议的救济机制，相对于行政诉讼而言，行政复议对于争议的解决而言更为直接、高效，对保障行政相对人的权益而言具有渠道优势，而复议前置的制度设计就是针对行政复议的渠道优势展开的。首先,行政复议是基于行政机关上下级关系开展的监督救济机制,通过复议前置可以更为高效地利用这一制度优势。一旦行政机关与行政相对人之间出现纠纷,上级机关可以首先介入该纠纷的处理,不仅便于上级机关及时了解相关工作的开展情况,还能够及时有效地解决行政争议。其次,部分行政行为涉及较多专业性知识的认定,行政复议相对于行政诉讼而言更为专业高效,有助于高效、准确地厘清争议,稳定行政法律关系。再次,通过行政复议前置的方式还可以实现对行政争议的分流,避免大量的行政争议未经筛分处理即流入行政诉讼,有助于节约司法资源。最后,行政复议程序简单、周期短暂,可以在最短的时间内实现对行政争议的解决。因而,基于充分发挥行政复议化解行政争议的主渠道作用,本条修订时极大扩展了行政复议前置的范围。

本条第1款是关于复议前置行政行为范围的规定,具体包括以下五项:

1. 对当场作出的行政处罚决定不服

《行政处罚法》第51条规定,违法事实确凿并有法定依据,对公民处以200元以下、对法人或者其他组织处以3000元以下罚款或者警告的行政处罚的,可以当场作出行政处罚决定。由此观之,行政机关当场作出处罚决定的适用要件主要包括事实清楚、法律依据明确、处罚强度较低,而这也是行政机关在履行职责过程中的主要行为内容。此类行政行为往往不易产生纠纷,因而争议解决相对较为简单,行政复议作为纠纷解决的主渠道并不存在难以胜任的问题。此外,此类行为对于当事人的限制相对较弱,并不会产生紧迫的危险,且允许当事人对复议决定提起行政诉讼,要求复议前置的方式并不会给当事人造成难以承担的负担。

2. 对行政机关作出的侵犯其已经依法取得的自然资源的所有权或者使用权的决定不服

本项对应的是《行政复议法》(2017年修正)第30条规定。相对于《行政复议法》(2017年修正)第30条第1款而言,本项采取了更为简练的规定，将原有的“公民、法人或者其他组织认为行政机关的具体行政行为侵犯其已经依法取得的土地、矿藏、水流、森林、山岭、草原、荒地、滩涂、海域等自然资源的所有权或者使用权的”修订为申请人（公民、法人或者其他组织）“对行政机关作出的侵犯其已经依法取得的自然资源的所有权或者使用权的决定不服”这一表述。之所以会有这一规定，是因为行政复议机关对自然资源所有权或者使用权的权属认定或者处分具有较强的专业性。如果直接将相关行政争议提交给司法机关处理，可能会出现司法机关因缺乏专业知识而导致审理期限延宕的情形，不仅不利于对当事人权利的保护，还会浪费司法资源。

3. 认为行政机关存在本法第 11 条规定的未履行法定职责情形

本项规定主要指向本法第 11 条第 11 项规定，即“申请行政机关履行保护人身权利、财产权利、受教育权利等合法权益的法定职责，行政机关拒绝履行、未依法履行或者不予答复”。本项规定与第 2 项规定相同，都是因为相应行政行为具有较强的专业性而作出的，通过行政复议的方式有助于尽快查清案件现实；同时，考虑到行政机关未履行法定职责会对行政相对人权利产生较为直接的伤害，行政复议机关可以借助上下级之间的监督对怠于履行法定职责的行政机关更为直接高效地开展监督，更为直接地实现对行政相对人的救济。

4. 申请政府信息公开，行政机关不予公开

本项规定是指申请人在申请政府信息公开时，行政机关作出不予公开决定的，申请人应当现行提起行政复议，对行政复议决定仍不服的，才可提起行政诉讼。根据《政府信息公开条例》，行政机关对政府信息公开申请决定不予公开的情形主要包括如下几种：(1) 国家秘密、禁止公开的政府信息、公开会对社会产生危害的政府信息；(2) 行政机关内部事务信息或者过程性信息；(3) 公开会损害第三方合法权益的信息；(4) 行政机关不掌握且需要额外加工的信息。判断政府信息是否属于前述 4 类信息是需要具备相应的专业知识。因而，将此类纠纷归类为复议前置类型的纠纷能够更好地发挥行政复议作为解决行政争议的主渠道作用，

不仅能够减少行政诉讼案数，也能够尽可能及时地为行政相对人提供救济。

5. 法律、法规规定应当先向行政复议机关申请行政复议的其他情形

本项是兜底性规定，即在其他法律、法规中存在复议前置规定，且相应行政行为产生争议的，当事人应当先行提起行政复议，对行政复议不服的方可进一步提起行政诉讼。例如，《海关法》第 64 条规定，纳税义务人同海关发生纳税争议时，应当缴纳税款，并可以依法申请行政复议；对复议决定仍不服的，可以依法向人民法院提起诉讼。又如，《税收征收管理法》(2015 年修正)第 88 条第 1 款规定，纳税人、扣缴义务人、纳税担保人同税务机关在纳税上发生争议时，必须先依照税务机关的纳税决定缴纳或者解缴税款及滞纳金或者提供相应的担保，然后可以依法申请行政复议；对行政复议决定不服的，可以依法向人民法院起诉。再如，《集会游行示威法》第 31 条规定："当事人对公安机关按照本法第二十八条第二款或者第三十条的规定给予的拘留处罚决定不服的，可以自接到处罚决定通知之日起五日内，向上一级公安机关提出申诉，上一级公安机关应当自接到申诉之日起五日内作出裁决；对上一级公安机关裁决不服的，可以自接到裁决通知之日起五日内，向人民法院提起诉讼。"

本条第 2 款是新增的规定。根据该规定，行政机关在作出符合本条第 1 款规定的行政行为(即作出复议前置的行政行为)时，应当告知公民、法人或者其他组织先向行政复议机关申请行政复议。详言之，行政纠纷复议前置的规定在充分发挥行政复议化解行政争议的主渠道作用时还存在一个隐忧，即行政相对人可能并不了解该复议前置规定，如果行政机关在作出行政行为时不告知相对人其权利救济渠道，不仅会导致行政复议无法充分发挥其作用，还有可能会导致相对人产生权利无法得到救济之感。因而，本条第 2 款规定实质上发挥双重作用：一方面，经由行政机关的告知行为，能够让相对人充分知晓应当通过何种途径实现对自身权利的救济；另一方面，经由行政机关的告知，能够有效地将相应纠纷引流到行政复议轨道上来，充分发挥行政复议的纠纷解决作用。

适用要点

本条是关于行政复议前置的规定,在适用中需要注意如下几点:

首先,本法此次修订明确扩大了行政复议前置的范围,尤其是对当场作出的行政处罚决定不服的情形,以及行政机关怠于履行职责而被纳入复议前置的情形。

其次,对行政行为侵害自然资源所有权或者使用权不服的,因其专业性较强,也属于复议前置的范围。

最后,在确定行政行为是否属于复议前置范围时,还需要结合其他法律、法规的规定加以确定。

典型案例

绍兴县A厂与浙江省绍兴县国家税务局行政复议纠纷案[1]

要旨:《税收征收管理法》(2001年修订)第88条第1款规定:"纳税人、扣缴义务人、纳税担保人同税务机关在纳税上发生争议时,必须先依照税务机关的纳税决定缴纳或者解缴税款及滞纳金或者提供相应的担保,然后可以依法申请行政复议;对行政复议决定不服的,可以依法向人民法院起诉。"A厂对绍兴县国家税务局作出的处理决定提起诉讼必须经过复议前置的程序。绍兴市国家税务局对A厂的复议申请作出不予受理决定,该决定仅是对复议申请审查后认为A厂不符合申请复议的条件而在程序上拒绝了A厂的请求,并未对原具体行政行为进行实体审查,也即复议程序尚未实质启动,故不能视同已复议维持原具体行政行为。因此,当事人起诉需要经过复议前置的行政诉讼案件时,如果出现复议机关对复议申请不予受理或其尚未在法定期限内作出复议决定的情形,则应首

[1] 参见浙江省高级人民法院行政裁定书,(2006)浙行监字第40号。

先依照于2000年公布的《最高人民法院关于执行〈中华人民共和国行政诉讼法〉若干问题的解释》第33条第2款之规定对不予受理决定或不作为行为提起诉讼。只有在复议机关启动了复议程序，并对申请复议的具体行政行为作出实质性结论后，才可对原具体行政行为提起诉讼。

第四节　行政复议管辖

第二十四条　【行政复议管辖】县级以上地方各级人民政府管辖下列行政复议案件：

（一）对本级人民政府工作部门作出的行政行为不服的；

（二）对下一级人民政府作出的行政行为不服的；

（三）对本级人民政府依法设立的派出机关作出的行政行为不服的；

（四）对本级人民政府或者其工作部门管理的法律、法规、规章授权的组织作出的行政行为不服的。

除前款规定外，省、自治区、直辖市人民政府同时管辖对本机关作出的行政行为不服的行政复议案件。

省、自治区人民政府依法设立的派出机关参照设区的市级人民政府的职责权限，管辖相关行政复议案件。

对县级以上地方各级人民政府工作部门依法设立的派出机构依照法律、法规、规章规定，以派出机构的名义作出的行政行为不服的行政复议案件，由本级人民政府管辖；其中，对直辖市、设区的市人民政府工作部门按照行政区划设立的派出机构作出的行政行为不服的，也可以由其所在地的人民政府管辖。

条文解读

本条是关于行政复议管辖的规定。

本条是对《行政复议法》(2017 年修正)规定重新组合产生的条款。本条第 1 款是对行政复议管辖的一般规定,包括 4 项。

本条第 1 款第 1 项是在《行政复议法》(2017 年修正)第 12 条第 1 款基础上修改而来的。《行政复议法》(2017 年修正)规定为,对县级以上地方各级人民政府工作部门的具体行政行为不服的,由申请人选择,可以向该部门的本级人民政府申请行政复议,也可以向上一级主管部门申请行政复议。本项修改为对本级人民政府工作部门作出的行政行为不服的,应当向本级人民政府提出行政复议申请,取消了对一般类型政府工作部门所作行政行为向上一级主管部门申请行政复议的路径。这一规定的作出,源自对向上级主管部门申请行政复议的担忧。第一,下级主管部门在作出具体行政行为时,往往向上级主管部门事先请示、沟通,如果只能向上一级主管部门申请复议,难以避免部门保护的影响,不利于保护申请人的合法权益;第二,向上一级主管部门申请行政复议多数要到异地,往往会给复议申请人带来不便。本次修订针对上述问题,规定一般类型的政府工作部门所作行政行为的行政复议机关为本级人民政府。但是需要注意的是,特殊类型的行政行为仍然需要向上一级主管部门申请行政复议。同时,行政复议并非完全脱离了工作部门的上下级主管关系,根据本法第 79 条第 2 款的规定,县级以上地方各级人民政府办理以本级人民政府工作部门为被申请人的行政复议案件,应当将发生法律效力的行政复议决定书、意见书同时抄告被申请人的上一级主管部门。

本条第 1 款第 2 项对应《行政复议法》(2017 年修正)第 13 条第 1 款。《行政复议法》(2017 年修正)规定为,对地方各级人民政府的具体行政行为不服的,向上一级地方人民政府申请行政复议。此次修订对于该内容并未作出修改,基本保持统一。

本条第1款第3项对应《行政复议法》(2017年修正)第15条第1项。《行政复议法》(2017年修正)规定为,对县级以上地方人民政府依法设立的派出机关的具体行政行为不服的,向设立该派出机关的人民政府申请行政复议。本次修订仅从形式上对其作出了修改,内容并未作出改变。具言之,对于县级以上地方人民政府依法设立的派出机关所作的行政行为,行政复议机关为设立派出机关的人民政府。

本条第1款第4项对应《行政复议法》(2017年修正)第15条第1款第3项。《行政复议法》(2017年修正)规定为,对法律、法规授权的组织的具体行政行为不服的,分别向直接管理该组织的地方人民政府、地方人民政府工作部门或者国务院部门申请行政复议。与前项相同,本次修订作出了形式修改,内容保持一致。

本条第2款对应《行政复议法》(2017年修正)第14条,修改幅度较大。《行政复议法》(2017年修正)规定为,对国务院部门或者省、自治区、直辖市人民政府的具体行政行为不服的,向作出该具体行政行为的国务院部门或者省、自治区、直辖市人民政府申请行政复议。对行政复议决定不服的,可以向人民法院提起诉讼;也可以向国务院申请裁决,国务院依照本法的规定作出最终裁决。相对而言,本款规定,对于省、自治区、直辖市人民政府所作行政行为不服的,应当向该机关提起行政复议申请。实际上,本次修订虽然降低了对省级人民政府所作行政行为的复议机关的级别,但是根据本法第26条的规定,在本次复议之后,还可以进一步向人民法院提起行政诉讼,或是向国务院申请裁决,赋予了相对人申请进行第二次审核的程序权利,能够更为周延地保护行政相对人的权利。

本条第3款对应《行政复议法》(2017年修正)第13条第2款。《行政复议法》(2017年修正)规定为,对省、自治区人民政府依法设立的派出机关所属的县级地方人民政府的具体行政行为不服的,向该派出机关申请行政复议。本款尽管采取的表述不同,但是与《行政复议法》(2017年修正)实质基本统一。该规定是根据我国的实际情况作出的专门规定。根据一般规定,对县级人民政府的具体行政行为不服,应当向领导它的上一级人民政府即省、自治区、直辖市、设区的市、州的人民政府申请复议。但是,我国《地方各级人民代表大会和地方各级人民政府组织法》第 85 条第 1 款明确规定:“省、自治区的人民政府在必要的时候,经国务院批准,可以设立若干派出机关。”这些派出机关在省、自治区的范围内设立,受省、自治区人民政府的委托指导下级国家行政机关工作并负责办理各项事宜。所以,对于此种特殊类型的行政组织结构,由本款作出特殊规定。

本条第 4 款第一分句对应《行政复议法》(2017 年修正)第 15 条第 1 款第 2 项。《行政复议法》(2017 年修正)规定为,对政府工作部门依法设立的派出机构依照法律、法规或者规章规定,以自己的名义作出的具体行政行为不服的,向设立该派出机构的部门或者该部门的本级地方人民政府申请行政复议。本次修订对其实质未作修改。与此同时,本款第二分句明确了“对直辖市、设区的市人民政府工作部门按照行政区划设立的派出机构作出的行政行为不服的,也可以由其所在地的人民政府管辖”。之所以这样规定,是因为“直辖市、设区的市人民政府工作部门按照行政区划设立的派出机构”的法律地位可以等同于经“法律、法规、规章授权,以派出机构的名义作出行政行为”的该行政区划的“派出机关”,故由本级人民政府管辖。

适用要点

本条是关于行政复议管辖的规定,对《行政复议法》(2017 年修正)规定进行了整合,在本条第 1 款作出了一般性规定,而后第 2 款、第 3 款、第 4 款分别对省级人民政府作出的行政行为、省级人民政府派出机关作出的行政行为、具有行政主体资格的派出机构作出的行政行为进行了特殊规定。在适用中需要注意的是,应当基于被申请行政行为的类型针对性地选择其应当适用的条款,确定正确的行政复议机关。

典型案例

北京某装饰公司诉北京市朝阳区人民政府等行政复议案[1]

要旨：北京市朝阳区人民法院经审理认为，《行政复议法》（2017 年修正）第 10 条第 3 款规定，对地方各级人民政府的具体行政行为不服的，向上一级地方人民政府申请行政复议。朝阳区政府作为原朝阳区环保局的上一级地方人民政府，具有接受北京某装饰公司的行政复议申请并开展行政复议工作的法定职责。朝阳区政府在接到北京某装饰公司的行政复议申请后，经审查予以受理，并向原朝阳区环保局履行了送达程序。在原朝阳区环保局提交书面答复意见和证据、依据后，朝阳区政府通知北京某装饰公司进行阅卷，听取其相应的意见，经审查在法定期限内作出决定，并履行了送达程序，故朝阳区政府履行行政复议的程序合法，应当予以支持。

第二十五条　【国务院部门的复议管辖范围】国务院部门管辖下列行政复议案件：

（一）对本部门作出的行政行为不服的；

（二）对本部门依法设立的派出机构依照法律、行政法规、部门规章规定，以派出机构的名义作出的行政行为不服的；

（三）对本部门管理的法律、行政法规、部门规章授权的组织作出的行政行为不服的。

[1] 参见北京市朝阳区人民法院行政判决书，（2019）京 0105 行初 334 号。

条文解读

本条是关于国务院部门的复议管辖范围的规定。

国务院作为我国最高国家行政机关，负责管理全国性的事务。国务院部门是依据事务属性，按照职能分工原则划分的各职能机构。关于国务院部门的管辖权，《行政复议法》(2017 年修正)将其与省、自治区、直辖市人民政府放在一起作了笼统规定。此次修法将国务院部门与省级机关分列出来，清晰地指出各层级机关的管辖范围，在立法上属于一大创新。国务院部门管辖的行政复议案件主要有以下三类：一是本部门作出的行政行为；二是派出机构作出的行政行为；三是被授权组织作出的行政行为。

1. 本部门作出的行政行为

按照行政法一般原理，行政层级越高，职权范围越大，行政权威越足，对法律的理解和适用也越准确。所以，在确定复议案件的管辖权时，通常按照领导与被领导的关系，由上级行政机关监督下级机关所作行政行为的合法性。然而，法律规定国务院部门对自己作出的行政行为享有复议管辖权，则属于典型的自我管辖。根据《宪法》第 89 条第 3 项之规定，国务院有权领导各部和各委员会的工作。所以根据“任何人不得作自己案件法官”的原则，对国务院部门作出的行政行为不服提起的行政复议案件，理论上应当由其上一级行政机关，也就是国务院管辖。

但法律却没有这样规定，而是要求国务院部门自我管辖。之所以这样立法，主要有两点理由：第一，国务院作为最高国家行政机关，总领全国行政事务。如果规定由国务院管辖具体的复议案件，国务院会不堪其扰，影响全国性工作的进行。第二，国务院部门的层级较高、专业性较强，由其进行自我管辖，所作的复议决定具有更高的权威性。如果对复议决定不服，当事人还可以提起行政诉讼。但如果将国务院列为复议机关，一旦当事人对复议决定不服，国务院很容易沦为被告，这将严重损害国务院的权威和公信力。

2. 派出机构作出的行政行为

派出机构一般是指政府或政府职能部门在一定区域或组织内设立、授权实施某方面行政管理职权的代表机构。通常来讲,派出机构不是独立的行政主体,也没有独立承担法律责任的能力。除非有法律授权,否则派出机构只能以设定机关的名义行使行政权力。不过,换句话讲,如果有法律授权,那么这些派出机构就能以自己的名义作出行政行为,因为它们能够独立承担行政责任。所以,如果当事人对它们以自己名义作出的行政行为不服,就应当向其领导机关,也就是国务院部门申请行政复议。

3. 被授权组织作出的行政行为

行政授权,是指上级行政机关根据法律、行政法规或者部门规章的规定,对特定组织授予行政职权,以方便实现行政目的的活动。行政授权的最大特点在于权力的转移,即被授权组织因授权行为具备管理职能,它们能够以自己的名义从事管理活动,行使行政职权。不过,这些组织本身不具有国家行政机关的地位,它们只有在履行法定职责时才享有行政权力,并承担相应的法律责任。国务院部门对其授权的组织享有领导权,被授权组织在履行行政管理职责时,应当受到国务院部门的监管。如果当事人对被授权组织作出的行政行为不服的,当然也应当向其领导机关,也即国务院部门提起行政复议。

适用要点

本条适用中,需要注意以下三点:

第一,对国务院部门作出的行政行为不服的,应当按照“谁作出,谁负责”的原则实行自我管辖。当事人不能将案件直接提交到国务院,要求国务院作出复议。另外,当事人如果对国务院部门作出的复议决定不服,可以提起诉讼。此时,复议机关与作出行政行为的机关是同一机关。

第二,如果当事人对派出机构作出的行政行为不服申请行政复议,需要考虑该行政行为是以谁的名义作出。如果派出机构以国务院部门的名义作出行政行为,就等同于国务院部门自己作出的行政行为。如果派出机构以自己的名义作出行政行为,那么国务院部门就成了其上级领导机关。当事人不服的,则应当向国务院部门申请复议。此处“以自己的名义”,应当理解为派出机构以自己的名义,而非以国务院部门的名义。

第三,无论是派出机构以自己的名义作出行政行为,还是授权组织依法行使行政职权,必须要有法律、行政法规、部门规章作依据,国务院部门出台的规范性文件,不具有此授权能力。

典型案例

申某某与教育部行政复议案[1]

要旨:当事人对国务院部门依法设立的派出机构依照法律、行政法规、部门规章规定,以自己的名义作出的行政行为不服的,应当向国务院部门申请行政复议。本案中,申某某所在单位向全国高等学校学生信息咨询与就业指导中心(以下简称就业指导中心)提出学历认证申请。其后,申某某收到就业指导中心出具的学历证书查询结果,显示“此学历证书系伪造,对此证应予没收”。申某某表示不服,认为就业指导中心是教育部的派出机构,遂向教育部申请行政复议。教育部认为其未委托就业指导中心对军事学校的学历予以认证,申某某提出的行政复议申请的被申请人主体不适格。于是,决定不予受理申某某的行政复议申请。

第二十六条　【对省级人民政府或国务院部门作出的复议决定不服】对省、自治区、直辖市人民政府依照本法第二十四条第二款的规定、国务院部门依照本法第二十五条第一项的规定作出的行政复议决定不服的,可以向人民法院提起行政诉讼;也可以向国务院申请裁决,国务院依照本法的规定作出最终裁决。

---

〔1〕 参见北京市第一中级人民法院行政裁定书,(2019)京01行初805号。

条文解读

本条是关于当事人对省级人民政府或国务院部门作出的复议决定不服的规定。

根据本法第 24 条第 1 款中的规定,县级以上地方各级人民政府对涉及下一级人民政府的行政复议案件享有管辖权;本法第 25 条第 1 项则规定,国务院部门对本部门作出的行政行为享有管辖权。如果当事人对省级人民政府或者国务院部门作出的行政复议决定不服的,有如下两种救济方式可供选择:一是向人民法院提起行政诉讼;二是向国务院申请裁决。此处之所以赋予当事人向国务院申请裁决的权利,是因为国务院作为省级人民政府和国务院部门的上级领导机关,有权对其进行内部监督。在行政诉讼之外又提供这种内部救济渠道,既能够更全面地保护当事人的合法权益,也能够更好地发挥行政机关自行解决行政争议的功能。

不过,当事人虽然享有选择权,但如果选择向国务院申请裁决,那么国务院作出的裁决就是终局裁决。即便当事人对国务院作出的终局裁决不服,也不能再提起行政诉讼。以上两种救济方式,只能二选一,否则若法院的判决结果与国务院的裁决结果不同,又会出现如何遵从的尴尬局面。

适用要点

本条适用中,特别需要注意以下几点:

第一,当事人只有对省级人民政府和国务院部门作出的行政复议不服,才可以向国务院申请裁决。对省级以下人民政府或是国务院派出机构、授权组织作出的行政复议决定不服的案件,不能选择通过国务院裁决的方式解决。

第二,当事人如果向人民法院提起行政诉讼,就不能再向国务院申请裁决;而如果向国务院申请裁决,也不能再向人民法院提起诉讼。诉讼和裁决,都以案件被实际受理为准。

第三,国务院作出的裁决是终局裁决,即经过国务院裁决的案件,当事人不能再有异议,既不能提起诉讼,更不能要求再次裁决。

第二十七条 【特殊机关的复议管辖】对海关、金融、外汇管理等实行垂直领导的行政机关、税务和国家安全机关的行政行为不服的,向上一级主管部门申请行政复议。

条文解读

本条是关于特殊机关的复议管辖的规定。

在我国,根据《宪法》和《地方各级人民代表大会和地方各级人民政府组织法》的规定,各级政府机关基本按照"条块结合"的方式划分行政职权,下级政府机关不仅要受同级人民政府的领导,还要受上级政府主管部门的领导,于是便形成双重领导体制。为适应这种组织结构,《行政复议法》先是确立了"条块结合"的复议管辖体制,如今则修改为相对集中的复议管辖体制。不过,在一些特殊领域,仍然实行垂直领导制度。所谓垂直领导,即这类行政机关的"人、财、物、事"都只受上级机关的领导,而不受同级人民政府的领导。因此,当事人对这类行政机关作出的行政行为不服,只能向有领导权的上级行政机关申请复议,而不能向没有管辖权的同级人民政府申请复议,这就是"条条管辖"。目前,法律明确规定实行"条条管辖"的机关有三类,分别是海关、金融、外汇管理等实行垂直领导的行政机关,税务机关和国家安全机关。

1. 对垂直领导的行政机关作出的行政行为不服

我国实行垂直领导的行政机关,主要集中在海关、金融和外汇管理等领域。

(1)海关部门

海关是我国进出关境的监督管理机关,主要负责监管进出境运输工具、货物、物品,征收关税和其他税、费,查缉走私,编制海关统计等业务。根据我国《海关法》第3条的规定,国家在对外开放的口岸和海关监管业务集中的地点设立海关,海关依法独立行使职权,其隶属关系不受行政区划的限制。海关总署负责统一管理全国的海关,实行垂直管理体制。在该体制下,下级海关部门只受上级海关部门的领导。当事人对下级海关部门作出的行政行为不服的,应当向上一级海关部门申请行政复议。

(2)金融部门

金融秩序的稳定,事关全体人民的日常生活。加强对金融市场的监督管理,是国家行政机关的一项重要职能。自20世纪90年代开始,我国逐渐形成由中国人民银行、证监会、原保监会和原银监会组成的"一行三会"监管格局。2018年,我国将原银监会和原保监会合并成为原银保监会。如今,为适应经济发展和风险防控需求,新一轮政府体制改革又在原银保监会的基础上组建了国家金融监督管理总局。总之,金融领域的监督和管理具有专业性和全局性的特征,自始至终我国实行的都是垂直管理体制。此举有利于中央根据市场变化,及时调整金融政策,提高对经济的宏观掌控能力。当事人对下级金融部门作出的行政行为不服的,理应向上一级金融部门申请行政复议。

(3)外汇管理部门

外汇管理,是指政府对外汇的收支、买卖、借贷、转移以及国际间结算、外汇汇率、外汇市场等实行的管制措施。外汇管理的主要目标,是维护金融稳定、服务经济发展、促进国际收支平衡。由此可见,外汇管理不仅是一项专业性较强的事务,而且涉及国家对外职能的实现。对此,我国成立了专门的外汇管理机构,实行垂直管理。当事人如果对外汇管理部门作出的行政行为不服的,应当向上一级外汇管理部门申请行政复议。

2. 对税务机关作出的行政行为不服

税收是我国家财政收入的主要来源。我国自20世纪90年代实行分税制改革以来,便设置了中央和地方两套税收征管体系。其中,国家税务系统实行国家税务总局垂直领导体制,而地方税务系统则实行地方人民政府与国家税务总局双重领导体制。然而,这套征税制度在经历 20 多年发展后,逐渐显现出弊端。国税地税分设,虽有利于激发地方的积极性,但却造成了税收征管体系的混乱。受地方保护主义影响,各地税收政策不统一,以致税收征管效率低下,纳税人的税收负担也比较重。因此,为了规范税务机关的征税行为,优化营商环境,我国开启了新一轮的税收征管体制改革,并于 2018 年正式将国税和地税合并,实行以国家税务总局为主与省、自治区、直辖市人民政府双重领导体制。在这种双重领导体制下,各地税务机关在业务上主要是受上级税务机关的领导。鉴于税收征管的专业性和复杂性,当事人如果对税务机关作出的行政行为不服的,应向上级税务机关申请行政复议。

3. 对国家安全机关作出的行政行为不服

国家安全事关社会稳定、民族振兴和人民幸福。党的十八大以来,中央敏锐地洞察到国家安全形势发展变化的新特点、新趋势,深入总结国家安全工作的历史经验,提出了总体国家安全观。在我国,国家安全机关是反间谍工作的主管机关,是重要的国家情报工作机构,同时承担维护政治安全、海外安全保卫等职能,严格依照《国家安全法》《反间谍法》《国家情报法》《人民警察法》等法律法规行使权力、履行职责。关于国家安全机关的职权,1983 年全国人大常委会出台的《关于国家安全机关行使公安机关的侦查、拘留、预审和执行逮捕的职权的决定》明确指出,由国家安全机关承担原由公安机关主管的间谍、特务案件的侦查工作,这是国家公安机关的性质,因而国家安全机关可以行使宪法和法律规定的公安机关的侦查、拘留、预审和执行逮捕的职权。由此可见,国家安全机关与其他行政机关不同,国家安全机关从事的管理事项多涉及国家秘密。综上所述,出于保密需要,对国家安全机关作出的行政行为不服的,当事人也应当向上级国家安全机关申请行政复议。

适用要点

本条适用中,需要注意《行政复议法》修改,虽然将“条块结合”的管辖体制改为县级以上人民政府相对集中的复议管辖体制,但却保留了海关、金融、外汇管理、税务、国家安全5种“条条管辖”的特殊情形。

典型案例

牛某某与国家税务总局拉萨市税务局行政复议案[1]

要旨:税务机关是专门的税收征管机关,实行以国家税务总局为主与省、自治区、直辖市人民政府双重领导体制。对税务机关作出的行政行为不服的,应当向上一级税务机关申请行政复议。本案中,牛某某向国家税务总局拉萨市税务局第一税务分局(以下简称税务一分局)提出申请,要求其退还自己多缴纳的税款。税务一分局调查认为牛某某的申请不符合退税规定,于是作出不予退税的决定。牛某某不服,遂向国家税务总局拉萨市税务局(以下简称拉萨市税务局)提出行政复议申请。拉萨市税务局受理了当事人的复议申请后,作出复议决定,认为被申请人适用法律错误,撤销其作出的不退税决定,责令被申请人在30个工作日内重新作出具体行政行为。

第二十八条 【对司法行政部门行政行为不服的复议管辖】对履行行政复议机构职责的地方人民政府司法行政部门的行政行为不服的,可以向本级人民政府申请行政复议,也可以向上一级司法行政部门申请行政复议。

[1] 参见西藏自治区高级人民法院行政裁定书,(2020)藏行终4号。

条文解读

本条是关于对司法行政部门行政行为不服的复议管辖规定。

在我国,司法行政部门是地方人民政府的重要组成部门,承担着地方人民政府交办的各项司法行政工作。就管理体制而言,司法行政部门既受同级人民政府的领导,也受上级司法行政部门的领导,因而属于"双重领导"体制。2018 年,中共中央印发《深化党和国家机构改革方案》,将司法局与政府法制办公室合二为一,组成了新的司法行政部门。至此,由原政府法制办承担的行政复议职能,也一并转移给新组建的司法行政部门。

通常情况下,地方人民政府受理的行政复议案件,可以交由履行行政复议机构职责的司法行政部门负责。然而,上述司法行政部门的职责不仅仅是承办各类行政复议案件,其还具有拟定地方性法规政策、实施监狱管理、开展劳动教养、规范律师与公证行业、进行普法宣传、组织司法考试以及提供法律援助等一系列职责。所以,当其履行行政管理职能时,也可能出现行政违法情形,成为行政复议的对象。根据《行政复议法》的相关规定,对本级人民政府工作部门作出的行政行为不服的,由县级以上地方各级人民政府管辖。若当事人对司法行政部门作出的行政行为不服,向本级人民政府申请行政复议后,案件很可能再次回转到司法行政部门手中。如此,就很难保证该行政复议得到公正有效的处理。

有鉴于"自己不能作自己案件的法官"原则,法律特意为当事人设计了两条救济途径:一是可以向本级人民政府申请行政复议;二是可以向上一级司法行政部门申请行政复议。如果当事人选择向本级人民政府申请行政复议,作为履行行政复议机构职责的司法行政部门则获得一次"自我改正"的机会;如果当事人选择向上一级司法行政部门申请行政复议,出于垂直领导关系,上一级司法行政部门可以依法纠正下级司法行政部门的违法行为。

适用要点

本条适用中,需要注意以下两点:

第一,当事人对司法行政部门的行政行为不服,可以选择复议机关。但是,这仅仅针对的是“履行行政复议机构职责的地方司法行政部门”。在我国,行政复议机关办理行政复议事项的机构是行政复议机构,履行地方人民政府行政复议机构职责的司法行政部门,主要是指相应的司法厅和司法局。至于其他司法行政部门,如监狱管理部门、戒毒管理部门、社会矫正机构等,虽然也承担一定的司法行政职能,但不履行行政复议职责。当事人对这些部门作出的行政行为不服的,不适用本条法律规定。

第二,当事人可以向本级人民政府申请行政复议,也可以向上一级司法行政部门申请行政复议。这两种救济途径是“二选一”的关系,当事人一旦选择了其中一条救济途径,就不能再选择另一条救济途径。如果当事人选择向本级人民政府申请行政复议,对复议结果不服,则应当依法提起行政诉讼,而不能再向上一级司法行政部门申请行政复议。同理,如果当事人选择向上一级司法行政部门申请行政复议,对复议结果不服,也不得再向本级人民政府申请行政复议。

典型案例

齐某与任丘市司法局司法行政管理案

要旨:当事人对履行行政复议机构职责的地方人民政府司法行政部门的行政行为不服的,可以向本级人民政府申请行政复议,也可以向上一级司法行政部门申请行政复议。本案中,原告齐某认为第三人任丘法医鉴定中心作出《司法鉴定意见书》严重违法,遂向被告任丘市司法局投诉。任丘市司法局受理后作出答复,认为第三人不存在严重违法问题。齐某不服,没有向任丘市人民政府申请行政复议,而是向沧州市司法局(任丘市司法局的上一级司法行政部门)申请行政复议。沧州市司法局受理该案件后作出复议决定,认为任丘市司法局的答复行为存在程序违法问题,于是撤销任丘市司法局的具体行政行为。

第二十九条 【行政复议与行政诉讼的选择】公民、法人或者其他组织申请行政复议,行政复议机关已经依法受理的,在行政复议期间不得向人民法院提起行政诉讼。

公民、法人或者其他组织向人民法院提起行政诉讼,人民法院已经依法受理的,不得申请行政复议。

条文解读

本条是关于行政复议与行政诉讼的选择的规定。

行政复议和行政诉讼是两种不同的争议解决路径。如果说行政复议是行政机关实施的内部监督行为,那么行政诉讼就是司法机关实施的外部监督活动。行政复议和行政诉讼都可以发挥纠正违法行政行为、维护当事人合法权益的功能,但二者运行的法治逻辑却并不相同。上级行政机关之所以能够监督并纠正下级行政机关的违法行为,是因为不同层级的行政机关之间存在从隶属关系,也即领导与被领导的关系。人民法院之所以能够监督并纠正行政机关的违法行为,则是因为法律授予了司法机关对行政机关的监督权。司法机关与行政机关之间不存在纵向的领导关系,只存在横向的监督关系。

既然行政复议与行政诉讼都能实现化解行政纠纷的目的,那么如何选择就成为行政复议与行政诉讼立法需要解决的问题。为了避免当事人同时提起行政复议和行政诉讼,以致因复议结果与判决结果不同产生无法遵从的局面，立法规定当事人如果申请行政复议，在复议期间不得提起行政诉讼。法律将选择权交给当事人，一方面是为了提供多元化的纠纷解决机制，方便当事人积极维权；另一方面则是为了避免行政机关因部门利益影响案件的公正处理。

适用要点

本条适用中，需要注意以下两点：

第一，行政复议与行政诉讼程序不能同时启动，但二者并非相互排斥的关系。当事人对复议结果不服，可以通过行政诉讼的途径解决。

第二，行政复议与行政诉讼程序是否已经启动，都以案件是否被行政复议机关或人民法院受理为准。如果当事人选择了一种权利救济方式，并提交了立案材料，但超过法定期限，既未被立案，也没有说明不予立案的理由，则不影响当事人选择另一途径解决行政争议。

典型案例

郑某某与河南省人民政府行政复议案[1]

要旨：《行政诉讼法》第44条规定："对属于人民法院受案范围的行政案件，公民、法人或者其他组织可以先向行政机关申请复议，对复议决定不服的，再向人民法院提起诉讼；也可以直接向人民法院提起诉讼。法律、法规规定应当先向行政机关申请复议，对复议决定不服再向人民法院提起诉讼的，依照法律、法规的规定。"依照该条规定，在法律、法规并没有规定复议前置的情况下，对于行政复议和行政诉讼实行自由选择主义。所谓自由选择，是指公民、法人或者其他组织可以先向行政机关申请复议，对复议决定不服

〔1〕 参见最高人民法院行政裁定书，(2018)最高法行申1577号。

的，再向人民法院提起诉讼，也可以不经复议直接向人民法院提起诉讼。但是，自由选择并不意味着可以同时选择复议和诉讼，因为复议和诉讼这两种救济机制不能同时进行。根据《最高人民法院关于适用〈中华人民共和国行政诉讼法〉的解释》第57条的规定，“法律、法规未规定行政复议为提起行政诉讼必经程序，公民、法人或者其他组织既提起诉讼又申请行政复议的，由先立案的机关管辖；同时立案的，由公民、法人或者其他组织选择。公民、法人或者其他组织已经申请行政复议，在法定复议期间内又向人民法院提起诉讼的，人民法院裁定不予立案”。自由选择不能违背司法最终处理原则，在已经选择直接向人民法院提起诉讼的情况下，不能转而申请行政复议。所谓已经选择直接向人民法院提起诉讼，包括提起诉讼之后的任何阶段，既包括人民法院已经作出裁判，也包括人民法院已经立案尚未作出裁判。只要案件已经系属于人民法院，就不允许再就同一争议申请行政复议。本案中，郑某某已提起行政诉讼，且河南省高级人民法院业已审理终结。在人民法院已经作出生效裁判的情况下，针对同一个行政行为申请行政复议，或者请求人民法院判令行政复议机关受理其复议申请，都有违自由选择主义和司法最终处理原则的宗旨，且为生效裁判的既判力所不允许。

第三章　行政复议受理

第三十条　【受理条件】行政复议机关收到行政复议申请后，应当在五日内进行审查。对符合下列规定的，行政复议机关应当予以受理：

（一）有明确的申请人和符合本法规定的被申请人；

（二）申请人与被申请行政复议的行政行为有利害关系；

（三）有具体的行政复议请求和理由；

（四）在法定申请期限内提出；

（五）属于本法规定的行政复议范围；

（六）属于本机关的管辖范围；

（七）行政复议机关未受理过该申请人就同一行政行为提出的行政复议申请，并且人民法院未受理过该申请人就同一行政行为提起的行政诉讼。

对不符合前款规定的行政复议申请，行政复议机关应当在审查期限内决定不予受理并说明理由；不属于本机关管辖的，还应当在不予受理决定中告知申请人有管辖权的行政复议机关。

行政复议申请的审查期限届满，行政复议机关未作出不予受理决定的，审查期限届满之日起视为受理。

条文解读

本条是关于行政复议受理条件的规定。

行政复议机关收到行政复议申请后,需先进行案前审查,以确定当事人的申请是否符合行政复议的受理条件。所以,受理条件是决定行政复议程序能否启动的关键。本次修法明确列举了 7 项受理条件,此举一方面是为了让申请人事前有所准备,另一方面则是为了规范行政复议机关的审查行为。对于申请人而言,其可以比照法律规定的条件,决定是否申请行政复议,并准备相应的申请材料。对于复议机关而言,其在收到当事人的复议申请之后,必须按照法定事项进行审查,且只能根据这些事由作出受理或不受理的决定。

1. 主体资格审查

行政复议的主体包括申请人、被申请人和第三人。由于第三人不参加行政复议,不影响复议案件的审理,因而作为受理条件,法律只对申请人和被申请人的资格作了案前审查要求。

(1)申请人

关于申请人,法律作了两点要求:一是申请人要明确;二是申请人要与被申请行政复议的行政行为有利害关系。

“有明确的申请人”,主要是指申请人必须具备真实身份,而不能是虚假身份。行政复议机关接到当事人的复议申请后,必须清楚知道申请人是谁,这是行政复议机关区别不同案件的关键。

此外,为了防止行政复议泛滥,法律还要求申请人必须与被申请行政复议的行政行为存在“利害关系”。这意味着即便一个行政行为属于行政复议范围,也不是任何人都可以就其申请行政复议。所谓利害关系,是指申请人认为行政行为的作出会对其权利义务产生实际影响。需要注意的是,利害关系体现的是行政行为与申请人之间的关联关系,这种关联关系需要申请人提供一定的证据证明。但为了更好地保障申请人的权益,申请人提交的证据只要达到初步证明标准即可。而且，当申请人为有权申请主体的近亲属、法定代理人或权利承继人时，对利害关系的审查，实际上审查的是有权申请主体与案涉行政行为的关联关系，行政复议机关不能以近亲属、法定代理人或权利承继人与案件没有直接关系为由拒绝受理。

(2)被申请人

关于被申请人，法律要求必须"符合本法规定"。具体来讲，即要满足本法第 19 条的要求。被申请人通常是指作出行政行为的行政机关或者法律、法规、规章授权的组织。如果是两个或者两个以上行政机关以共同的名义作出同一行政行为的，则共同作出行政行为的行政机关都是被申请人。此处有两种例外情形：一是受委托的组织作出行政行为的，委托的行政机关是被申请人；二是作出行政行为的行政机关被撤销或者职权变更的，继续行使其职权的行政机关是被申请人。法律之所以要对被申请人的资格进行审查，主要是为了便于根据被申请人的身份确定案件管辖权，避免错误立案，导致对其他行政机关职能的侵犯。

2. 复议请求审查

关于复议请求，法律要求必须具体，且有一定理由。

"有具体的行政复议请求"，是指申请人申请行政复议必须具有目的性和指向性，必须在申请材料中写明其想要通过行政复议达到怎样的处理结果。复议请求与复议决定相对应，如果复议请求缺失或是不具体，复议机关将难以作出针对性的处理，行政争议就不能得到实质性化解。根据法律规定，申请人可以请求复议机关撤销、变更行政行为，责令被申请人重新作出行政行为，减轻行政处罚，确认自己享有某项权利等，申请人必须在这些法定诉求中作出选择。

此外，申请人针对复议请求必须说明理由。理由可分为事实理由和法律理由，前者是为了证明行政机关作出的行政行为侵犯了其合法权益，后者是为了说明自己提起行政复议有相应的法律根据。如果理由缺失，复议机关就不能判断申请人的复议请求是否有理有据，而事实调查更是无的放矢。概言之,对申请人提出的复议请求进行审查,就是要确保复议申请要言之有物、言之成理。

3. 复议期限审查

当事人对行政机关作出的行政行为不服可以提起行政复议,这是当事人的权利。但为了确保行政秩序稳定,必须给当事人的这项权利予以时间限制,否则行政法律关系迟迟不能固定,将会影响行政机关的效率。本法第20条和第21条分别规定了申请行政复议的一般期限和最长期限。在期限内申请行政复议的,行政复议机关当然应当受理。但如果超过复议期限,即便行政行为确实对申请人的合法权益产生了实质性影响,申请人也丧失了此项救济权利。对复议期限进行审查:一是为了将超过复议期限的案件排除在外,节约行政复议资源;二是为了稳定行政法律秩序,维护行政行为的公定力。

4. 复议范围审查

复议范围决定了行政争议能否通过复议方式得以解决。以往立法将行政机关作出的行政行为区分为具体行政行为和抽象行政行为,并认为对具体行政行为不服的可以提起行政复议,而对抽象行政行为不服的不能提起行政复议。此次修法未采用这种区分方式,而是通过正向列举和反向排除的方法来确定行政复议的范围。根据本法第11条和第12条的规定,可以提起行政复议的情形有15种,而不能提起行政复议的案件类型则有4种。如此清晰的规定,无疑是为了更好地保护当事人的合法权益,以发挥行政复议解决行政争议的主渠道作用。所以,对复议范围进行审查,主要是为了筛除那些不能通过复议解决的案件,而非阻碍申请人启动行政复议程序。

5. 复议管辖审查

行政复议机关收到申请人的行政复议申请后,还要对管辖权问题进行形式审查,以确定自己是否有权处理该行政案件。之所以将管辖权问题作为案件是否受理的审查要件,主要是为了避免因受理不当,侵害其他行政机关的裁决职能。当然,一个行政行为若是由多个行政机关共同作出,那么多个行政复议机关就同时都有管辖权。此时申请人若只向其中某一行政复议机关提出申请,接到申请的行政复议机关不能以没有管辖权为由拒绝受理。

6. 重复救济审查

本法第 29 条规定了行政复议和行政诉讼的选择关系,即当事人选择行政复议的,在复议期间不得提起诉讼。同理,如果当事人选择行政诉讼,在诉讼期间也不得提起行政复议。因此,在案件受理之时,行政复议机关就需要审查当事人是否就同一行政行为重复申请行政复议或已提起过行政诉讼。

(1)重复申请行政复议

当事人就同一行政行为重复申请行政复议,是对行政复议资源的一种浪费。如果当事人对前一复议决定不服,可以通过裁决或诉讼的方式解决,而不能再申请行政复议。不过,此处需要作两点说明:第一,必须是“同一行政行为”,即行政行为的作出机关、行为方式以及行政相对人等都是相同的。如果主体不同、行为方式存在差异,则不属于同一行政行为,当事人依然可以申请行政复议。第二,重复意味着前一行政复议申请已被复议机关受理。如果前一行政复议未审理结束或是申请人中途撤回申请,也不得再申请行政复议。

(2)已提起过行政诉讼

当事人对行政复议决定不服的,可以再提起行政诉讼。但如果当事人已经提起过行政诉讼,无论是诉讼案件未终结,还是对诉讼结果不服,当事人都不能再申请行政复议。

适用要点

本条适用需要注意把握立法精神。法律设置案件受理条件,不是为了阻碍当事人申请行政复议,而是要筛选出能够进入行政复议程序的案件。此次修法是为了扩大行政复议范围,争取让更多的行政案件通过复议方式得以解决，以发挥行政复议解决行政争议的主渠道作用。因此，对于应受理的案件，复议机关应当尽可能受理。即使不符合受理条件，复议机关也应当说明理由。

与此同时，对于不属于本机关管辖的案件，行政复议机关应当告知申请人向有管辖权的机关提出申请，而不能简单地一拒了之。行政复议机关消极受理复议申请的，审查期限届满后，当事人可以提起行政诉讼，以维护自己的合法权益。

典型案例

陈某某等人诉广东省人民政府驳回行政复议申请决定案[1]

要旨：公民、法人或者其他组织申请行政复议，应当与被申请复议的行政行为有利害关系；如无利害关系，被申请复议的行政行为不可能侵害其合法权益，则不属于行政复议的受案范围。公民、法人或者其他组织不具有申请行政复议的法定资格的，复议机关应当决定驳回其复议申请。

行政机关作出收回国有土地的批复，直接影响的是拟收回国有土地范围内原土地使用权人的合法权益，通常情况下，可以认定原土地使用权人与行政机关作出的土地批复行为具有利害关系，属于适格的行政复议申请人。但是本案中的申请人因承包合同到期，不再是案涉土地的使用权人，因此与政府作出的收回国有土地的行为并无利害关系。广东省人民政府以申请人不符合行政复议的受理条件为由，驳回申请人的申请，符合法律规定。

〔1〕 参见最高人民法院行政裁定书，(2017)最高法行申7931号。

第三十一条 【申请材料补正】行政复议申请材料不齐全或者表述不清楚，无法判断行政复议申请是否符合本法第三十条第一款规定的，行政复议机关应当自收到申请之日起五日内书面通知申请人补正。补正通知应当一次性载明需要补正的事项。

申请人应当自收到补正通知之日起十日内提交补正材料。有正当理由不能按期补正的，行政复议机关可以延长合理的补正期限。无正当理由逾期不补正的，视为申请人放弃行政复议申请，并记录在案。

行政复议机关收到补正材料后，依照本法第三十条的规定处理。

条文解读

本条是关于行政复议申请材料补正的规定。

行政复议的申请材料，是行政复议机关用以判断申请人的申请是否符合案件受理条件的根据。法律规定，申请人申请行政复议时需要通过书面形式向行政复议机关提交申请书。若是口头申请，行政复议机关也要根据当事人的陈述，当场记录清楚申请人的基本情况、行政复议请求以及行政复议的主要事实和理由。所以，申请人应当准备的行政复议申请材料不仅包括行政复议申请书，还包括申请人的身份证明材料以及能够提供事实证明的其他证据材料等。

本条第 1 款规定了对行政复议申请材料的 3 项基本要求：一是材料齐全；二是表述清楚；三是能够判断复议申请是否符合受理条件。

尽管本法第 30 条第 1 款规定了 7 项受理条件，但其中关于申请人提交的申请是否超过复议期限、是否属于复议范围、行政复议机关是否有管辖权，以及是否属于重复申请或是已经提起行政诉讼，可由行政复议机关自行调查和判断。但对于申请人的身份、申请人与被申请行政复议的行政行为是否存在利害关系、有无具体的复议请求和理由等情况，则需要申请人在复议申请书中予以说明，并提供初步的证据证明。如果缺少这些内容，行政复议机关就难以作出针对性的处理。

不过，上述内容缺失并不必然导致案件受理失败。考虑到实践中很多人对法律的理解并不那么透彻，在准备申请材料时可能存在疏漏，与法律要求还有一定差距，所以本条第 1 款规定允许申请人补正申请材料。同时，为了避免申请人来回往返，法律要求行政复议机关须在补正通知中一次性载明需要补正的事项，从而更好地保障当事人的复议权利。

但为了提高行政效率，本条第 2 款要求申请人必须在一定时间内提交补正材料，以督促申请人及时行使复议权利。如果申请人有正当理由，可以延长补正材料的期限。但如果申请人无正当理由逾期不补正的，则行政复议机关还是无法判断行政复议申请是否符合受理条件。对于申请人的消极申请行为，应推定当事人放弃此次复议机会。需要注意的是，补正申请材料所用时间不计入行政复议审理期限。

适用要点

本条适用中，有以下几个要点：

第一，行政复议的申请材料不齐全或是表述不清楚，需达到使行政复议机关无法判断行政复议申请是否符合受理条件的程度，才能要求申请人补正材料。否则，行政复议机关应当及时受理案件，而不能将举证责任借此转移给申请人，导致申请人立案困难。

第二，有正当理由不能按期补正的，行政复议机关可以延长合理的补正期限。“可以”意味着是否存在正当理由，需行政复议机关自行判断。对此，申请人应当提出延期申请。

第三，无正当理由逾期不补正的，视为申请人放弃行政复议申请，并记录在案。放弃申请，仅代表此次提交的行政复议申请作废，而并不意味着行政复议机关已经受理过该案件。如果事后申请人再一次提交行政复议申请,则不视为重复申请。只要申请人提交的申请材料符合受理条件,行政复议机关仍然应当受理。

典型案例

张某某与北京市东城区人民政府行政复议案[1]

要旨:本案中,张某某因不服北京市东城区住房和城市建设委员会(以下简称东城区住建委)核发涉案房屋拆迁许可证的行为,向北京市东城区人民政府(以下简称东城区政府)申请行政复议,请求确认该行政行为违法。东城区政府收到复议申请后,要求张某某补正申请材料,证明其与涉案房屋拆迁许可证具有利害关系。其后,张某某出具补正说明,认为其作为北京市公民,有保护文物(北京历史文化名城)的义务,因此与被申请人作出的行政行为有利害关系。东城区政府收到张某某的补正材料后,认为这些补正材料仍不足以证明其与东城区住建委核发涉案房屋拆迁许可证的行为存在利害关系,于是以张某某不符合申请人资格为由,不予受理张某的复议申请。

第三十二条 【对当场或依靠电子技术作出的行政处罚不服】对当场作出或者依据电子技术监控设备记录的违法事实作出的行政处罚决定不服申请行政复议的,可以通过作出行政处罚决定的行政机关提交行政复议申请。

行政机关收到行政复议申请后,应当及时处理;认为需要维持行政处罚决定的,应当自收到行政复议申请之日起五日内转送行政复议机关。

[1] 参见北京市第四中级人民法院行政判决书,(2019)京04行初1531号。

条文解读

本条是关于对当场或者依靠电子技术作出的行政处罚不服申请行政复议的规定。

所谓当场作出行政处罚，是指行政机关无须经过立案调查以及听证等程序，直接填写预定格式、编有号码的行政处罚决定书，并当场交付当事人的行政处罚行为。根据《行政处罚法》第51条的规定，“违法事实确凿并有法定依据，对公民处以二百元以下、对法人或者其他组织处以三千元以下罚款或者警告的行政处罚的，可以当场作出行政处罚决定。”可见，当场作出行政处罚，主要针对的是轻微的违法案件。法律之所以设置这样的简易程序，是为了提高行政执法效率，达到便民利民的目的。

与此同时，随着网络监测技术的发展，电子行政也越来越普遍。实践中，行政机关也开始广泛运用电子监控设备记录违法事实。此举不仅极大地增强了行政执法的力度从而提高了行政执法的效率，而且在一定程度上为摈除权力寻租与执法不公提供了可能。正因如此，《行政处罚法》第41条针对电子技术监控设备的使用，设置了专门的法律规则，以确保根据电子技术监控设备获取的违法证据符合真实性、完整性、准确性的要求。

此次《行政复议法》修改，增加对当场或依据电子技术监控设备记录的违法事实作出的行政处罚决定不服申请行政复议的规定，是为了与《行政处罚法》相衔接，突出高效便民的立法要求。法律规定，当事人对于在上述两种情形下，可以通过作出行政处罚决定的行政机关提交行政复议申请，而不用亲自向有管辖权的复议机关提出复议申请。如此，可以方便当事人及时提出异议，从而降低维权成本，促进行政争议的实质性解决。

适用要点

本条适用中，有以下几个要点：

第一，可由作出行政处罚决定的行政机关转交复议申请的情形仅包含两类：一是当场作出行政处罚的；二是依据电子技术监控设备记录的违法事实作出行政处罚的。对于其他类型的行政争议案件，当事人不能通过这种方式提出复议申请。法律赋予当事人选择权，通过作出行政处罚的机关转交复议申请不是必经程序，当事人也可以不通过作出行政处罚的行政机关转交自己提出的申请。

第二，作出行政处罚的行政机关只是行政复议申请的转交机关，其不能阻碍当事人救济自己的权利。但是，行政机关可以在转送申请之前，对当事人申请复议的事项进行审查。如果认为自己作出的处罚决定确实存在瑕疵，需要修正的，则可以主动纠正违法行为。但如果审查认为自己作出的行政行为不存在瑕疵，无须改正的，行政机关应当及时将当事人的行政复议申请移送给复议机关，而不能擅自扣留。

第三，当事人向作出行政处罚的机关提交行政复议申请，并不意味着行政复议程序已被开启。只有当行政机关将申请转送至行政复议机关，后者立案之后，才算作行政复议程序的开启。如果作出行政处罚的机关没能在法定时间内及时转送当事人提交的复议申请，当事人可以径直向有管辖权的行政复议机关申请行政复议。因作出行政处罚的行政机关耽误的复议期限，应当被扣除。在行政机关转送复议申请的过程中，当事人如果提起行政诉讼，则不受“复议期间不得诉讼”之原则的限制。

典型案例

孙某不服青岛市公安局交通警察支队市北大队行政处罚及青岛市人民政府行政复议案

要旨：当事人对依据电子技术监控设备记录的违法事实作出的行政处罚决定不服的，可以通过作出行政处罚决定的行政机关提交行政复议申请。本案中，孙某将车辆临时停放在禁停路段，青岛市公安局交警支队的巡查人员用警务通手机拍照并录入道路交通违法行为处理系统。随后，交警部门适用简易程序，对原告处以罚款200元、记3分的处罚，并当场将处罚决定书送达原告。原告不服，遂向青岛市人民政府申请了行政复议。如果根据新修订的《行政复议法》规定，当事人在向青岛市人民政府申请行政复议时，也可以直接将复议申请书提交给作出行政处罚决定的青岛市交通警察支队。

第三十三条　【复议申请驳回】行政复议机关受理行政复议申请后，发现该行政复议申请不符合本法第三十条第一款规定的，应当决定驳回申请并说明理由。

条文解读

本条是关于复议申请驳回的规定。

根据本法第30条第2款的规定，如果行政复议申请不符合受理条件，则行政复议机关应当在审查期限内决定不予受理并说明理由。此时所作的不予受理的决定，属于案前审查。但案前审查毕竟属于形式审查，因此难免存在立案错误之情形。况且，根据本法第30条第3款的规定，行政复议申请的审查期限届满，行政复议机关未作出不予受理决定的，审查期限届满之日起视为受理。所以,如果案件已被受理,则意味着行政复议程序已经启动。如果在实体审理过程中,发现案件不符合受理条件,则对案件的处理会涉及公共利益与个人利益的平衡。针对上述情况,本条规定行政复议机关应当驳回复议申请并说明理由。

驳回复议申请作为一种新的复议决定类型,最先由2007年国务院制定的《行政复议法实施条例》所创设。驳回复议申请与行政诉讼法中的驳回诉讼请求类似,都是为了维持既有的行政事实。目前,本法中适用驳回复议申请决定的有两种情形:一是受理行政复议申请后,发现被申请人的行为不符合行政复议受理条件的,应当驳回复议申请;二是申请人认为行政主体不履行法定职责,全面审查后发现被申请人不构成不作为的,也应当驳回复议申请。比较这两种情形可知,前者属于形式审查,后者属于实质审查。对于驳回复议申请,当事人如果不服的,可以向上级行政机关投诉,也可以提起行政诉讼。

适用要点

本条适用中,需要注意以下两点:

第一,驳回复议申请针对的是已被受理的行政复议申请。如果行政复议申请未被受理,则适用不予受理决定。二者在法律效果上虽然相同,但对应的阶段却不一样。

第二,对于受理之后被发现该不符合受理条件的行政复议申请,应当作实质审查,即不符合受理条件应当是完全不符合,而非申请材料出现瑕疵。所谓完全不符合,是指主体完全不适格、超过复议期限、不属于复议范围、重复申请复议或是已经提起诉讼等。不过,如果行政复议申请缺乏具体的请求或理由,在申请人可以及时补正、给出具体的复议请求提交相应的证据的情况下,行政复议机关应当允许补正,而不是直接驳回。此外,发现行政复议申请不属于本机关的管辖范围时,按理来讲,也应当适用本条之规定,驳回复议申请。但是,在这种情形下,案件已被受理,却又出现管辖问题,行政复议机关自身也有过错。到底是移送给有管辖权的行政复议机关,还是直接驳回行政复议人的申请,有待进一步商讨。

典型案例

尹某某与中国人民银行行政复议案[1]

要旨:当事人就同一行政行为重复提起行政复议的,行政复议机关应当决定不予受理。如果行政复议申请已被受理,则应当驳回复议申请。本案中,尹某某认为重庆某科技公司的行为侵害了其财产权,故向中国人民银行重庆营业管理部(以下简称重庆营业部)投诉举报。重庆营业部认为尹某某的举报事项不属于中国人民银行的职责范围,决定不予受理该举报,并建议尹某某向公安机关报案。尹某某不服,遂向重庆营业部申请行政复议。重庆营业部认为该案不属于本机关管辖,决定不予受理。尹某某不服重庆营业部不受理其行政复议申请的决定,又向中国人民银行申请行政复议。中国人民银行认为当事人对行政复议不服的,应当提起行政诉讼,于是以该案不属于行政复议的受案范围为由,作出不予受理决定。尹某某收到中国人民银行制发的不予受理决定书后,再次表示不服,重复向中国人民银行申请行政复议。中国人民银行最终受理了尹某某的行政复议申请,认为尹某某就相同事项重复提起行政复议申请,不符合行政复议的受理条件,故驳回尹某某提出的行政复议申请。

第三十四条　【对复议前置的处理不服提起行政诉讼】法律、行政法规规定应当先向行政复议机关申请行政复议、对行政复议决定不服再向人民法院提起行政诉讼的,行政复议机关决定不予

[1] 参见北京市高级人民法院行政裁定书,(2020)京行终2705号。

受理、驳回申请或者受理后超过行政复议期限不作答复的，公民、法人或者其他组织可以自收到决定书之日起或者行政复议期限届满之日起十五日内，依法向人民法院提起行政诉讼。

条文解读

本条是关于对复议前置的处理不服提起行政诉讼的规定。

本法第 23 条规定，在 5 种情形下，行政复议申请人应当先向行政复议机关申请行政复议，对行政复议决定不服的，可以再向人民法院提起行政诉讼。对此，《行政诉讼法》第 45 条则规定，“公民、法人或者其他组织不服复议决定的，可以在收到复议决定书之日起十五日内向人民法院提起诉讼。复议机关逾期不作决定的，申请人可以在复议期满之日起十五日内向人民法院提起诉讼。法律另有规定的除外”。可见，本条是对《行政诉讼法》第 45 条的衔接。

行政复议与行政诉讼本是两条不同的权利救济路径，但在特殊情形下，只有先经历行政复议方可提起诉讼，此即为行政复议前置制度。行政复议前置制度的设立，是为了通过制度约束，尽可能地将行政相对人的救济意愿“挽留”在行政机关，从而通过内部监督方式解决行政纠纷。目前，我国正在大力推行将行政复议作为化解行政争议主渠道的制度改革。在这种背景下，行政复议前置将发挥更加突出的制度调控功能。

然而，复议前置毕竟是对当事人救济权利的一种限制。依照本条规定，行政复议机关收到当事人的复议申请，既可以通过复议方式实质性地解决行政争议，也可以根据受理条件，作出不予受理或驳回申请的决定。但如果复议机关未能解决行政争议，法律还必须畅通诉讼途径，以保障当事人的合法权益能够得到充分救济。

适用要点

本条适用中,需注意以下几点:

第一,当事人对行政机关作出的行政行为不服,可以选择行政复议,也可选择行政诉讼。但对于复议前置类案件,必须先经历行政复议,才能提起行政诉讼。因此,当事人如果就这类案件提起行政诉讼,需要提供证据证明已经申请过行政复议,而行政复议机关的决定就是关键性证据。所以本条规定,就是为了衔接行政诉讼程序,以敦促复议机关及时处理复议前置类的案件。

第二,本条规定了三种情形下的行政诉讼时限,分别是不予受理、驳回申请以及超过复议期限不作答复。但它们的时间起算点不同,不予受理和驳回申请是行政复议机关以决定方式作出的,所以要在决定作出之日起15日内提出。行政复议机关超过复议期限不作答复则是一种消极状态,故而申请人只能等待复议期限届满,才能提起行政诉讼。需要特别强调的是,根据本法第62条第1款的规定,如果情况复杂,不能在规定期限内作出行政复议决定,经行政复议机构的负责人批准,可以适当延长复议期限,但需要书面告知当事人。如果复议期限被延长,当事人应当待延长期限届满后才能提起行政诉讼。

第三,对于复议前置的案件,如果行政复议机关作出了其他类型的复议决定,且当事人不服,也是自收到决定之日起15日内提起行政诉讼。

典型案例

上、下街村民小组与云南省昭通市人民政府行政复议案[1]

要旨:本案中,当事人对镇雄县人民政府出具的《关于坡头供销社土

〔1〕 参见云南省高级人民法院行政判决书,(2020)云行终169号。

地使用确权的决定》不服,直接向昭通市中级人民法院提起行政诉讼。由于该确权决定涉及自然资源的所有权和使用权,属于应当复议前置的案件,所以一审法院裁定驳回了当事人的诉讼请求。接着,当事人便向昭通市人民政府申请行政复议,但昭通市人民政府以当事人的申请超过法定期限为由,决定不予受理当事人的复议申请。当事人收到不予受理决定后,再次向昭通市中级人民法院提起行政诉讼,要求撤销原行政行为。其后,该案经历上诉和再审环节,最终予以解决。

第三十五条 【上级行政机关责令受理或直接受理】公民、法人或者其他组织依法提出行政复议申请,行政复议机关无正当理由不予受理、驳回申请或者受理后超过行政复议期限不作答复的,申请人有权向上级行政机关反映,上级行政机关应当责令其纠正;必要时,上级行政复议机关可以直接受理。

条文解读

本条是关于上级行政机关责令受理或直接受理的规定。

从本条规定来看,上级行政机关责令受理或直接受理的意涵主要有三:

一是行政层级监督。行政复议是行政系统内的一个纠纷解决机制,其本质上发挥的是行政层级监督权,即上级行政机关领导下级行政机关,并可以对其行为进行监督,必要时还可以直接纠正或代替下级行政机关履行,借此推动行政纠纷的化解。这也是行政复议不同于行政诉讼之处。

二是行使行政层级监督权的三种情形,即不予受理、驳回申请、受理后超过行政复议期限不作答复。本法明确规定了行政复议申请不予受理或者驳回行政复议申请的法定事由。比如,《行政复议法》第 21 条规定:“因不动产提出的行政复议申请自行政行为作出之日起超过二十年,其他行政复议申请自行政行为作出之日起超过五年的，行政复议机关不予受理。”第33条规定：“行政复议机关受理行政复议申请后，发现该行政复议申请不符合本法第三十条第一款规定的，应当决定驳回申请并说明理由。”行政复议机关如果发现行政复议申请符合上述法定事由，当然可以作出不予受理或者驳回申请的决定，且必须向申请人说明理由。否则，申请人可以向上级行政机关反映，由其行使行政层级监督权。此外，行政复议机关虽然受理了行政复议申请，但超过行政复议期限不作答复的，属于典型的行政不作为，此时上级行政机关也可以行使行政层级监督权。

三是行使行政层级监督权的两种方式。上级行政机关在收到行政复议申请人的反映后，应当对这一反映进行审查核实。如确属行政复议机关无正当理由不予受理、驳回申请或者受理后超过行政复议期限不作答复的情形，首先，上级行政机关应当考虑责令行政复议机关予以纠正；其次，如觉得交由行政复议机关纠正已不合时宜或者行政复议机关拒不纠正，上级行政复议机关也可以直接受理。

适用要点

行政复议是行政系统内的纠纷解决机制，是由行政机关行使的一项准司法权。公民、法人或者其他组织依法提出行政复议申请，行政复议机关无正当理由不予受理、驳回申请或者受理后超过行政复议期限不作答复的，作为行政复议机关的上级行政机关，有权责令其纠正或者直接受理。

第四章　行政复议审理

第一节　一般规定

第三十六条　【行政复议审理模式】行政复议机关受理行政复议申请后，依照本法适用普通程序或者简易程序进行审理。行政复议机构应当指定行政复议人员负责办理行政复议案件。

行政复议人员对办理行政复议案件过程中知悉的国家秘密、商业秘密和个人隐私，应当予以保密。

条文解读

本条是关于行政复议审理模式的规定。

从本条规定来看，行政复议审理模式的意涵主要有二：

一是纠纷解决过程中的繁简分流。“亲历性”是基本的司法规律之一，是司法公开的题中之义，亦是司法公信力的重要保障。因此，在纠纷解决过程中，应当允许当事人参与到纠纷解决过程之中并围绕案情自由、充分地表达意见。但是，在现实中，有些案件可能比较简单，事实清楚、权利义务关系明确、争议不大，一味地允许当事人参与到纠纷解决过程之中并围绕案情自由、充分地表达意见，也不一定有利于纠纷的实质性化解，还会造成司法资源的浪费。正确的做法应当是采取一种繁简分流的制度安排，在遵循基本司法原理和准则的基础上，适当兼顾案件的差异性以及公共资源的优化配置。这也是法院司法审判的惯常做法。我国三大诉讼均根据案件的差异性以及司法资源的优化配置，在普通程序之外设置了简易程序。

二是行政复议审理的繁简分流。一直以来，我国在行政复议审理上主要采取的是书面审查模式。之所以作出这样的制度安排，可能是为了提升行政复议的效率，彰显其高效便捷的行政特色和优势，殊不知这违反了基本司法规律和准则。对于绝大部分的行政复议案件，行政复议机关应当采取言词审理的模式，通过面对面或互联网等信息化方式听取当事人的意见，允许他们围绕案件的焦点、法律问题和事实问题等进行举证、质证并展开辩论。这样一方面可以确保在行政行为作出过程中处于不对等地位的当事人在行政复议过程中能够实现控辩机会和控辩手段上的基本对等，防止行政复议机关受到作为被申请人的行政机关一方的潜在、过度影响；另一方面也有助于行政复议机关更加充分、有效地发挥其层级优势和专业优势，全面、准确地查明案件事实，作出精准裁断，借此提升行政复议制度的公信力。对于事实清楚、权利义务关系明确、争议不大的普通行政复议案件，行政复议机关则可以适用简易程序，采取书面审查模式。

保密义务是普遍存在于社会生活中的一项法律义务。如何判断某一信息是否属于保密信息？保密信息应当具备“秘密性、实用性、经济价值性、具有相应保密措施”的特点。一般情况下，商业秘密、技术秘密、个人隐私等内容都可能构成保密信息，如果信息的泄露将会使权益受到损失，则可能属于保密信息。行政复议人员在办理复议案件过程中，不可避免地知悉国家秘密、商业秘密和个人隐私，如不履行保密义务，可能会损失相对人的合法权益，进而损害行政机关的公共形象。除法律特别规定必须披露或者当事人许可披露等情况外，对于在办案过程中知悉的当事人的一切情况，原则上都应当保密。

适用要点

作为一种行政纠纷解决机制，行政复议应当采用一种繁简分流的审理方式，即对于绝大部分的行政复议案件，行政复议机关应当采取言词审理，通过面对面或互联网等信息化方式听取当事人的意见，允许他们围绕案件的焦点、法律问题和事实问题等进行举证、质证并展开辩论，以恪守基本司法原理和准则；对于事实清楚、权利义务关系明确、争议不大的普通行政复议案件，行政复议机关则可以适用简易程序，采取书面审查模式。

第三十七条　【行政复议审理依据】行政复议机关依照法律、法规、规章审理行政复议案件。

行政复议机关审理民族自治地方的行政复议案件，同时依照该民族自治地方的自治条例和单行条例。

条文解读

本条是关于行政复议审理依据的规定。

从本条规定来看，行政复议审理依据的意涵主要有二：

一是行政复议审理的依据包括法律、法规、规章。依法行政是行政法的首要原则，其基本含义在于行政机关必须严格依照法律，在法律的轨道内行使行政权力，法无明确授权即禁止。在我国，基于"一元两级多层次"的立法体制，法律法规类型众多且效力位阶体系鲜明，包括法律、行政法规、地方性法规、国务院部门规章、地方政府规章等。上述规定均是依法行政之"法"的范畴，是行政机关赖以实施管理的重要依据。行政复议的重要任务便是审查行政机关的行政行为是否合法、合理，其审理的依据应当包括法律、行政法规、地方性法规、国务院部门规章、地方政府规章等。

二是规章在行政复议审理中具有强制性约束力。规章是指具有法定权限的国家行政机关依法制定和发布的、具有普遍约束力的规范性文件。与法律、地方性法规相比，规章的制定主体是行政机关，其法律位阶较低；与行政法规相比，规章的制定主体是国务院部委和地方人民政府，其不具有全国性的效力。因此，在行政诉讼中，人民法院行政审判是“参照规章”，规章对人民法院并不具有强制性约束力，人民法院具有对规章的审查权和选择适用权。在审理行政案件时，对规章进行必要的合法性审查是人民法院将规章作为办案依据的前提条件。如果经审查认定相应的规章合法，就应当适用，如果不合法，则不予适用。行政复议则不同，规章虽然法律位阶较低且不具有全国性效力，但却是行政机关执行法律、法规的重要手段，是行政机关赖以实施管理的重要依据，应当对行政复议机关具有强制性约束力。因此，行政复议机关对规章并没有审查权和选择权，而是必须适用。

第三十八条 【提级管辖】上级行政复议机关根据需要，可以审理下级行政复议机关管辖的行政复议案件。

下级行政复议机关对其管辖的行政复议案件，认为需要由上级行政复议机关审理的，可以报请上级行政复议机关决定。

条文解读

本条是关于上级行政复议机关主动或依申请审理下级行政复议机关管辖的行政复议案件的规定。

行政复议管辖制度涉及行政复议机关在受理行政复议案件时的权限划分问题。合理的复议管辖制度设计对于实质化解行政争议、推进法治政府建设和保护行政相对人权益有着重要意义，同时能够充分有效发挥行政复议制度的解纷、救济和监督优势。

对于本文的理解可以类比行政诉讼中的案件提级管辖机制。“提级管辖”是指在现行法律规定的管辖级别的基础上，将第一审案件提交上一级法院审理的制度。《行政诉讼法》第24条规定，上级人民法院有权审理下级人民法院管辖的第一审行政案件。下级人民法院对其管辖的第一审行政案件，认为需要由上级人民法院审理或者指定管辖的，可以报请上级人民法院决定。这个提级是指审判法院级别的提高，是案件管辖级别的提高，而不是案件审级的提高。如法律规定由基层人民法院管辖的第一审行政案件，改由其上一级法院即中级人民法院审理后，该案件仍然是第一审案件，其审级仍然是第一审。行政诉讼中所谓“提级管辖”的基本内容是：将法律规定的行政案件提高审判法院的级别，由其上一级法院来审判，以实现防止非法干涉、提高审判独立性和权威性的目的。提级管辖主要针对个案而言，而且是在现行法律规定的前提下。从这个意义上来看，这与行政复议中上一级复议机关审理下一级复议机关的复议案件在功能上有诸多相似之处。

考察各地法院适用提级管辖的案件的情况可以发现，大多数案件属于在社会发展过程中出现的新问题、新纠纷，如新能源汽车充电桩的纠纷等。也有的案件是因对法律适用存在争议，属于疑难案件，故有必要提级管辖。随着我国经济社会的高速发展，行政管理活动触及的新领域新问题逐渐增多，不可避免地衍生出了诸多新类型的行政复议案件，囿于现有法律规定的滞后性和概括性，类案异判、尺度不一的问题逐渐显现，成为影响政府权威的重要因素。上级行政复议机关有针对性地进行调查研究，精准地根据实践的需要主动审理下级行政复议机关管辖的行政复议案件，同时下级行政复议机关本着“实事求是”的原则，对于其管辖的疑难复杂、影响广泛需要由上级行政复议机关审理的行政复议案件主动报请上级行政复议机关决定，可以有效化解行政争议，推动复议案件公正审理。

适用要点

下级行政复议机关在审理一些有重大影响的复议案件时，可能会在地方错综复杂的利益格局下受到行政权力干预或者地方保护主义、人情关系因素的困扰，极容易影响复议案件的审理质量。因此，该条文对于上级行政复议机关审理下级行政复议机关管辖的行政复议案件规定了较为宽松的主观条件，无论是上级主动管辖还是依下级的报请管辖，都仅仅是“根据需要”或“认为需要”，并没有设置严格的限定要求，这能够在一定程度上优化行政复议权力的运行，也是完善上下级复议机关职权配置和业务关系的重要抓手。

第三十九条 【行政复议中止】行政复议期间有下列情形之一的，行政复议中止：

（一）作为申请人的公民死亡，其近亲属尚未确定是否参加行政复议；

（二）作为申请人的公民丧失参加行政复议的行为能力，尚未确定法定代理人参加行政复议；

（三）作为申请人的公民下落不明；

（四）作为申请人的法人或者其他组织终止，尚未确定权利义务承受人；

（五）申请人、被申请人因不可抗力或者其他正当理由，不能参加行政复议；

（六）依照本法规定进行调解、和解，申请人和被申请人同意中止；

（七）行政复议案件涉及的法律适用问题需要有权机关作出解释或者确认；

（八）行政复议案件审理需要以其他案件的审理结果为依据，而其他案件尚未审结；

（九）有本法第五十六条或者第五十七条规定的情形；

（十）需要中止行政复议的其他情形。

行政复议中止的原因消除后，应当及时恢复行政复议案件的审理。

行政复议机关中止、恢复行政复议案件的审理，应当书面告知当事人。

条文解读

本条是关于行政复议中止的规定。

行政复议中止是指行政复议过程中发生特定事由，影响行政复议活动的正常开展，因此需要暂时停止，待该事由消失后继续行政复议活动的一项程序性制度，其目的是更加有效、顺畅、准确地开展行政复议活动。比如，2003 年猝不及防的非典疫情扰乱了社会的正常节奏，行政机关迫于无奈，需暂停进行相关行政复议工作。

从本条规定来看，行政复议中止的意涵主要有二：

一是行政复议中止的适用规则。行政复议中止的适用规则具体包括：中止行政复议必须发生法律明确规定的事由；行政复议中止只是暂时性的，待事由消除后及时恢复行政复议案件的审理；行政复议机关中止、恢复行政复议案件的审理，应当书面告知当事人。

二是行政复议中止的适用情形。行政复议中止的适用情形有很多，但归纳起来就是发生了特定事由，影响了行政复议活动的正常开展，并且这种事由的消除是有可能的，主要集中在如下两个方面：第一，申请人和被申请人，尤其是申请人，出于各种不可抗力的因素或者其他正当理由暂时不能参加行政复议。比如，作为申请人的自然人死亡，其近亲属尚未确定是否参加行政复议;作为申请人的自然人下落不明;等等。第二,行政复议机关在行政复议过程中遇到了一些现实问题,直接影响了行政复议活动的正常开展,行政复议机关只能先行解决这一问题。比如,行政复议案件涉及的法律适用问题需要有权机关作出解释或者确认;行政复议案件审理需要以其他案件的审理结果为依据,而其他案件尚未审结;等等。

典型案例

陈某某等诉山东省人民政府不恢复复议审理案[1]

要旨:一审法院和二审法院均认为该中止行为系复议机关在复议过程中根据《行政复议法实施条例》《山东省行政复议条例》等有关规定作出的阶段性程序行为,并未对陈某某等5人的实体权利义务产生实际影响,故陈某某等5人所提请之诉求不属于人民法院行政诉讼的受案范围。最高人民法院认为,山东省政府作为行政复议机关,负有监督被申请人依法行政、保障申请人合法权益、依法在法定期限内作出行政复议决定的法定职责。山东省政府于2011年7月18日作出《行政复议中止通知书》,中止复议审理后,至今尚未作出复议决定,虽然法律没有明确规定中止期限,但山东省政府未作释明将中止期限延续至今,明显超过了合理的期限,造成陈某某等5人获得法律救济的复议请求权不能在合理的期限得以实现,已经对陈某某等5人的合法权益产生了实际影响,陈某某等5人的复议请求权应当得到复议机关的尊重和保障。

〔1〕 参见最高人民法院行政裁定书,(2017)最高法行申3680号。

第四十条 【行政复议中止监督】行政复议期间，行政复议机关无正当理由中止行政复议的，上级行政机关应当责令其恢复审理。

条文解读

本条是关于行政复议中止监督的规定。

从本条规定来看，行政复议中止监督的意涵主要有二：

一是行政层级监督。行政复议中止监督实质上也体现了行政层级监督，即上级行政机关领导下级行政机关，并可以对其行为进行监督，借此推动行政纠纷的化解。行政复议中止是行政复议过程中一种特殊的程度制度，涉及申请人的重大合法权益。作为行政复议机关的上级行政机关，其有权力也有责任对行政复议机关的行政复议中止行为进行监督，防止行政复议机关滥用该项权力。

二是监督的方式。上级行政机关如果发现行政复议机关无正当理由中止行政复议的，或者在法定中止事由消除后，行政复议机关仍然不恢复行政复议审理的，应当责令行政复议机关予以纠正，恢复行政复议审理。

第四十一条 【行政复议终止】行政复议期间有下列情形之一的，行政复议机关决定终止行政复议：

（一）申请人撤回行政复议申请，行政复议机构准予撤回；

（二）作为申请人的公民死亡，没有近亲属或者其近亲属放弃行政复议权利；

（三）作为申请人的法人或者其他组织终止，没有权利义务承受人或者其权利义务承受人放弃行政复议权利；

（四）申请人对行政拘留或者限制人身自由的行政强制措施不服申请行政复议后，因同一违法行为涉嫌犯罪，被采取刑事强制措施；

（五）依照本法第三十九条第一款第一项、第二项、第四项的规定中止行政复议满六十日，行政复议中止的原因仍未消除。

条文解读

本条是关于行政复议终止的规定。

从本条规定来看，行政复议终止的意涵主要有二：

一是行政复议终止的适用情形。行政复议终止的适用情形比较简单，主要是由于申请人方面的各种主客观原因，行政复议活动已经没有继续开展的必要，事实上也无法继续开展，只能选择终止行政复议活动。具体包括：第一，申请人主观方面的原因，即本条第1项规定。第二，申请人客观方面的原因，即本条第2~5项规定。

二是行政复议终止与行政复议中止的区别。行政复议终止和行政复议中止皆为行政复议过程中一项独立的程序制度，均是因审理行政行为过程中发生某些特殊情形而呈现的暂停或结束的状态，都不对被复议的行政行为予以回应和处理。两者的不同主要表现在两个方面：第一，两者性质不同。行政复议中止是行政复议程序的临时性、暂时性停止，等到事由消除后再恢复审查，自然比正常的行政复议案件审理程序多出一些期限；而行政复议终止则意味着行政复议程序的彻底结束，可以说是行政复议案件的“提前结束”，二者有着本质上的区别。第二，两者适用的具体原因不同。从法律条文中可以看出，行政复议中止既包括申请人方面的原因，也包括行政复议机关方面的原因，还包括不可抗力等原因；而行政复议终止仅包括申请人方面出现法律规定的情况而使得行政复议机关作出终止决定。

典型案例

吴某某不服某市人力资源和社会保障局不予认定工伤决定申请行政复议案[1]

要旨:行政复议机关认为,本案发生之时处于新冠疫情暴发时期,各行各业为尽量避免交叉感染,结合自身工作性质,采取了灵活的工作形式,居家办公是这一时期的普遍现象。本案案发时,郭某某按照用人单位要求实行居家办公和弹性工作制,即通过居家电话联系和上门服务相结合的方式工作,无明确的上下班时间,其死亡时间属于正常工作时间。在此背景下,应综合考虑抗疫特殊时期的工作情形,将郭某某视为在单位指定的工作地点、工作时间进行正常工作。根据相关证据材料查明,2020年2月6日下午4时许,郭某某按单位要求实行弹性工作制,在工作时间工作岗位因突发急性心肌梗死死亡,符合《工伤保险条例》第15条第1款第1项之规定,依法应认定视同工伤。某市人力资源和社会保障局认为其作出的《不予认定工伤决定书》对事实认定存在偏差,将予以撤回。申请人吴某某了解到该情况后,于2021年1月18日提交了《撤回行政复议申请书》。同日,行政复议机关作出《行政复议终止决定书》。本案符合行政复议的法定终止情形之一:申请人撤回行政复议申请,行政复议机构准予撤回。

第四十二条　【行政复议不停止执行】行政复议期间行政行为不停止执行;但是有下列情形之一的,应当停止执行:

(一)被申请人认为需要停止执行;

(二)行政复议机关认为需要停止执行;

[1] 参见宁夏法治:《行政复议典型案例⑬》,载微信公众号“宁夏法治”2023年2月27日,https://mp.weixin.qq.com/s/mtjUPoierpQbf2VPa3lUog。

（三）申请人、第三人申请停止执行，行政复议机关认为其要求合理，决定停止执行；

（四）法律、法规、规章规定停止执行的其他情形。

条文解读

本条是关于行政复议不停止执行的规定。

从本条规定来看，行政复议不停止执行的意涵主要有二：

一是行政复议不停止执行。行政复议不停止执行是指在行政复议过程中，行政行为不因公民、法人或者其他组织向行政复议机关申请行政复议而停止执行。这是行政纠纷解决过程中的一个惯常做法，行政诉讼亦是如此，其背后的原理均是行政行为的公定力。行政行为的公定力是行政行为效力的一种，是一种推定的、对世的效力，是指行政行为一经成立，无论其是否合法，即具有被推定为合法而要求所有机关、组织、个人予以尊重的一种法律效力，直至被有关机关正式予以撤销或变更。之所以赋予行政行为这种效力，主要是因为行政机关代表国家公共利益，其作出的行政行为是分配、维护、促进国家公共利益的活动。为了维护国家公共利益，确保国家行政管理的连续性和不间断性，必须赋予行政行为公定力。假如行政行为只要被公民、法人或者其他组织向行政复议机关申请行政复议就需要停止执行，那么国家行政管理活动将无法顺利、持续开展，国家公共利益的维护也将处于一种不稳定状态，无法得到有效保障。

二是行政复议不停止执行的例外情形。行政复议不停止执行主要是基于维护行政机关背后所承载的国家公共利益之需要。既然如此，如果作为被申请人的行政机关以及行政复议机关认为行政复议过程中需要停止执行行政行为，就意味着行政复议过程中停止执行行政行为并不会对国家公共利益造成侵害，还有其他更重要的利益需要维护，因为被申请人和行政复议机关本身就代表着国家公共利益。相反，如果申请人、第三人在行政复议过程中申请停止执行行政行为，则需要行政复议机关的审核和把关。行政复议机关认为其要求合理的，才可以决定停止执行行政行为。这是因为申请人、第三人所代表的是其个人利益，其在行政复议过程中申请停止执行行政行为，主要是基于维护其个人利益的考量。此时，就需要行政复议机关进行法益衡量，审查申请人、第三人的申请是否会对国家公共利益造成侵害，然后据此作出相应的决定。

典型案例

李某某复议北京市公安局公安交通管理局通州交通支队潞河大队行政处罚案[1]

要旨：李某某因不服北京市公安交通管理局通州交通支队潞河大队作出的《公安交通管理行政处罚决定书》，而向通州区人民政府提起行政复议。北京市通州区人民政府认为，《公安交通管理行政处罚决定书》认定事实清楚、证据充分、适用法律正确、程序合法，予以维持。根据《行政复议法》（2017年修正）第9条的规定，提出行政复议的期限为60日。从文书中可知，被申请人于2020年8月6日作出行政处罚，而申请人于2020年8月10日已经按要求前往潞河大队缴纳了罚款，办理了相关手续并开具了放车单，即《公安交通管理行政处罚决定书》的内容已经得到执行，此时仍在行政复议期限内。而后申请人于同年9月7日提起行政复议，并未中止行政行为的执行，体现了行政复议不停止执行原则，维护了行政行为的公定力。

〔1〕 参见北京市通州区人民政府行政复议决定书，通政复字〔2020〕109号。

第二节　行政复议证据

第四十三条　【行政复议证据种类】行政复议证据包括：

（一）书证；

（二）物证；

（三）视听资料；

（四）电子数据；

（五）证人证言；

（六）当事人的陈述；

（七）鉴定意见；

（八）勘验笔录、现场笔录。

以上证据经行政复议机构审查属实，才能作为认定行政复议案件事实的根据。

条文解读

本条是关于行政复议证据种类的规定。

从本条规定来看，行政复议证据种类的意涵主要有二：

一是行政复议证据的种类。证据是纠纷解决的核心，离开了科学的证据制度，任何精巧的纠纷解决程序设计都会变得毫无意义。通常而言，学界将证据划分为8类，本法也沿用了这种分类，将行政复议证据分为如下8类：(1)书证。书证是记载或表达人们思想或行为，以其内容或含义证明案件事实的文字、符号、图画等材料。我国行政复议中的书证主要有行政处罚决定书、账本、报表等。在行政复议过程中，一般应当提交书证原件。提供原件确有困难的，可以提供与原件核对无误的复印件、照片等。(2)物证。物证是指以物品的外形、质量、特征来证明案件事实的物品和痕迹,如走私物品、查禁物品等。在行政复议过程中,一般应当提供原物。原物确实发生毁损、灭失的,可以提供与原物核对无误的复制件或者证明该物证的照片、录像等其他证据。(3)视听资料。视听资料是指运用录音、录像等科学技术手段记录下来的与案件相关的事实和材料。视听资料容易被伪造,在提供该类证据时必须提供有关资料的原始载体,注明制作方法、时间、制作人和证明对象等。(4)电子数据。电子数据是指基于计算机应用、通信和现代管理技术等电子化技术手段形成的包括文字、图形符号、数字等客观资料。(5)证人证言。证人证言是指了解案件有关情况的非本案当事人对待证案件事实的陈述。证人既可以陈述自己目睹的事实,也可以转述耳闻的事实。(6)当事人的陈述。当事人的陈述是指当事人在行政复议过程中向行政复议机关所作的案件待证事实的陈述。由于当事人是行政争议的利害关系主体,因此其陈述带有主观性和片面性。(7)鉴定意见。鉴定意见是指行政复议机关指定具有专门知识的人员运用专业技术对案件事实中需要解决的专门性问题进行鉴定后所作出的结论,如精神鉴定、文书鉴定等。(8)现场笔录、勘验笔录。勘验笔录是指行政复议机关对案件现场或物品进行勘查检验、测量、绘图、拍照,并将情况和结果如实记录下来而制作的笔录,并由执法人员和当事人签字。

二是行政复议证据的条件。在行政复议过程中,当事人举出的或者行政复议机关调查收集到的证据,并不一定都是真实可靠的,有的可能是非法获取的,有的可能是伪造的,有的可能是相互矛盾的,并不能都用来作为认定案件事实的根据,所以需要行政复议机关予以审查。经审查符合如下条件的,才可以作为认定案件事实的根据:(1)证据具有合法性,即从证据的收集主体、收集手段、收集时间、收集对象和收集程序等方面审查其是否符合法律规定的要求,排除非法证据;(2)证据具有客观真实性,即证据必须是以客观事物为基础的,杜绝纯粹的主观臆断或者毫无根据的猜测;(3)证据具有关联性,即证据必须是与行政行为合法性或者合理性相关的事实，与此无关的证据不属于相关证据，行政复议机关不予采用。

典型案例

汪某复议北京市通州区市场监督管理局投诉举报案[1]

要旨：汪某对北京市通州区市场监督管理局不予受理其举报的行政行为不服而向北京市通州区人民政府申请行政复议，请求撤销被申请人不予受理的行政行为并重新履职，对举报事项作出答复。北京市通州区人民政府认为，被申请人具有对食品药品投诉举报管理的法定职责，其作出的不予立案回复认定事实清楚、证据确凿、适用依据正确，且该行政行为程序合法，维持被申请人作出的不予立案回复，对申请人的请求不予支持。本案中证据种类涉及书证、电子数据、视听资料等多种证据。举报单以及举报材料，被举报人及接受调查人员资质证件，产品检验报告，生产方资质、发货单，不予立案审批表、询问笔录属于书证；产品照片属于物证；录音属于视听资料；网页截图、聊天记录、全国“12315”平台截图属于电子数据；现场检查笔录属于现场笔录。上述证据均经行政复议机关审查属实后才作为认定案件事实的根据，体现了行政复议中的证据规范。

第四十四条　【举证责任分配】被申请人对其作出的行政行为的合法性、适当性负有举证责任。

有下列情形之一的，申请人应当提供证据：

（一）认为被申请人不履行法定职责的，提供曾经要求被申请人履行法定职责的证据，但是被申请人应当依职权主动履行法定职责或者申请人因正当理由不能提供的除外；

---

〔1〕 参见北京市通州区人民政府行政复议决定书，通政复字〔2020〕101号。

（二）提出行政赔偿请求的，提供受行政行为侵害而造成损害的证据，但是因被申请人原因导致申请人无法举证的，由被申请人承担举证责任；

（三）法律、法规规定需要申请人提供证据的其他情形。

条文解读

本条是关于行政复议举证责任分配的规定。

1. 关于被申请人的举证义务

根据本法第 2 条第 1 款规定，公民、法人或者其他组织认为行政机关的行政行为侵犯其合法权益，是可以向行政复议机关提出行政复议申请的。这一规定并没有要求申请人对其合法权益是否受到侵犯承担举证义务。本法之所以作出这样的规定，一是因为申请人与被申请人之间地位不对等，申请人相对而言处于弱势地位，所掌握的有关被申请人的证据材料有限，令申请人举证义务负担过重不利于其合法权益的维护。二是为了防止行政机关自行确定提起行政复议的标准，设置过高的"门槛"，令申请人无法申请复议，以免行政复议制度被架空和虚置。因此，在行政复议活动中，是由被申请人向行政机关提供证据、依据或者其他材料，用以证明其相关行政行为的合法性与适当性。

2. 不同情形下，申请人承担的举证义务不同

本法对行政复议举证责任分配制度的设计，最初仅仅围绕被申请人而展开。但是，针对实践中的一些特定情形，申请人提供某些特定的事实根据，恰恰有利于实现申请人的行政复议请求，并不会加重申请人的负担。

第一，申请人对曾经要求被申请人履行法定职责的举证义务。被申请人不履行法定职责，实际上就是指被申请人不作为。在我国，被申请人一般负有保护公民的人身权、财产权等职责，若申请人请求被申请人履行

相应职责，被申请人没有履行相应的职责，申请人此时就应当提供证明材料，用以证明被申请人不作为。比如，申请人在遇到危险时，向公安机关申请履行保护人身权、财产权的法定职责，若该公安机关拒不履行法定职责，申请人便可以向有权机关申请行政复议，提供证明材料，要求追究该公安机关的法律责任。证明材料一般包括书证、物证、证人证言等。

第二，申请人一并提出行政赔偿请求时，要对损害事实承担举证义务。行政赔偿，是指国家行政机关及其工作人员违法行使职权，侵犯公民、法人或者其他组织的合法权益，并且造成损害的，由国家承担赔偿责任的活动。《国家赔偿法》第 9 条第 2 款规定："赔偿请求人要求赔偿，应当先向赔偿义务机关提出，也可以在申请行政复议或者提起行政诉讼时一并提出。"申请人在申请行政复议时一并提出行政赔偿请求，应当提供证据证明被申请人的行政行为对其人身、财产权益造成了损害，对于造成损失的数额也应提供证明材料。

第三，法律、法规规定的其他举证义务。这是兜底性质的规定。根据其他法律、法规的规定，仍有可能存在其他需要申请人提供的证据材料。对此，立法文本无法逐一关照，只能作出概括性的规定。也即其他法律、法规要求申请人在提出行政复议申请时提交其他证据材料的，从其规定。

除前述三种情形外，任何规范性文件都不能规定申请人的举证责任，加重申请人的举证负担。

适用要点

适用本条规定应当注意以下三点：

1. 判断被申请人是否履行法定职责，应当注意被申请人不履行法定职责的行为是否超过了法定期限。如果没有法定期限，则应当根据多种因素，如行政机关处理有关问题的惯用时间、事件本身的难易程度、行政机关的主客观条件、有无法定阻却事由等，综合判定合理期限。在合理期限确定以后，再着手判断被申请人是否有不履行法定职责的行为事实的存在。

2. 要区分司法赔偿与行政赔偿。司法赔偿，是指履行司法职能的国家机关及其工作人员违法行使职权，侵犯了公民、法人或者其他组织合法权益，并且造成损害的，由国家承担赔偿责任的活动。在行政赔偿中，实施侵权行为的主体一般是国家行政机关及其工作人员。司法赔偿和行政赔偿都属于国家赔偿制度的组成部分，二者在赔偿的损害范围、计算标准、赔偿主体等方面具有一致性。但是，二者的发生基础、侵权行为主体、归责原则、追偿条件等均不同，相关的程序机制也有所不同。

3. 要注意申请人举证不能的法律后果。若申请人无法承担举证责任，那么行政复议机关可以不予受理该缺乏事实依据的行政复议请求。比如，申请人认为被申请人不作为，没有履行法定职责，但是不能够承担对曾经申请行政机关履行法定职责的举证义务，那么复议机关对申请人请求被申请人履行法定职责的复议请求就可以不予受理。申请人若在提出行政复议申请时，一并提出了行政赔偿的请求，但不能承担损害事实相关的举证责任，行政复议机关对于其要求行政赔偿的复议请求就可以不予支持。另外，对于申请人有多项复议请求，某一项复议请求因申请人无法承担举证责任而缺乏事实依据，行政机关对该项复议请求依法不予受理的，并不排斥对其他复议请求依法受理。

典型案例

韩某某与本溪市人民政府、本溪市公安局平山公安分局等治安行政处罚纠纷案[1]

要旨：本案中，原告韩某某不服被告本溪市人民政府作出的行政复议决定书，向法院提起行政诉讼。韩某某认为，被告举证责任分配错误，按

〔1〕参见辽宁省本溪市中级人民法院行政判决书，(2015)本行初字第00020号。

照“谁主张，谁举证”的原则，杨某某等人如认为原告父亲殴打原告，应由杨某某等人负举证责任而非公安机关。被告答辩称，作为行政复议案件，本溪市公安局平山公安分局作为被申请人负有举证责任，不适用民事案件“谁主张，谁举证”原则。

第四十五条　【行政复议机关的调查取证权】行政复议机关有权向有关单位和个人调查取证，查阅、复制、调取有关文件和资料，向有关人员进行询问。

调查取证时，行政复议人员不得少于两人，并应当出示行政复议工作证件。

被调查取证的单位和个人应当积极配合行政复议人员的工作，不得拒绝或者阻挠。

条文解读

本条是关于行政复议机关的调查取证权的规定。

1. 行政复议机关享有调查取证权

行政复议制度中，在行政复议受理环节后，是行政复议审理环节。行政复议审理程序主要是指行政复议机关依照法律的授权，在受理行政复议申请以后，按照法定的程序对被申请人的行政行为予以全面审查的活动。行政复议审理环节是行政复议决定作出的前置性必经程序，也是整个行政复议制度的核心环节。一般而言，行政复议审理环节包括审理前的准备程序，如寄送答复通知书、确定行政复议人员等。除此之外，行政复议机关的审理职责包括调查取证、事实审查、依据审查、提出处理建议并拟定行政复议决定文书等。行政复议机关的调查取证权是其他审理职责得以良好履行的基础。从行政复议的性质来看，行政复议具有准司法性,其是对行政机关作出的行政行为的合法性、适当性予以审查,并作出判断的裁决性活动。为了确保行政复议机关作出判断的准确性,以及最终形成的行政复议决定文书的权威性,对行政机关作出行政行为的相关事实和证据要予以厘清。调查取证制度是行政复议机关查明案件事实的必要手段,也是行政复议机关审理职责的重要一环,还符合“以事实为依据,以法律为准绳”原则的要求。本条规定行政复议机关调查取证的职权,主要是为了确保案件能够得到公正的审理。

2. 行政复议调查取证的方式或者方法是多样的

行政复议人员在开展调查取证工作过程中,可以查阅、复制、调取有关文件和资料,也可以向有关人员进行询问。行政复议人员多走访有关人员,深入现场,查阅相关文件和资料,能够使得调查取证工作更为认真、细致。如此一来,行政复议机关可以作出法律效果与社会效应兼具的行政复议决定。《行政复议法实施条例》第 34 条第 3 款还规定,特殊情况下,行政复议机关可以开展现场勘验工作。行政复议人员在调查取证时,首先要告知当事人有如实作证的义务,并告知其不履行该义务需要承担的法律责任。另外,调查取证应当依法进行,不能采取胁迫或者欺骗的手段取证;与被调查案件无关的问题,被调查人员有权拒绝回答;对于调查中获得的与调查事项没有关联性的当事人的个人隐私、秘密等应当保密;证据可能灭失,或者存在灭失风险的,行政复议人员可以采取登记保存的方式保存证据。

3. 行政复议调查取证的人员不得少于 2 人

行政复议活动中,行政复议人员有权向有关单位和个人开展调查取证工作。行政复议人员首先应取得专职行政复议人员资格证书,一般的行政复议机关的工作人员无权向当事人开展调查取证工作。调查取证的人员应当向当事人或者其他有关单位和个人出示合法的证件,对于没有出示合法证件的调查取证活动,当事人或者其他有关单位和个人可以以调查取证的程序不合法为由予以拒绝。

4. 被调查取证的单位和个人应履行配合行政复议人员工作的义务

行政复议人员的调查取证活动是依照法律开展的，被调查的单位和人员应当积极配合相关工作，允许行政复议人员查阅、复制、调取有关文件和资料，接受询问的有关人员也应当如实陈述事实。阻挠或者拒绝行政复议人员依法开展调查取证活动的，会构成妨碍执行公务的违法行为，需要承担相应的法律后果。

适用要点

适用本条规定应当注意以下两点：

1. 行政复议机关并不是对每一个案件都开展调查取证活动。一般而言，对于以下情形，行政复议机关应当开展调查取证活动：一是案件涉及国家利益、公共利益或者他人合法利益的事实需要认定的；二是案件涉及依职权追加当事人、中止或者终止行政复议等程序性事项的；三是申请人或者第三人提供了证据、证据线索，但是不具备自行收集能力而申请行政复议机构收集的；四是当事人应当提供原件或者原物，但是其无法提供的。

2. 现场勘验是行政复议调查取证工作中的一种专门的调查取证活动，应当遵循现场勘验活动的基本规律，行政复议人员应邀请当地基层组织或者当事人所在单位的人员参加。由于现场勘验活动的专业性较强，在特定情形下，行政复议机构也可以委托具有专门知识的个人或组织予以现场勘验。同时，由于现场勘验活动所耗费时间不定，在需要行政复议人员予以现场勘验时，现场勘验所用的时间不计入行政复议的审理期限。

典型案例

侯某某与大理白族自治州人民政府行政复议纠纷案[1]

要旨：云南省高级人民法院认为，关于上诉人侯某某所称复议机关工作人员向其询问时只有一人出示证件的问题，依照《行政复议法实施条例》第34条第2款之规定，调查取证时，行政复议人员不得少于2人，并应当向当事人或有关人员出示证件。本案行政复议机关调查取证时，工作人员为2人，并有1人出示证件。虽然有1人因忘记携带证件而未能出示，但该事实并未实际影响当事人合法权益，亦未违反相关法律、法规的规定。

第四十六条 【行政复议期间被申请人收集证据的限制与例外】行政复议期间，被申请人不得自行向申请人和其他有关单位或者个人收集证据；自行收集的证据不作为认定行政行为合法性、适当性的依据。

行政复议期间，申请人或者第三人提出被申请行政复议的行政行为作出时没有提出的理由或者证据的，经行政复议机构同意，被申请人可以补充证据。

条文解读

本条是关于行政复议期间被申请人收集证据的限制与例外的规定。

1. 行政复议期间被申请人不得自行收集证据

依法行政是依法治国的关键和基础。行政机关在履行法定的行政管

[1] 参见云南省高级人民法院行政判决书，(2018)云行终283号。

理职责时，必须严格、审慎地行使行政职权。每一个行政行为都应当符合宪法、法律的规定，不得减损公民、法人或者其他组织的合法权益，或者违法增设义务；否则，就会出现行政行为不当，甚至导致行政行为违法。比如《行政强制法》第 27 条规定："行政机关采取查封、扣押措施后，应当及时查清事实……对违法事实清楚，依法应当没收的非法财物予以没收；法律、行政法规规定应当销毁的，依法销毁；应当解除查封、扣押的，作出解除查封、扣押的决定。"该项规定实际上就是要求行政机关在履行职责时，应当先调查取证、查明事实，在事实清楚、证据充分的基础上，才可依法没收、销毁，或作出解除查封、扣押的决定；而不是在采取了查封、扣押措施以后，就不再查明事实，不再对证明案件事实的材料予以关注。

换言之，行政机关在作出行政行为之前，应当先查清事实和证据，而不是作出行政行为在前，收集证据证明自己所为行政行为合法在后。这也是依法行政原则的应有之义。公民、法人或者其他组织提出行政复议申请，是因为不服行政机关作出的行政行为。也就是说，先有行政机关作出的行政行为，再有公民、法人或者其他组织提出的行政复议申请。这是行政行为与行政复议申请之间的关联，这一关联也体现在整个行政复议程序之中。本条规定是要求被申请人提交的证据，必须是在被申请人作出行政行为的过程中产生或者存在的。被申请人不能在行政行为作出后弥补证据，一旦进入行政复议程序后，被申请人就丧失了自行取证的资格。

即便被申请人自行收集了证据，这些证据也不能作为认定行政行为合法、适当的依据。证据必须具有关联性、合法性和真实性三个基本特征，如此一来，证据才具备可采性。关联性是指证据应与待证事实之间存在客观联系，并对证明案件事实具有实质性的意义。被申请人在行政复议之前已经作出行政行为，若在行政复议程序进行时自行收集证据，则该证据与待证的行政行为具有合法性的事实已无联系。合法性是指证据必须为法定，可以用来证明案件事实，要求调查取证的主体合法、证据的形式合法、证据的取得方式合法。被申请人在进入行政复议程序后，再自行收集的证据便无法起到证明案件事实的作用了。真实性是指证据应当是对待证事实的客观真实反映。被申请人在行政复议期间，自行向申请人、第三人等收集的证据，难以确保其不受被申请人主观臆断的影响。因此，本条规定被申请人在行政复议期间，自行收集的证据不作为认定行政行为合法性、适当性的依据。

2. 被申请人可以在行政复议期间补充证据的例外

行政复议期间，一般情况下，被申请人是不得自行收集证据的，但是也存在例外。被申请人在进入行政复议程序后，需要满足两个要求才可以补充证据：一是要在申请人或者第三人提出了被申请行政复议的行政行为作出时没有提出的理由或者证据的情况下；二是需要经过行政复议机构同意。本条第2款作出被申请人不得自行收集证据的例外规定，为被申请人证明其所为行政行为具有合法性留下制度空间。

适用要点

被申请人在行政复议期间虽然不得自行向申请人和其他有关单位或者个人收集证据，但是，这仅仅是限制了被申请人自行取证，而并没有限制行政复议机关、申请人、第三人的取证。被申请人在行政复议期间如果发现了重要的证据线索，尽管自身不能收集证据，但是可以向行政复议机关反映情况，由行政复议机关根据案件审理的需要，依法行使调查取证权收集相关的证据材料。

典型案例

姚某某等与山东省人民政府行政复议纠纷案[1]

要旨：本案中，姚某某等34人因诉山东省人民政府行政复议决定一案，不服济南市中级人民法院作出的行政判决，向山东省高级人民法院提

[1] 参见山东省高级人民法院行政判决书，(2018)鲁行终1295号。

起上诉。姚某某等人称，东明县城关街道办事处(以下简称东关社区居委会)出具的证明和4名居民出具的证明系在行政复议过程中取得的，违反了"在行政复议过程中，被申请人不得自行向申请人和其他有关组织或者个人收集证据"的规定。东明县人民政府并没有提供视听资料印证其发布征收公告的事实。二审法院认为，依照行政复议法的规定，在行政复议过程中，被申请人不得自行向申请人和其他有关组织或者个人收集证据。该法律规定是指在复议过程中，被申请人不得为证明具体行政行为合法，向申请人和其他有关组织或者个人收集证据。本案中上诉人对山东省人民政府作出的涉案批复不服，向山东省人民政府申请行政复议。山东省人民政府作为复议机关，向东关社区居委会及居民收集证据，是为了证明涉案批复在2015年1月就张贴公告的事实。上诉人在2017年10月申请行政复议，已超过法律规定的法定期限。该证据并非用以证明山东省人民政府作出涉案批复这一具体行政行为的合法性。因此，被上诉人根据东关社区居委会和4位居民出具的证明及其他证据作出涉案复议决定并无不当。

第四十七条　【申请人、第三人的查阅权】行政复议期间，申请人、第三人及其委托代理人可以按照规定查阅、复制被申请人提出的书面答复、作出行政行为的证据、依据和其他有关材料，除涉及国家秘密、商业秘密、个人隐私或者可能危及国家安全、公共安全、社会稳定的情形外，行政复议机构应当同意。

条文解读

本条是关于申请人、第三人及其委托代理人查阅权的规定。

本条规定是行政复议法赋予并保障申请人、第三人及其委托代理人知情权的重要制度。同时，申请人、第三人及其委托代理人可以按照规定查阅、复制行政复议答复书和相关证据材料，也体现出行政复议公开、便民的原则。公民、法人或者其他组织，较之行政机关而言，相对处于弱势地位和被动位置，对于行政机关作出行政行为的证据、依据和其他有关材料是不可能完全掌握的。赋予申请人、第三人及其委托代理人知情权，有利于申请人、第三人及其委托代理人更为熟悉案件涉及的行政行为，更了解案情，也就能使其更好地行使行政复议的权利。同时，如果在查阅前述材料时，发现新的证据与其他相关材料，申请人还可以据此充实其提出行政复议申请的理由。如果公民、法人或者其他组织在提出行政复议申请后，经过行政复议机关受理，发现自己提出的行政复议申请理由不充分或者不合理，也可以依法撤回行政复议申请。

当然，申请人、第三人及其委托代理人查阅权的行使也存在限制条件。如果申请人、第三人及其委托代理人查阅的法律文书和相关证据材料可能存在涉及国家秘密、商业秘密、个人隐私或者可能危及国家安全、公共安全、社会稳定的情形，其查阅权便会受到限制。

实践中，行政复议案件由行政复议机构具体承办，很多行政复议机构办公用地紧张，无法为被申请人、第三人及其委托代理人查阅行政复议案卷材料提供专门的场所，不利于申请人、第三人及其委托代理人查阅。又因为行政复议案卷材料原件是不能脱离行政复议机关控制的，所以申请人、第三人及其委托代理人是不得将这些材料带离行政复议机关的。为了充分保障申请人、第三人及其委托代理人的行政复议查阅权，行政复议机关应当依照便民原则，为申请人、第三人及其委托代理人查阅行政复议案卷材料提供必要的设备、设施。所以，《行政复议法实施条例》第 35 条规定："行政复议机关应当为申请人、第三人查阅有关材料提供必要条件。"若行政复议机关不按照规定保障行政复议申请人、第三人查阅权，直接负责的主管人员和其他直接责任人员会承担相应的法律责任。此外，《海关行政复议办法》第 53 条第 2 款规定："有条件的海关行政复议机关应当设立专门的行政复议接待室或者案卷查阅室，配备相应的监控设备。"第 54 条对申请人、第三人办理查阅的程序作出了更加细致的规定：

申请人、第三人向海关行政复议机构提出阅卷要求;海关行政复议机构确定查阅时间后提前通知申请人或者第三人;查阅时,申请人、第三人应当出示身份证件;查阅时,海关行政复议机构工作人员应当在场;申请人、第三人可以摘抄查阅材料的内容;申请人、第三人不得涂改、毁损、拆换、取走、增添查阅的材料。另外,申请人、第三人的行政复议代理人在其受委托的权限内,也与申请人、第三人享有同等的权利。行政复议机关也应为申请人、第三人的行政复议代理人查阅案件有关材料提供必要的场所和其他便利条件。

适用要点

本条只是规定了申请人、第三人及其委托代理人可以查阅被申请人提出的书面答复,作出行政行为的证据、依据以及其他有关材料,并没有对行政复议机关必须向申请人、第三人及其委托代理人送达前述材料作出程序性的规定。因此,对于实践中,被申请人以行政复议机关在行政复议过程中,没有向申请人、第三人及其委托代理人送达被申请人的行政复议答复书和相关证据材料为由,认为复议程序违法,请求撤销行政复议机关作出的行政复议决定书,是不能得到支持的,因为这一理由并不成立。

典型案例

杨某某与阿拉善左旗公安局、内蒙古自治区阿拉善盟公安局行政处罚、行政复议纠纷案[1]

要旨:本案上诉人杨某某因不服行政处罚决定及行政复议决定,不服内蒙古自治区阿拉善左旗人民法院作出的行政判决,向内蒙古自治区阿拉善盟中级人民法院提起上

[1] 参见内蒙古自治区阿拉善盟中级人民法院行政判决书,(2020)内29行终3号。

诉。杨某某称,被上诉人内蒙古自治区阿拉善盟公安局在复议过程中拒绝上诉人查阅相关的证据材料,目的就是拒绝上诉人陈述、申辩。复议过程违背了《行政复议法》(2017年修正)第23条的规定。被上诉人辩称:杨某某要求查阅案卷,我局依法向其出示了除证人证言外的其他证据。根据《行政复议法》(2017年修正)第23条第2款之规定,我局认为证人的个人信息系个人隐私应当依法予以保护,防止用于其他非法用途。如用途合法可以通过有关途径查阅,如进入诉讼阶段,我局可凭应诉通知书提交法庭,杨某某可以知悉相关内容,故拒绝其查阅的行为合法。

二审法院认为,被上诉人按照杨某某要求查阅案卷的请求,根据《行政复议法》(2017年修正)第23条第2款之规定,依法向杨某某出示涉案证人证言外的证据符合法律规定。

第三节 普通程序

第四十八条 【行政复议申请的发送与被申请人的答复和举证】行政复议机构应当自行政复议申请受理之日起七日内,将行政复议申请书副本或者行政复议申请笔录复印件发送被申请人。被申请人应当自收到行政复议申请书副本或者行政复议申请笔录复印件之日起十日内,提出书面答复,并提交作出行政行为的证据、依据和其他有关材料。

条文解读

本条是关于行政复议机构发送行政复议申请,被申请人提出答复和提交证据等材料的规定。

行政复议程序是因申请人对被申请人作出的行政行为提出复议申请

而激活的,在申请人提出行政复议申请后,经过行政复议机构的受理,行政复议案件就正式进入了审理环节。为了推动行政复议案件审理工作的有序开展,履行行政复议机构的法定职责与义务,行政复议机构在对行政复议案件审理之前,需要作出预先的准备活动。在相关的准备活动结束后,才正式进入案件的审理环节,开展对被申请人行政行为的审查活动。本条规定体现了行政复议制度的及时原则,要求行政复议机构在受理案件、审理案件以及作出复议决定的各个环节都坚持在法定的期限内,迅速有效地履行职责,提高行政复议的效率,推动行政争议与纠纷的及时化解。

在行政复议工作开展的过程中,从行政复议的人员结构来看,一般包括申请人与被申请人,以及第三人。申请人是对行政机关作出的行政行为不服而提出行政复议申请的公民、法人或者其他组织;被申请人则是指作出行政行为,而该行政行为引起行政相对人不服,从而被提出行政复议申请的行政机关,或者法律、法规授权的特定组织。申请人与被申请人在行政管理活动中,是行政相对人与管理者的关系,即被管理与管理,被支配与支配的关系。这一关系在行政复议活动中,因行政复议管辖机关的身份与性质的影响而发生了一些变化:在一部分行政复议案件中,仍然保持着原本申请人与被申请人之间的被管理与管理的关系;在另一部分行政复议案件中,则转变为被申请人与申请人不平等地参加行政复议的关系。在申请人提出行政复议申请后,被申请人便相对处于一种被动的地位。同时,为了更加客观、公正地审理行政复议案件,行政复议机构需要全面、如实地掌握与被申请复议的行政行为相关的事实、证据、依据与其他有关材料。只有在这一基础上,行政复议机构才能顺利地进入接下来对行政复议案件审理的环节。如此一来,行政复议活动才能既实现对行政机关的行政行为予以监督,又充分保障行政相对人合法权益的目的,从而真正有利于行政争议与纠纷的实质性化解。

具体而言,主要包括三个层面的要求:

第一,时限要求。行政复议机构应当自行政复议申请受理之日起7日内,将有关行政复议文书发送给被申请人。被申请人则需要在10日内予以答辩。

第二,被申请人负担举证责任。被申请人在行政复议案件中,对自己所提出的主张,应当提供证据、依据和其他有关材料予以证明。被申请人若在行政复议中没有提交行政行为作出时的证据、依据和其他有关材料,则会承担不举证的法律后果。因此,被申请人必须提供书面的答复。被申请人的答复,是指被申请人根据申请人提出行政复议的申请与理由,向行政复议机构给出答辩、辩解,如果被申请人在无正当理由的情况下,逾期不予提交书面答复文书以及相关的证据、依据与其他有关材料,行政复议机构便会将被申请复议的行政行为视作缺乏依据,进而作出撤销该行政行为的决定。

第三,行政复议机构在作出行政复议决定前,应严格按照先取证,而后再裁决的程序进行,这其实也符合"以事实为依据,以法律为准绳"原则的要求。换言之,行政复议决定必须有事实根据,有证据、依据和其他有关材料。行政复议的证据种类应以本法第四章第二节的规定为准。

适用要点

适用本条规定应当注意以下两点:

1. 制作本条所规定的相关行政复议文书应当注明被申请人答复的期限要求,以及逾期提交与不提交的法律后果。

2. 行政复议答复书,又称行政复议答辩书,是被申请人针对行政复议申请人提出的行政复议申请及其所依据的事实与利益,予以回答或者反驳的一种法律文书。行政复议法、行政复议法实施条例并未对该法律文书作出明确规定。参考国务院有关部门规章的要求,如《人力资源社会保障行政复议办法》《海关行政复议办法》的有关规定,行政复议答复书应当载明如下信息:被申请人的名称、地址、法定代表人的姓名与职务;被申请人作出行政行为时所依据的事实、证据、理由与法律依据;被申请人对申请人行政复议请求的答复意见和理由;被申请人作出答复的时间;加盖被申请人印章;等等。

典型案例

池某某与北京市公安局等行政复议纠纷案[1]

要旨:本案中,原告池某某不服被告北京市公安局昌平分局行政处罚决定及被告北京市公安局行政复议决定,向北京市东城区人民法院提起行政诉讼。池某某称,二被告作出上述具体行政行为认定事实不清、证据不足、程序违法、适用法律错误,应当予以撤销。

法院认为,《行政复议法》(2017年修正)第23条第1款规定:"行政复议机关负责法制工作的机构应当自行政复议申请受理之日起七日内,将行政复议申请书副本或者行政复议申请笔录复印件发送被申请人。被申请人应当自收到申请书副本或者申请笔录复印件之日起十日内,提出书面答复,并提交当初作出具体行政行为的证据、依据和其他有关材料。"本案中,池某某于2019年11月6日向北京市公安局申请行政复议。北京市公安局受理后,依法履行了通知答复、复议审查等法定程序,并于2020年1月2日作出被诉复议决定,并分别送达池某某及北京市昌平公安分局,该复议决定合法。

第四十九条 【行政复议案件适用普通程序审理的方式】适用普通程序审理的行政复议案件,行政复议机构应当当面或者通过互联网、电话等方式听取当事人的意见,并将听取的意见记录在案。因当事人原因不能听取意见的,可以书面审理。

---

[1] 参见北京市东城区人民法院行政判决书,(2020)京0101行初38号。

条文解读

本条是关于行政复议案件适用普通程序审理的方式的规定。

行政复议案件的审理方式,是行政复议制度功能和价值得以体现的关键,在行政复议制度体系中居于核心位置。我国传统上审理行政复议案件,是以书面审查为原则的。立法上曾作出这一安排,主要是考虑被申请人作出行政行为后,与案件相关的事实和证据就能够查证清楚,采用书面审查的方式即可定分止争,申请人也可以实现救济合法权益的目的。行政复议书面审理,是指行政复议机关以当事人书面提供的证据资料为审查的基础,仅以申请人与被申请人提交的书面材料予以审理,并作出裁决。在书面审理中,行政复议人员不与申请人和被申请人直接接触,仅以双方提交的书面资料了解案件情况,申请人与被申请人之间也不会当面陈述、争辩。行政复议案件书面审理时,当事人的主张或者其他陈述应当以书面形式呈现。因此,适用书面审理的方式,对于行政复议机关审理事实清楚、争议不大的行政复议案件来说,有利于提高行政复议案件的办理效率。同时,书面审理方式又依赖于书面材料,书面材料本身具有稳定性与实在性,这也是书面审理的优势之一。

然而,书面审理的方式毕竟不能让申请人、被申请人、第三人等当面对质,从程序角度来说,其公正性与透明度并不高。尤其是随着现代政务的发展,行政复议案件越来越复杂,仅依靠书面审理的方式,难以查清案件事实,不利于行政争议的实质性化解,书面审查的方式也就难以取得公民、法人或者其他组织的信赖。所以,行政复议案件的审理方式,就不能再固守"以书面审查为原则",而应当予以创新。2020 年 2 月 5 日,中央全面依法治国委员会第三次会议审议通过了《行政复议体制改革方案》,要求发挥行政复议公正高效、便民为民的制度优势和化解行政争议的主渠道作用。在行政复议领域促进行政争议的实质性化解,应当着重回应行政复议程序空转的现实难题,并从实质法治的角度综合运用多种手段保障公民、法人或者其他组织的合法权益。在我国行政复议体制改革之前,行政复议制度存在严重的程序空转现象,复议程序即便终结,也无法有效回应与保障申请人的诉求与合法权益,致使当事人反复提起信访与行政诉讼,造成"案结事不了"的局面,无法真正化解行政争议。由此可见,充分保障当事人的合法权益,切实回应当事人的复议请求尤为重要。

因此,本条规定行政复议机构适用普通程序审理行政复议案件时,应当当面或者通过互联网、电话等方式听取当事人的意见,也即将听取当事人的意见作为行政复议机构适用普通程序审理行政复议案件的必需程序。本条规定之所以将听取当事人的意见作为行政复议机构适用普通程序审理行政复议案件的关键,主要是为了提高案件审理程序的透明度与公正性,规避传统的书面审理方式的弊端,充分了解当事人的复议请求与相关意见,从而推动行政复议机构更高效地查清案件事实与相关证据材料。同时,行政复议机构还应当将其听取的当事人意见记录在案,作为作出行政复议决定的参考材料。当然,行政复议机构适用普通程序审理行政复议案件,并非完全排斥书面审理的方式;在出于当事人的原因行政复议机构不能听取意见的情况下,还是可以采取书面审理的办法的。

适用要点

本条规定行政复议机构可以当面,或者以互联网、电话的方式听取当事人的意见。从推动行政争议实质性化解的目标来看,为了确保当事人能够充分表达复议请求与相关意见,在有条件的情况下,比如当事人愿意并且方便当面陈述意见的,行政复议机构应当优先当面听取当事人的意见。在当事人不便的情况下,行政复议机构再通过互联网、电话等信息媒介听取当事人的意见。

典型案例

肖某某与玉溪市生态环境局元江分局、玉溪市生态环境局环境保护行政管理(环保)行政处罚纠纷案[1]

要旨:本案中,原告肖某某因不服被告玉溪市生态环境局元江分局作出的行政处罚决定及被告玉溪市生态环境局作出的行政复议决定书,向法院提起行政诉讼。

法院认为,对原告肖某某提出的在复议中玉溪市生态环境局未到现场核实情况不符合法律规定的主张,因行政复议原则上采取书面审查,根据原行政机关提供的证据足以认定案件事实的,现场核实不是必经程序,故原告的该主张不能成立,法院不予采纳。

第五十条　【行政复议听证程序】审理重大、疑难、复杂的行政复议案件,行政复议机构应当组织听证。

行政复议机构认为有必要听证,或者申请人请求听证的,行政复议机构可以组织听证。

听证由一名行政复议人员任主持人,两名以上行政复议人员任听证员,一名记录员制作听证笔录。

条文解读

本条是关于行政复议听证程序的规定。

听证的原初含义是指行政机关作出决定时,应提前通知并且听取利

〔1〕参见云南省元江哈尼族彝族傣族自治县人民法院行政判决书,(2020)云0428行初2号。

益受到影响的相关当事人的意见。我国最早引入听证制度的是《行政处罚法》。随后,《立法法》《行政许可法》等法律也陆续规定了专门的听证制度。从性质上看,行政复议的听证具有一定的准司法听证特征,在具体的程序机制上与法院审理案件程序较为类似。举行听证是为了让行政复议机构更好地了解事实真相,保障行政相对人的合法权益,并确保行政复议机构作出行政复议决定的正确性。行政复议听证程序与执法听证程序、立法听证程序是有差异的,最主要的是听取申请人与被申请人的意见,使申请人与被申请人对案件涉及的行政行为的事实、证据、依据、程序等事项予以辩论,从而帮助行政复议机构查清案件事实,推动行政纠纷的实质性化解,作出正确的行政复议决定。

本条规定了行政复议听证程序启动的三种情形:对于重大、疑难与复杂行政复议案件的审理,行政复议机构应当组织听证;对于行政复议机构认为有必要听证的,行政复议机构可以组织听证;对于申请人请求听证的,行政复议机构也可以组织听证。这三种情形中,第一种情形是必须组织听证的;而第二种和第三种情形,行政复议机构可以裁量是否予以听证。

1. 行政复议机构应当组织听证的情形

一般认为,重大、疑难、复杂的行政复议案件,主要包括:(1)涉及人数众多的案件;(2)涉及群体利益的案件;(3)具备涉外因素的案件;(4)社会影响较大的案件;(5)法律关系复杂,或者案件事实复杂的案件;(6)法律适用上存在技术性疑难的案件;等等。

2. 行政复议机构可以组织听证的情形

行政复议机构可以组织听证的情形,实际上就是行政复议听证审理的两种启动方式。本条规定,行政复议机构认为有必要听证,或者申请人请求听证的,行政复议机构可以组织听证。

3. 行政复议人员应当参加听证

行政复议人员应当参加听证程序,并在听证程序中承担不同的角色,负责不同的任务。(1)听证的主持人由一名行政复议人员担任。这与

《行政处罚法》的规定有所不同。《行政处罚法》第64条第4款中规定，听证由行政机关指定的非本案调查人员主持。(2)两名以上行政复议人员任听证员。(3)一名记录员制作听证笔录。听证笔录主要是在听证过程中，将申请人、被申请人、行政复议机关三方陈述的意见、辩论反驳的内容予以记录而形成的一种文书。听证笔录应当作为行政复议机构作出行政决定的依据之一，但其并非唯一依据，这与行政处罚法有关听证笔录的规定是有所区别的。《行政处罚法》第65条规定："听证结束后，行政机关应当根据听证笔录，依照本法第五十七条的规定，作出决定。"我国行政复议制度在分配举证责任时，被申请人是负主要的举证责任的，只有在特定情形下，申请人才负有举证义务。所以，行政复议机关制作的听证笔录，是对申请人、被申请人、行政复议机关三方陈述与辩论内容的如实记录，是作为行政复议机关查清事实的一种证据材料，因而可以成为行政复议机关作出行政复议决定的一类依据，而非唯一依据。

适用要点

适用本条规定应当注意以下两点：

1. 按照行政复议的公开原则，对于涉及个人隐私、国家秘密和商业秘密的案件要依法予以保密；其他案件的行政复议听证程序应当公开举行，以确保听证制度的公正性。

2. 申请人请求听证时，提出听证要求应当是在行政机关没有作出行政复议决定之前。行政机关可以通过书面形式告知申请人已经掌握的案件基本情况、行政复议决定的法律依据以及拟作出的行政复议决定等事项。如果过时，则申请人不能再提出听证申请。

典型案例

颜某某与中国证券监督管理委员会行政处罚与行政复议纠纷案[1]

要旨：本案中，再审申请人颜某某因诉中国证券监督管理委员会行政处罚和行政复议一案，不服北京市高级人民法院行政判决，向最高人民法院申请再审。颜某某主张中国证券监督管理委员会未依其请求举行听证程序。

再审法院认为，《行政复议法实施条例》《中国证券监督管理委员会行政复议办法》等均将复议程序中是否听证的选择权赋予了证券监管部门。根据上述规定，在决定是否举行听证时，案情重大、复杂，事实争议较大，申请人提出要求等因素均可考虑，但这些因素并非充分条件。听证的目的在于查明事实，以及更好地保护当事人的合法权益。就本案情况看，虽然中国证券监督管理委员会在复议程序中没有采纳申请人的听证申请，但其并未因此而认定事实错误，亦未损害当事人的合法权益，故不宜认定被诉行政复议决定违法。

第五十一条　【行政复议机构组织听证告知义务与不参加听证的后果】行政复议机构组织听证的，应当于举行听证的五日前将听证的时间、地点和拟听证事项书面通知当事人。

申请人无正当理由拒不参加听证的，视为放弃听证权利。

被申请人的负责人应当参加听证。不能参加的，应当说明理由并委托相应的工作人员参加听证。

[1] 参见中华人民共和国最高人民法院行政裁定书，(2018)最高法行申6959号。

条文解读

本条是关于行政复议机构组织听证告知义务以及申请人和被申请人不参加听证程序后果的规定。

1.行政复议机构组织听证的告知义务

行政复议机构履行听证告知义务,从本质上讲,是我国行政法上正当程序原则的要求。正当程序原则指的是行政机关实施行政行为,可能影响公民、法人或者其他组织合法权益的,应当在作出行政行为之前向当事人和利害关系人告知事实,并说明理由,听取公民、法人或者其他组织的意见。行政复议听证程序的设置就是为了听取当事人的意见,减少当事人对行政复议审理程序的偏见,推动行政复议审理程序的公开透明。行政复议机构在组织听证的过程中,应当将与听证活动有关的内容以法定的程序和期限向当事人展示,使当事人知悉听证活动的相关内容,从而完成法定的听证告知义务。行政复议机构通知当事人,应采用书面的形式;通知的内容包括听证的时间、地点与拟听证的事项。具体来说,包括:当事人、第三人的姓名或者名称、地址等基本情况;举行听证的时间、地点和方式;听证人员的姓名;等等。

本条规定还体现出行政复议的公开原则。行政复议的公开原则是合法原则与公正原则的保障,其中包括行政复议的依据应公开,审理材料应公开,过程应公开,结果应公开。行政复议机构组织听证程序,就是行政复议过程公开的体现。听证程序需要行政复议机构听取申请人、被申请人与第三人的意见,尽可能多地让他们当面参与到行政复议的过程中来,以表达他们的利益、诉求。因此,行政复议机构组织听证,必须要通知当事人,让当事人参与到听证程序中来。这同时也保护了当事人的行政知情权,使当事人了解其具有参与听证的权利,这一权利实现的基础就是行政复议机构履行听证告知义务。

2. 申请人和被申请人不参加听证程序的后果

申请人在行政复议机构通知后,没有正当理由拒不参加听证的,是对自己听证权利的一种消极处分。此处的“正当理由”是指不可抗力或者其他不能抗拒的事由。一般而言,典型的不可抗力主要包括自然灾害与社会异常事件两类。对申请人来说,这些不可抗力因素是既不能预见,也无法避免与克服的。其他不能抗拒的事由主要有:(1)出于健康原因不能参加听证的;(2)因路途遥远、交通不便不能参加听证的;(3)特殊岗位确实无法离开,不能参加听证的;等等。申请人在接到行政复议机构关于组织听证的通知后,如果确实存在不能参加听证的事由,应当尽早向行政复议机构提出。当然,对于申请人所提出的不能参加听证的理由,行政复议机构应当予以判断是否“正当”,进而决定是否延期听证或者终止听证。

被申请人的负责人应当参加听证。行政复议听证程序的功能,主要是在申请人与被申请人陈述意见、辩论反驳的过程中实现的。被申请人参加行政复议听证活动,有利于缓解申请人的对立情绪,令申请人更容易接受行政复议决定。

适用要点

适用本条规定应当注意以下两点:

1. 当事人无正当理由拒不参加听证的,视为其放弃听证权利,此时行政复议机构应终止听证。

2. 当事人明确放弃听证权利或者撤回听证要求后,在提出听证有效期内又要求听证,行政复议机关尚未作出行政复议决定的,可以组织听证。

典型案例

阳新县韦源口镇某村四组与黄石市人民政府行政复议纠纷案[1]

要旨：本案中，上诉人某村四组诉黄石市人民政府行政复议决定一案，不服湖北省黄石市中级人民法院作出的行政判决，向湖北省高级人民法院提起上诉。上诉人某村四组上诉称，一审判决认定事实错误，被上诉人作出的行政复议决定程序违法，第三人某村二组未参加复议听证，但复议决定书却主张其有20亩争议宗地。原审第三人阳新县人民政府述称：在争议地块确认过程中，阳新县人民政府通知了各方当事人听证，多次现场调查，程序合法。第三人某村二组述称：争议地涉及该二组的有20多亩，一直由其管理；阳新县人民政府未通知其参加土地权属处理程序，将争议地确认给上诉人某村四组，事实不清，程序违法；被上诉人黄石市人民政府复议时通知了其听证，虽其未参加，但后来做了调查笔录，其也参加了现场勘查，复议决定程序合法，证据充分。

二审法院认为，本案中复议机关黄石市人民政府在受理复议申请后为查清事实进行了听证、调查；第三人某村二组虽未参加听证，但之后复议机关对其做了调查笔录听取其意见，程序并不违法。

第五十二条　【行政复议委员会的定位、提请行政复议委员会咨询的情形以及咨询意见的作用】县级以上各级人民政府应当建立相关政府部门、专家、学者等参与的行政复议委员会，为办理行

[1] 参见湖北省高级人民法院行政判决书，(2015)鄂行终字第00019号。

政复议案件提供咨询意见,并就行政复议工作中的重大事项和共性问题研究提出意见。行政复议委员会的组成和开展工作的具体办法,由国务院行政复议机构制定。

审理行政复议案件涉及下列情形之一的,行政复议机构应当提请行政复议委员会提出咨询意见:

(一)案情重大、疑难、复杂;

(二)专业性、技术性较强;

(三)本法第二十四条第二款规定的行政复议案件;

(四)行政复议机构认为有必要。

行政复议机构应当记录行政复议委员会的咨询意见。

条文解读

本条是关于行政复议委员会的定位、提请行政复议委员会咨询的情形以及咨询意见作用的规定。

2020 年 2 月,中央全面依法治国委员会第三次会议审议通过了《行政复议体制改革方案》,提出发挥行政复议化解行政争议的主渠道作用。在行政复议体制改革进程中,尝试建立行政复议委员会是其中一项重要的试点工作。2004 年 3 月,国务院发布《全面推进依法行政实施纲要》,后于 2010 年下发《关于加强法治政府建设的意见》(国发〔2010〕33 号),要求探索开展相对集中行政复议审理工作,进行行政复议委员会试点工作。2008 年原国务院法制办公室下发《关于在部分省、直辖市开展行政复议委员会试点工作的通知》(国法〔2008〕71 号),明确在部分省、直辖市开展相对集中行政复议改革试点,同时指出其他有条件的省、自治区、直辖市,也可以结合本地区行政复议工作的实际情况,探索开展相关工作。自 2008 年北京、贵州、黑龙江等地开展行政复议委员会试点以来,我国大部分省份已经开展了相关的实践探索,不同的省、直辖市选择了不同的行政复议委员会组建模式,取得了一定的成果,其中积累的有益经验也为本次修改增设行政复议委员会的专门规定所吸收。

根据行政复议委员会发挥的功能,可以将试点工作中行政复议委员会的类型归纳为决议型行政复议委员会与咨询型行政复议委员会。试点组建决议型行政复议委员会的,一般是成立本级人民政府行政复议委员会,下设行政复议委员会办公室于本级人民政府司法行政机构之中,由本级人民政府行政复议委员会办公室对外统一受理本级政府部门的行政复议案件。行政相对人若对行政机关的具体行政行为不服,可向本级人民政府行政复议委员会办公室提出行政复议申请,避免其因不清楚管辖问题而反复提出申请,从而降低申请行政复议的提请难度。这一方案实际上是在尝试探索相对集中地行使行政复议权。如此一来,既整合了行政复议资源,又充分发挥专家学者等社会力量的作用,有利于提高行政复议案件的办理质量和效率,有利于"定分止争、案结事了",实现法律效果与社会效果的统一。然而,决议型行政复议委员会的组建过程中,也存在不少问题。比如决议型行政复议委员会的组织设计,难以处理其与行政首长负责制衔接的难题,即本级政府行政首长对行政复议委员会的决定负责,而行政首长又不能控制行政复议委员会的决定,如此一来,就产生了制度冲突。相较之下,组建咨询型行政复议委员会则不会产生这一问题。最终,立法上还是选择了在我国组建咨询型的行政复议委员会。

1. 行政复议委员会的定位

行政复议委员会由县级以上各级人民政府组建,由相关政府部门、专家、学者等参与其中。行政复议委员会的功能定位主要是为办理行政复议案件提供咨询意见,对行政复议工作中的重大事项与共性问题进行研究,提出意见。行政复议委员会并不受理、审理行政复议案件,也不能作出行政复议决定。对于行政复议委员会的组成和开展工作的具体办法,则由司法部制定。

2. 行政复议机构应当提请行政复议委员会提出咨询意见的情形

第一,案情重大、疑难、复杂的情形。主要包括:(1)涉及人数众多的案件;(2)涉及群体利益的案件;(3)具备涉外因素的案件;(4)社会影响较大的案件;(5)法律关系复杂,或者案件事实复杂的案件;等等。

第二,专业性、技术性较强的情形。这主要是指行政复议案件的审理需要大量的相关专业知识储备,或者需要较高技术操作,才能完成对相关事实证据的核验、认定等。这对行政复议机构人员开展复议工作提出了较高的要求,如行政复议案件可能会涉及医学、农学、生物学等方面的知识与技术。

第三,对下一级人民政府作出的行政行为不服的情形。本法第 24 条第 1 款第 2 项规定的行政复议案件类型为“对下一级人民政府作出的行政行为不服的”。县级以上地方各级人民政府对申请人不服下一级政府作出的行政行为的案件具有管辖权,对这一类案件,行政复议机构在审理时也应当提请行政复议委员会提出咨询意见,以充分发挥行政复议委员会的作用,促进行政争议的实质性化解。

第四,行政复议机构认为有必要的情形。这一规定具备“兜底”条款的性质。

3. 行政复议机构应当记录行政复议委员会的咨询意见

行政复议机构应当如实对行政复议委员会的咨询意见加以记录,形成相关文书材料,并将其作为审理行政复议案件、作出行政复议决定的一类参考依据。

适用要点

适用本条规定应当注意以下两点:

1. 业已推行行政复议委员会制度试点的地方,应当根据本条规定,对行政复议委员会的定位、功能、组织结构予以调整,尤其是曾经试点行政复议委员会受理、审理行政复议案件,并赋予行政复议委员会作出行政复议决定权的地方。

2. 行政复议机构应如实记录行政复议委员会的意见和建议,但该咨询意见并不具有强制力，不得作为行政复议决定作出的唯一、直接依据，其仅对行政复议机关作出复议决定起参考作用。

典型案例

李某某与赤峰市人民政府行政复议纠纷案[1]

要旨：本案中，原告李某某不服被告赤峰市人民政府作出的行政复议决定书，向法院提起诉讼。李某某诉称，被告作出的行政复议决定书程序违法。根据《赤峰市人民政府行政复议委员会行政复议案件审理会议议事规则》的规定，行政复议专家案审会只是对重大案件议决，无权对法律适用问题作出解释。被告在法律适用未得到答复的情况下，依法应中止复议。被告不顾法律适用不明径自作出行政复议决定书的行为依法应被纠正。被告辩称：关于原告提出的在法律适用不明的情况下作出复议决定书的问题，在案件审理过程中，本机关就案件的法律适用及如何处理向上级提出了书面请示，在多次催要书面函复未果的情况下，提请赤峰市人民政府行政复议专家案审会进行了决议，该决议事项符合《赤峰市人民政府行政复议委员会行政复议案件审理会议议事规则》有关“法律关系复杂、法律适用存在重大分歧的案件由复议委员会案审会审议”的规定。

第四节　简易程序

第五十三条　【适用简易程序审理的行政复议案件类型】行政复议机关审理下列行政复议案件，认为事实清楚、权利义务关系明

[1] 参见内蒙古自治区赤峰市中级人民法院行政判决书，(2015)赤行初字第42号。

确、争议不大的，可以适用简易程序：

（一）被申请行政复议的行政行为是当场作出；

（二）被申请行政复议的行政行为是警告或者通报批评；

（三）案件涉及款额三千元以下；

（四）属于政府信息公开案件。

除前款规定以外的行政复议案件，当事人各方同意适用简易程序的，可以适用简易程序。

条文解读

本条是关于行政复议机关适用简易程序审理行政复议案件类型的规定。

对于行政复议案件审理方式的选取，需要基于对案件的复杂程度、当事人的参与程度、案件涉及的权利义务关系、行政复议案件的办案时限等因素的通盘考虑。随着近年来行政复议案件数量的大幅增长，对行政复议案件予以类型化处理成为必然之举。早在2004年，国务院发布的《全面推进依法行政实施纲要》提出，对事实清楚、争议不大的行政复议案件，要探索建立简易程序解决行政争议。因此，针对简单案件，可以适用简易程序审理；针对一般案件，可以适用普通程序审理；针对重大、复杂、疑难案件，可以适用更为严格的程序审理。由此可见，设立简易程序很有必要：一是从行政复议基本原则的层面来看，这是效率原则的要求，即在保障公正的前提下，行政复议机关要在法定期限内迅速有效化解行政争议、纠纷。适用简易程序审理案件有利于提高行政复议机关的效率，满足行政案件处理分类管理、繁简分流、合理分工的需求。二是从程序的视角来看，行政复议是行政救济制度中的重要一环、必要程序，较之司法程序，行政复议的程序设置更简洁、快捷，能够更好地满足行政争议与纠纷实质性化解的要求。

1. 行政复议机关认定适用简易程序的情形

在各地的实践中，一般认为，简易程序主要适用在事实清楚、争议不大的行政复议案件上。根据各地的实践，大致可将适用简易程序的行政复议案件归纳为如下几类：(1)行政警告类案件；(2)罚款数额较小的案件；(3)案件涉及的事实简单，无须调查的案件；(4)当事人对事实和法律依据没有争议的案件；(5)当事人迫切需要快捷化解行政争议的案件；(6)当事人请求行政机关履行法定职责，行政机关未履行法定职责的案件；(7)行政行为违法，行政行为的实施主体明显错误的案件，以及被申请人主动纠正行政行为的案件；等等。

本条规定对实践中的做法予以吸纳，即行政复议机关认为行政复议案件达到事实清楚、权利义务关系明确、争议不大的情况时，可以适用简易程序。主要包括：(1)被申请行政复议的行政行为是当场作出的。当场作出行政行为，一般是行政机关对于事实清楚、情节简明、法律后果轻微的案件，在查明案件事实后，无须经过行政机关负责人、集体讨论等程序，予以当场处理的活动。(2)被申请行政复议的行政行为的种类是警告或者通报批评。警告和通报批评在性质上都属于申诫罚，申诫罚主要会影响违法者的声誉。行政机关对违法行为人提出谴责、警告，意在引起违法行为人的警惕，防止其继续违法。警告一般是指行政主体对公民、法人或者其他组织的违法行为予以严肃告诫的一种行政处罚类型。通报批评则是指行政主体在一定范围内对违法行为人的违法事实予以公布，使其声誉和信誉受到影响。(3)案件所涉及的款额为3000元以下。超出3000元限额的案件，只有在当事人各方都同意的情况下，才可以适用简易程序。(4)案件类别上属于政府信息公开的案件，即申请人针对政府信息公开活动提出行政复议。政府信息公开是指行政机关和法律、法规以及规章授权和委托的组织，在行使行政管理职权的过程中，依照法定形式和程序，将政府信息主动向社会公众或依申请向特定的个人或组织公开的活动。此类案件一般是公民、法人或者其他组织向行政机关申请获取政府信息，行政机关答复不予公开(含部分不予公开)、无法提供、不予处理或者逾期未作出处理，或者行政机关提供的政府信息不属于申请公开的内容，或者申请人认为行政机关告知获取政府信息的方式、途径或者时间是错误的，或者申请人认为行政机关主动公开以及依申请公开的政府信息侵犯其商业秘密、个人隐私等。

2. 当事人同意适用简易程序的情形

除第1款规定的行政复议案件类型外，本条第2款还规定了当事人各方同意适用简易程序的情形。本条第2款的规定体现了行政复议的便民原则，即在行政复议活动中，要切实为公民、法人或者其他组织行使行政复议权利提供必要的条件和便利，使其不因行政复议活动而增加过大的负担，最大限度地节省当事人的费用、时间与精力。适用简易程序化解行政争议与纠纷，目的之一即在于方便当事人，在提高效率的同时保证当事人的知情权与参与权。所以法律文本中也考虑到了当事人是否同意适用简易程序的情况。

适用要点

便捷、高效是行政复议作为化解行政争议主渠道的独特优势。适用简易程序审理行政复议案件，既要保证行政复议案件的办理质量，又要遵守程序层面的基本要求，在提高效率的同时，保证行政复议案件审理的公正。对此，判断是否适用简易程序审理行政复议案件时：一是要注意本条第1款第1项的“当场作出”。理论上关于“当场”的理解也有分歧，即“当场”是否为“现场”，当场作出的行政行为是否系在案发现场或案发当天作出。根据立法语言的语词含义，结合本条及相关的其他条文内容可知，此处的“当场”应为“现场”。二是关于对本条第1款第4项政府信息公开案件的判断。对于行政复议案件是否属于政府信息公开类案件的认定，直接关系到简易程序的适用。公民、法人或者其他组织单独就行政机关作出的补正、延期等程序性处理行为提出行政复议申请的，认为行政机关提供的政府信息不符合其关于纸张、印章等具体形式要求的，或者认为行政机关未按照其要求的特定渠道提供政府信息的，以及因在缴费期内对行政机关收费决定提出异议而提出的行政复议申请，行政复议机关不予受理。另外，政府信息若可能涉及国家安全、公共安全、经济安全、社会稳定等情况，也不宜适用简易程序。

第五十四条　【简易程序的规定】适用简易程序审理的行政复议案件，行政复议机构应当自受理行政复议申请之日起三日内，将行政复议申请书副本或者行政复议申请笔录复印件发送被申请人。被申请人应当自收到行政复议申请书副本或者行政复议申请笔录复印件之日起五日内，提出书面答复，并提交作出行政行为的证据、依据和其他有关材料。

适用简易程序审理的行政复议案件，可以书面审理。

条文解读

本条是关于行政复议简易程序具体程序性事项的规定。

1. 简易程序具体的程序性事项

在各地探索开展的适用简易程序审理行政复议案件的实践中，有的地方为了凸显行政复议简易程序的简易性与便捷性，规定适用简易程序审理的行政复议案件可以不制作书面受理通知书和答复通知书；被申请人也可以不提交书面答复，特定条件下也可以不出具授权委托书、法定代表人身份证明书；听取意见时可以当面、互联网、电话等方式进行。同时，还规定行政复议文书送达可以采用电子方式进行。但是，本条规定未将行政复议程序过于简化，既没有规定被申请人不提交书面答复，也没有规定行政复议文书可以采用电子送达的方式。这是因为，适用简易程序审理行政复议案件，虽然主要目的是提高行政复议机关的工作效率，保障行政相对人的合法权益，但这并不意味着简易程序应当过于精简。简易程序不能过于烦琐,照搬司法程序,而需要压缩审理时限,简化内部的审批程序,以缩短审查受理的时间,缩短审理案件的时间,尽可能较为圆满地化解当事人之间的行政争议、纠纷;但这并非对普通程序的“一刀切”,对于特定的行政复议法律文书的制作与送达,不能省略。

简易程序的规定主要包括以下两部分内容:第一,时限要求。行政复议机构应当自行政复议申请受理之日起 3 日内,将有关行政复议文书发送被申请人。被申请人则需要在 5 日内予以书面答复。第二,被申请人负举证责任。被申请人在行政复议案件中,对自己所提出的主张,应当提供证据、依据和其他有关材料予以证明。被申请人若在行政复议中没有提交行政行为作出时的证据、依据和其他有关材料,则会承担不举证的法律后果。所以,被申请人需要提供书面的答复。

2. 适用简易程序审理的案件可以采取书面审理的方式

行政复议的书面审理,是指行政复议机关,对被申请人提出的行政复议申请所涉及的行政行为进行审理时,以申请人与被申请人提交的答辩书和有关材料为依据,不再进行调查取证等工作,并在此基础上直接作出行政复议决定的审理方式。行政复议采用书面审理的方式,主要的目的是提高行政复议的效率。在行政复议的书面审理中,申请人提出行政复议申请,经行政复议机构受理该申请,可以不再承担其他义务,直接等待行政复议机关作出行政复议决定,省略了行政复议制度中提供与审查证据,以及当事人之间的辩论等程序。对行政复议书面审理规则不可作绝对化理解,若行政复议案件本身的案情复杂,对案件涉及的相关事实的认定需要经过当事人之间的辩论实现,则书面审理的方式就不再适用。行政复议简易程序的适用,是以案件事实清楚、权利义务关系明确、争议不大为前置条件的,在此前提下,也就无须经过当事人之间出示证据、辩论等环节,而是可以直接适用书面审理的方式处理此类案件,以较大程度地提升行政复议的效率,减轻行政复议机关的办案压力。

适用要点

适用行政复议简易程序审理行政复议案件要区分简易程序与书面审理程序的区别。在行政复议法实施条例草案征求意见的过程中，很多地方和部门都认为设立行政复议简易程序很有必要，能够提高行政复议的效率。然而，在当时的立法过程中，并未能解决简易程序与书面审理程序的关系问题，因此，最终出台的《行政复议法实施条例》中删去了简易程序的规定。本规定正式明确了行政复议简易程序与行政复议书面审理程序的关系，即适用简易程序审理的案件，并不排斥适用书面审理的方式，适用简易程序的案件当然也可以以书面审理的方式进行，二者并不矛盾。行政复议的简易程序是相对于普通程序来说的，主要是指行政复议的具体流程；无论行政复议适用简易程序还是普通程序，行政复议机关都可以采取书面审理的方式，书面审理是行政复议机关审理案件的一种方式。

第五十五条　【简易程序与普通程序的转化】适用简易程序审理的行政复议案件，行政复议机构认为不宜适用简易程序的，经行政复议机构的负责人批准，可以转为普通程序审理。

条文解读

本条是关于简易程序与普通程序转化的规定。

1. 简易程序转为普通程序的申请只能由行政复议机构提出

实践中，行政复议先适用简易程序，后转为普通程序的情形包括：一是行政复议机构发现案件不适用简易程序的；二是申请人或者被申请人书面提出转为普通程序的申请，行政复议机构认为理由成立的。另外，对于是否转为普通程序，被申请人还可以提交补充答复意见。本条是关于行政复议简易程序转为普通程序的规定,并不包括申请人提出转为普通程序申请的情形。本条规定这样设置的理由在于:一是前述法律条文关于简易程序适用的案件类型的规定中,已经包括当事人各方同意适用简易程序的这一情况,若再赋予当事人各方提出不再适用简易程序的权利,在立法逻辑上与实践操作中均会存在问题。二是行政复议机构才是行政争议化解、解决行政纠纷的"裁决者",赋予其灵活判断适用简易程序或者普通程序的权限,才有利于行政复议案件高效且公正地得到处理。

2. 简易程序转为普通程序的时限起点在行政复议机构的审理过程中

前述法律条文关于适用简易程序的案件类型中,行政复议机关判断是否适用简易程序的情形主要是四类案件,且这四类案件达到事实清楚、权利义务关系明确、争议不大的标准时才可以适用简易程序。但即便如此,四类案件的案情与案件涉及的事实、证据等会因时间的推移、不可抗力因素的影响而不断发生变化,四类案件随着各类情况的产生也可能不再满足事实清楚、权利义务关系明确、争议不大的标准。同理,对于当事人而言,也可能存在当事人双方同意适用简易程序,但是行政复议机关在审理案件的过程中,又发现了案件不宜采用简易程序审理的情况。

3. 简易程序转为普通程序的原因为行政复议机构认为案件不适宜采用简易程序审理

在我国早先开展的行政复议工作实践中,在行政复议审理环节存在过分行政化的倾向,即便是一个普通的行政复议案件也要经过层层审批,不利于案件审理效率的提升。为此,简易程序设置的一个重要考量因素就是,要在行政机关内部简化内部审批程序,压缩审理时限。换言之,在行政复议案件审理过程中适用简易程序,本质上是压缩了行政复议机关审查受理行政复议案件的时间;而缩短审理行政复议案件的时间,是在不违反行政首长负责制原则与保证案件审理质量的基础上,提高行政复议案件审理效率的举措。因此,适当赋予审理案件的行政复议人员更大的决定权限,体现在本条规定上即由行政复议机构来判断案件是否适宜采用简易程序审理。

4. 简易程序转为普通程序的申请需经行政复议机构的负责人批准

在我国,行政复议工作坚持行政责任制。落实行政复议工作的行政责任制,有利于促使行政领导恪尽职守,进而提升行政复议案件的办理质量与水平,强化政府行政复议制度的公信力,从而更好地发挥行政复议解决行政争议的重要功能。对于重大、复杂、疑难的行政复议案件,行政首长应亲自听取汇报、研究案情、审查把关,通过行政首长率先垂范,推动行政复议案件办理实现法律效果和社会效果的统一。行政复议案件审理程序的选取适用关系到行政争议与纠纷能否得到充分、切实的化解,也关系到行政复议公平原则、程序正义原则的落实。所以,在行政复议案件的审理过程中,对于简易程序转为普通程序的申请,要经过行政复议机构的负责人批准。除此之外,行政复议工作中的行政责任制还体现在其他方面,比如对于依法需要作出行政复议决定的案件,在行政复议机构对被申请人作出的行政行为予以审查并提出意见后,要报请政府主要负责人同意后再作出行政复议决定;多种程序性行政复议文书,也是由行政复议机构的主要负责人审签的。

适用要点

适用本条规定应当注意以下两点:

1. 在审理期限上,应当按照本法规定的期限作出行政复议决定。简易程序转为普通程序后的审理期限自受理申请之日起计算。

2. 申请人与被申请人应当及时获知行政复议案件审理程序转化变更的情况。在简易程序转为普通程序审理的申请被批准后,行政复议机构还应当及时履行告知义务,通知申请人与被申请人。

第五节　行政复议附带审查

第五十六条　【行政复议机关对规范性文件的处理】申请人依照本法第十三条的规定提出对有关规范性文件的附带审查申请，行政复议机关有权处理的，应当在三十日内依法处理；无权处理的，应当在七日内转送有权处理的行政机关依法处理。

条文解读

本条是关于行政复议机关对规范性文件处理的规定。

一般认为，行政机关依法制定和发布规范性文件的行为，是抽象行政行为。由于抽象行政行为并不针对特定的人或者特定的事项，申请人如果认为行政机关作出行政行为依据的规范性文件不合法，在申请行政复议时，可以一并提出对有关规范性文件的审查，这是法律赋予申请人的一种权利。于是，本法第13条规定，公民、法人或者其他组织认为行政机关的行政行为所依据的特定范围内的规范性文件不合法，在对行政行为申请行政复议时，可以一并向行政复议机关提出对该规范性文件的附带审查申请。根据该条规定，公民、法人或者其他组织并不能对如国务院部门的规范性文件、县级以上地方各级人民政府及其工作部门的规范性文件单独提出审查申请，而是应当在提出行政复议申请时，在认为行政机关作出行政行为时所依据的规范性文件不合法时，才可以“一并”提出对相关规范性文件的附带审查申请。

行政复议机关对被申请人作出行政行为时所依据的本法第13条规定的规范性文件进行审查后，认为规范性文件存在合法性问题的，应当依法予以处理。行政复议机关处理规范性文件，应区分有权处理与无权处理两种情况。

第一,行政复议机关有权处理的情况。行政复议机关对被申请人作出行政行为时依据的规范性文件有权处理的,应当在30日内依法予以处理。处理的具体方式有多种,例如行政复议机关直接作出撤销相关规范性文件的决定,或者责令相关规范性文件的制定机关在特定的期限内修改或者废止该规范性文件等。

第二,行政复议机关无权处理的情况。行政复议机关对被申请人作出行政行为时依据的规范性文件无权处理的,应当在7日内依照法定程序转送有权处理的行政机关依法处理。有权处理的行政机关,也应当在规定的期限内依法对转送的规范性文件予以处理。

适用要点

适用本条规定应当注意以下三点:

1. 规范性文件转送函,是指在申请人提出行政复议申请时,一并提出对本法第13条所列的有关规范性文件的附带审查申请的情况下,行政复议机关对该申请无权处理时,将有关材料转送有权处理的行政机关依法处理时的文书。制定规范性文件的转送函时,应当告知接受转送的机关相关的处理时限,并且附上相关的材料。

2. 应准确识别本条所规定的有关规范性文件的范围。一般认为,广义的规范性文件,是指由国家机关制定并发布,涉及公民、法人和其他组织的权利、义务,可以反复适用并具有普遍约束力等属性的文件。行政法上的规范性文件,是指行政机关及法律、法规、规章授权的组织制定并公布,在一定范围、时间内对公民、法人或者其他组织具有普遍约束力的文件。无论是广义的规范性文件的概念,还是行政法上对规范性文件定义的通说,都包含规章这一类型的文件在内。本法第13条第1款所列的4类规范性文件,即国务院部门的规范性文件,县级以上地方各级人民政府及其工作部门的规范性文件,乡、镇人民政府的规范性文件,法律、法规、规章授权的组织的规范性文件,并不包括国务院部委制定的规章,以及地方人民政府制定的规章在内。对于规章的审查,应当依照法律和行政法规的规定处理。因此,适用本条时应当结合本法第 13 条作体系性理解。

3. 本条与本法第 13 条关于公民、法人或者其他组织提请对规范性文件予以审查的规定,要求公民、法人或者其他组织必须在行政复议中,向行政复议机关一并提出。这与当前我国的规范性文件备案审查制度并不冲突。公民、法人或者其他组织若对本法第 13 条规定的规范性文件存在合法性、合宪性、合理性等方面的质疑,可以按照备案审查程序,向人大系统、行政系统提出申请;备案审查机关会对申请进行受理,对规范性文件予以审查并给出结论。

典型案例

赵某某与瑞安市人民政府道路行政复议纠纷案〔1〕

要旨:赵某某与瑞安市人民政府道路行政复议一案,因赵某某不服温州市中级人民法院作出的行政判决,向浙江省高级人民法院提出上诉。原审法院审查认为,因赵某某一并申请审查《温州市公路路政管理支队、温州市公安局交通警察支队关于调整和完善新 56 省道(瑞东线)公路交通限速标志的通知》(温公支〔2006〕8 号)中有关 50 公里/小时限速标志规定是否合法,被告瑞安市人民政府以其无权处理为由于 2009 年 12 月 7 日以瑞政复转送字〔2009〕1 号规范性文件转送函向温州市公路管理处转送处理。2009 年 12 月 8 日,瑞安市人民政府作出行政复议中止通知书,认定因赵某某一并提出要求对 50 公里/小时的限速标志审查的申请,已依法转递温州市公路管理处审查,根据《行政复议法》(2017 年修正)第

〔1〕 参见浙江省高级人民法院行政判决书,(2018)浙行终 33 号。

26 条的规定中止行政复议案件的审理。行政复议中止通知书于 2009 年 12 月 8 日当日送达赵某某,此后被告瑞安市人民政府对原告复议申请未作其他处理。

第五十七条 【行政复议机关依据合法性对行政行为的审查处理】行政复议机关在对被申请人作出的行政行为进行审查时,认为其依据不合法,本机关有权处理的,应当在三十日内依法处理;无权处理的,应当在七日内转送有权处理的国家机关依法处理。

条文解读

本条是关于行政复议机关依据合法性对行政行为审查处理的规定。

1. 本条规定与本法第 56 条规定的区别

本条规定了行政复议机关在对被申请人作出的行政行为进行审查时,若认为其依据不合法,则会根据行政复议机关的处理权限,予以分别处理。本法第 56 条则规定,行政复议期间,申请人依照本法第 13 条的规定提出对有关规范性文件的附带审查申请时,也要根据行政复议机关的处理权限,予以分别处理。本条与本法第 56 条都是针对行政机关所为行政行为的"依据"的处理,然而,二者之间的实际含义有所不同,具体来说,主要存在以下区别:

第一,行政复议机关审查规范性文件或者行政行为的依据的主动性与被动性有别。本法第 56 条是行政复议机关被动地根据申请人在行政复议时一并提出的对特定范围内规范性文件的审查要求而开展的,也即对规范性文件的审查以及处理程序的启动是由于申请人的申请,而非行政复议机关主动为之。本条规定则是行政复议机关在行政复议期间,自行、主动地发现行政机关所为行政行为的依据存在合法性问题。

第二,本条的行政机关所为行政行为的"依据"与本法第 56 条行政机关所为行政行为依据的“有关规范性文件”的范围有别。本条规定的行政机关所为行政行为的“依据”范围较广,包括法律、行政法规、地方性法规、部门规章、地方政府规章,以及前述依据之外的其他规范性文件。质言之,本条规定的“依据”之范围,实际上与广义的规范性文件的范围一致,即包括法律在内的所有规范性文件。相较而言,本法第56条规定的“有关规范性文件”,则仅仅包括本法第13条规定的4类规范性文件,不包含规章。

2. 行政复议机关的处理方式

行政复议机关审查被申请人的行政行为时,认为其依据不合法,应当依法予以处理。行政复议机关处理此类依据,要区分有权处理与无权处理两种情况:

第一,行政复议机关有权处理的情况。行政复议机关有权处理的,应当在30日内依法予以处理。

第二,行政复议机关无权处理的情况。行政复议机关对被申请人作出行政行为时依据的规范性文件无权处理的,应当在7日内依照法定的程序转送有权处理的行政机关依法处理。有权处理的行政机关,也应当在规定的期限内依法对转送的规范性文件予以处理。

适用要点

本条适用的关键在于如何判断行政复议机关是“有权处理”还是“无权处理”行政行为作出的依据。对这一规定,应当依照《宪法》《立法法》《地方各级人民代表大会和地方各级人民政府组织法》等法律,以及行政法规、监察法规和有关备案审查工作程序等的规定进行判断。《立法法》根据宪法的规定,第一次较为完整地对规范性文件的撤销权限作出了规定。按照《立法法》第108条的规定,改变或者撤销法律、行政法规、地方性法规、自治条例和单行条例、规章的权限分别是:(1)全国人民代表大会有权改变或者撤销它的常务委员会制定的不适当的法律,有权撤销全国人民代表大会常务委员会批准的违背《宪法》和《立法法》第 85 条第 2 款规定的自治条例和单行条例;(2)全国人民代表大会常务委员会有权撤销同宪法和法律相抵触的行政法规,有权撤销同宪法、法律和行政法规相抵触的地方性法规,有权撤销省、自治区、直辖市的人民代表大会常务委员会批准的违背《宪法》和《立法法》第 85 条第 2 款规定的自治条例和单行条例;(3)国务院有权改变或者撤销不适当的部门规章和地方政府规章;(4)省、自治区、直辖市的人民代表大会有权改变或者撤销它的常务委员会制定的和批准的不适当的地方性法规;(5)地方人民代表大会常务委员会有权撤销本级人民政府制定的不适当的规章;(6)省、自治区的人民政府有权改变或者撤销下一级人民政府制定的不适当的规章;(7)授权机关有权撤销被授权机关制定的超越授权范围或者违背授权目的的法规,必要时可以撤销授权。《地方各级人民代表大会和地方各级人民政府组织法》从国家机关职权的角度,对各级人大及其常委会,以及人民政府的撤销权作出了规定。该法第 50 条中规定,县级以上的地方各级人大常委会有权撤销下一级人大及其常委会的不适当的决议,撤销本级人民政府的不适当的决定和命令;第 73 条规定,县级以上的地方各级人民政府有权改变或者撤销所属各工作部门的不适当的命令、指示和下级人民政府的不适当的决定、命令。

典型案例

李某某与南充市人力资源和社会保障局、四川省人力资源和社会保障厅劳动和社会保障纠纷案[1]

要旨:本案中,原告李某某不服被告南充市人力资源和社会保障局(以下简称南充市人社局)作出的《工伤认定申请不予受理决定书》,向四

[1] 参见四川省南充市顺庆区人民法院行政判决书,(2017)川 1302 行初 123 号。

川省南充市顺庆区人民法院提起行政诉讼。

法院认为,李某某2017年4月25日补齐材料后,四川省人力资源和社会保障厅(以下简称四川省人社厅)当日分别向李某某发送了《行政复议受理通知书》,向南充市人社局发送了《行政复议答复通知书》。由于案件情况复杂,不能在规定期限内作出行政复议决定,四川省人社厅于2017年6月15日向李某某送达了《延期审理通知书》。2017年7月24日,四川省人社厅作出了《行政复议决定书》,并分别送达李某某、南充市人社局,四川省人社厅的行政复议行为符合《行政复议法》(2017年修正)第27条的规定,故审理法院予以支持。

第五十八条 【行政复议机关处理有关规范性文件或者行政行为的依据的程序】行政复议机关依照本法第五十六条、第五十七条的规定有权处理有关规范性文件或者依据的,行政复议机构应当自行政复议中止之日起三日内,书面通知规范性文件或者依据的制定机关就相关条款的合法性提出书面答复。制定机关应当自收到书面通知之日起十日内提交书面答复及相关材料。

行政复议机构认为必要时,可以要求规范性文件或者依据的制定机关当面说明理由,制定机关应当配合。

条文解读

本条是关于行政复议机关处理有关规范性文件或者行政行为依据的程序性规定。

1. 行政复议机关处理有关规范性文件或者行政行为的依据的程序

在行政复议机关依照本法第56条、第57条的规定处理有关规范性文件或者行政行为的依据的期间,应当中止对行政行为的审查,也即需要启动行政复议中止程序。行政复议机关应当将中止行政复议的理由等记录在案，并及时通知申请人、被申请人与第三人。行政复议中止的时间，不计入行政复议期间。行政复议程序恢复后，应当及时通知申请人、被申请人与第三人。本条规定属于本法所规定的行政复议中止情形的一种。

2. 行政复议机关与规范性文件或者行政行为的依据的制定机关的沟通方式

行政复议机构认为有必要时，可以要求规范性文件或者行政行为的依据的制定机关当面说明理由。这是因为行政复议机构在其依法有权处理有关规范性文件或者行政行为的依据时，虽然有多种处理方式，但不同的处理方式产生的法律效果和社会效果是有所不同的。比如，行政复议机构依法撤销有关规范性文件或者行政行为的依据，较之责令制定主体修改规范性文件或者行政行为的依据，更具制度刚性。但是，我国各国家机关之间的沟通方式，并不强调对冲，而是多以柔性处理的方式展开。本条第 2 款的规定实际上就是一种柔性的处理方式。行政复议机构与规范性文件或者行政行为的依据的制定机关当面沟通，也能够发挥出优于书面答复形式的独特优势。制定机关应当配合行政复议机构审查与处理规范性文件或者行政行为的依据的活动。

适用要点

本条规定虽然主要是程序性规定，对行政复议机关通知有关行政行为的依据或者规范性文件的制定机关的期限作出明确要求，但是无论是行政复议机构的书面通知，还是形成有关行政行为的依据或者规范性文件的制定机关的书面答复，最重要的都是对规范性文件或者行政行为的依据的合法性予以说理。因此，行政复议机关审查或者制定机关答复时，均应对规范性文件或者行政行为的依据的合法性进行审查。

具体来说，应当从以下三个方面展开审查：

1. 有关规范性文件或者行政行为的依据的制发程序是否合法。有权机关制定规范性文件的过程应当遵守法定程序，尤其是行政机关制定规范性文件时，应当遵循法律、法规、规章以及上级机关制定的规范性文件的程序。在我国，不同层级的有权制定规范性文件的主体，在制定和发布规范性文件时，所遵循的程序有所不同，但总体上都要经过规划、起草、审订、发布、备案等程序。如果某一规范性文件在制定时出现程序瑕疵，或者未经公布即适用，就存在程序上的不合法问题。正因如此，党的十八届四中全会通过的《中共中央关于全面推进依法治国若干重大问题的决定》指出："建立行政机关内部重大决策合法性审查机制，未经合法性审查或经审查不合法的，不得提交讨论。""涉及公民、法人或其他组织权利和义务的规范性文件，按照政府信息公开要求和程序予以公布。"

2. 有关规范性文件或者行政行为的依据的制定主体的资格是否合法。我国宪法和法律明确规定了各级行政机关制定和发布规范性文件的权限，如国务院制定行政法规，国务院的部门可以制定部门规章，地方人民政府可以制定政府规章。因此，行政复议机关在对有关规范性文件或者行政行为的依据进行审查时，应当注意判断规范性文件或者行政行为的依据的制定主体，是否具有制定该规范性文件或者行政行为的依据的主体资格；否则，就容易出现越权制定规范性文件或者行政行为的依据的情况。比如，《立法法》第 11 条规定的法律保留事项，只能由全国人大及其常委会制定法律。《行政处罚法》第 10 条第 2 款规定："限制人身自由的行政处罚，只能由法律设定。"第 11 条第 1 款规定："行政法规可以设定除限制人身自由以外的行政处罚。"这是因为，限制公民人身自由的强制措施和处罚只能由法律来设定。

3. 有关规范性文件或者行政行为的依据的内容是否合法。行政机关制发规范性文件，既要满足主体资格的要求，又要满足程序法定的要求；同时，规范性文件或者行政行为的依据的内容也应当符合宪法和法律的规定。对规范性文件或者行政行为的依据的内容进行审查时，应当审查其内容是否符合上位法的规定，是否超越权限规定了减损公民、法人和其他组织合法权益或者增加其义务的条款。

典型案例

李某等与北京市通州区人民政府等行政复议纠纷案[1]

要旨：本案中，上诉人李某、高某某等14人，因诉北京市通州区住房和城乡建设委员会（以下简称通州住建委）作出的《不予受理案件通知书》及北京市通州区人民政府作出的行政复议决定一案，不服北京市通州区人民法院作出的行政判决，向北京市第三中级人民法院提起上诉。李某、高某某，于2017年1月19日向北京市通州区人民政府（以下简称通州区政府）申请行政复议，要求撤销《不予受理案件通知书》，责令通州住建委依法受理并对×号房屋进行行政裁决，同时要求依法审查《北京市城市房屋拆迁管理办法》第15条和《北京市城市房屋拆迁裁决程序规定》第4条的规定。通州区政府于次日收到行政复议申请并予以受理，因通州区政府无权对李某、高某某等14人所申请的规范性文件进行审查，故于2017年1月23日经过领导审批，于1月26日转送北京市人民政府审查处理。2月3日，通州区政府向通州住建委发送行政复议答复通知书；2月5日，通州区政府作出中止行政复议通知书，决定中止复议案件审理；3月22日，北京市人民政府向通州区政府发送关于对《规范性文件转送函》的回复意见，称《北京市城市房屋拆迁裁决程序规定》在主体、内容、程序等方面不存在违法情况，《北京市城市房屋拆迁管理办法》不属于北京市人民政府规范性文件的审查范围；3月28日，通州区政府作出恢复审理通知书，决定恢复行政复议案件的审理；4月7日，通州住建委提交行政复议答复书及相关证据材料；5月8日，通州区政府作出行政复议决定书。

法院认为，本案中，通州区政府在受理李某、高某某等14人的行政复议申请后，依法向通州住建委发送行政复议答复通知书，以及依法转送北

[1] 参见北京市第三中级人民法院行政判决书，(2018)京03行终54号。

京市人民政府对规范性文件进行审查、中止案件审查,并在法定期限内作出行政复议决定书。该复议决定认定事实清楚、适用法律正确、复议程序合法。

第五十九条 【行政复议机关对行政规范性文件的审查处理】行政复议机关依照本法第五十六条、第五十七条的规定有权处理有关规范性文件或者依据,认为相关条款合法的,在行政复议决定书中一并告知;认为相关条款超越权限或者违反上位法的,决定停止该条款的执行,并责令制定机关予以纠正。

条文解读

本条是关于行政复议机关对行政规范性文件进行审查处理的具体规定。在行政复议附带审查中,行政复议机关针对其有权限予以处理的规范性文件或者依据,按照具体情形分别作出相应的处理。

1. 审查机关的认定

本条规定的审查机关为"有权处理有关规范性文件或者依据"的复议机关,即制定该行政规范性文件的行政机关或者其上级行政机关。

2. "规范性文件"与"依据"的辨析

(1)"规范性文件"的内涵

"规范性文件"可以扩展为"行政复议机关依照本法第56条的规定有权处理"的"有关规范性文件",对其具体内涵的解读需结合本法第56条规定。本法第56条是关于依申请的行政复议附带审查具体处理的规定,因此,本条所指"规范性文件"仅限于依申请的附带审查中的审查对象。同时,根据本法第13条的规定,对该"规范性文件"应进行限缩解释,其具体范围限定于除国务院制定的规范性文件外的规章以下的其他规范性文件。综上,"规范性文件"是申请人对行政行为申请行政复议时一并提出审查的，除国务院制定的规范性文件外的规章以下的其他规范性文件。

(2)“依据”的内涵

“依据”可以增加定语扩展为“行政复议机关依照本法第57条的规定有权处理”的“有关依据”。所以，对“依据”内涵的解读需要结合本法第57条。本法第57条是关于行政复议机关依职权的附带审查具体处理的规定，该条所指的“依据”限于依职权的附带审查中的审查对象，可以是法律、法规和规章，也可以是其他规范性文件。但是，结合本条审查机关为行政复议机关的限定，本条所指的“依据”系申请人对行政行为申请行政复议时未一并提出审查而由行政复议机关主动进行审查的规章和其他规范性文件。

3. 条款违法的认定

本条规定，条款违法包括“超越权限”和“违反上位法”两种。对于条款违法，审查机关有权决定停止该条款的执行，并责令制定机关予以纠正。

(1)“超越权限”的界定

“超越权限”是指制定机关超越法定的或被授予的立法事项权限制定法律规范。[1] 抽象行政行为“越权”的表现形式主要有以下几种：

第一，管辖性越权，即抽象行政行为超越自己的管辖范围，规定了本该由立法机关或者其他国家机关制定规则予以规范的社会事项。

第二，程序性越权，即行政机关在作出抽象行政行为时违反相应的程序性规定。

第三，层级性越权。抽象行政行为是一个以层次结构排列的行为体系，这种排列体系使抽象行政行为本身构成了一个金字塔式的结构。[2] 在这种结构中，低层规则不能超越高层规则的设定权，例如，《行政处罚法》第12条中规定，地方性法规无权设定拘留这一处罚类型，只有法律有权设定限制人身自由的行政处罚。若某地方性法规中设定了拘留的行政

〔1〕 参见杨登峰：《越权立法的认定与处理》，载《现代法学》2006年第3期。

〔2〕 参见张淑芳：《论抽象行政行为越权》，载《法律科学(西北政法学院学报)》2006年第6期。

处罚,就构成了层级性越权。

(2)"违反上位法"的情形

违反上位法是指规范内容与上位法抵触。《最高人民法院关于印发〈关于审理行政案件适用法律规范问题的座谈会纪要〉的通知》中对审判实践中"违反上位法"的常见情形进行了列举,具体有:下位法缩小上位法规定的权利主体范围,或者违反上位法立法目的扩大上位法规定的权利主体范围;下位法限制或者剥夺上位法规定的权利,或者违反上位法立法目的扩大上位法规定的权利范围;下位法扩大行政主体或其职权范围;下位法延长上位法规定的履行法定职责期限;下位法以参照、准用等方式扩大或者限缩上位法规定的义务或者义务主体的范围、性质或者条件;下位法增设或者限缩违反上位法规定的适用条件;下位法扩大或者限缩上位法规定的给予行政处罚的行为、种类和幅度的范围;下位法改变上位法已规定的违法行为的性质;下位法超出上位法规定的强制措施的适用范围、种类和方式,以及增设或者限缩其适用条件;法规、规章或者其他规范文件设定不符合行政许可法规定的行政许可,或者增设违反上位法的行政许可条件;其他相抵触的情形。

适用要点

复议机关对相关规范性文件或依据的审查,可以从以下几个方面考虑:

第一,主体是否合法。不同层级的行政机关依法享有不同的规则设定权,且其权限大小往往随层级降低呈现递减趋势,所以,并非任何行政机关都有权作出全部种类的抽象行政行为。

第二,内容是否合法。理解和认定"超越权限"和"违反上位法"是复议机关审查的重点。

第三,程序是否合法。当前,复议机关程序合法性审查主要依据国务院制定于 2001 年的《行政法规制定程序条例》和《规章制定程序条例》。复议机关"认为相关条款超越权限或者违反上位法的",可以作出以下处理:(1)规范性文件是下级行政机关制定的,责令下级行政机关限期撤销或修改。也可以由复议机关直接作出决定予以撤销;(2)规范性文件是复议机关制定的,应直接作出决定予以撤销或修改。

典型案例

王某某、叶某某等与松阳县人民政府行政复议纠纷案[1]

要旨:原告王某某等5人系西屏十一村村民,曾向松阳县人民政府西屏街道办事处(原西屏镇人民政府)反映其所在村村委会擅自违法分配该村征地所得8幢建房指标,严重侵犯了村集体、村民的权益,要求该办事处履行保护村民权益的法定职责。原告因认为西屏街道办事处针对所反映事项构成不作为,向被告松阳县人民政府申请行政复议。被告经审查决定不予受理申请人(原告)的行政复议申请。原告不服该决定遂提起本案诉讼。

法院认为,本案中原告反映所涉建房指标不属于原告自身合法权益范围,因此其与所认为的西屏街道办事处不作为行为没有利害关系,故其不具有行政复议申请人资格。此外,由于原告对"乡、镇人民政府的规定"提出的复议审查申请具有附带性,即以申请人对行政行为具有行政复议申请人资格为前提,故原告对原西屏镇人民政府的规定无权向被告松阳县人民政府提出审查申请,被告作出的不予受理复议决定于法有据。

第六十条 【接受转送机关对转送文件的审查处理】依照本法第五十六条、第五十七条的规定接受转送的行政机关、国家机关应当自收到转送之日起六十日内,将处理意见回复转送的行政复议机关。

---

〔1〕 参见浙江省丽水市中级人民法院行政判决书,(2016)浙11行初3号。

条文解读

本条是关于接受转送机关对转送文件进行审查处理的规定,其设立的直接原因是行政复议附带审查中审查对象的制定主体与复议主体的层级有别,当制定主体级别高于或等于复议主体时,即产生转送其他机关审查的需要。

1. 接受转送机关的具体范围

本条中"接受转送的行政机关、国家机关"的叙述表明接受转送的机关范围不限定于行政机关,也包括国家机关。相较于本法第56条复议机关附带审查的规定,本条中审查机关增加了"国家机关"这一范围,这是由于依申请附带审查和依职权附带审查的对象不同所致。依职权附带审查的对象不限于其他规范性文件,还包括法律、法规和规章,因此在行政复议机关无权审查的情形下,不能限定转送非行政机关处理。比如,如果审查的是国务院制定的行政法规,则有权处理的只有国家权力机关,即全国人大常委会;而复议机关附带审查中,审查机关与复议机关具有同一性,复议机关一定是行政机关。所以,接受转送的审查机关就多了国家机关这一主体。

2. "处理意见"的模糊表述

转送机关附带审查的情况较为复杂:一方面,需要转送的审查对象范围较广,既有其他规范性文件,也包括法律、法规和规章;另一方面,接受转送的审查机关范围也同样较大,除了行政机关,还包括国家机关。如果明确规定"处理意见"的各种情形,会对法的稳定性和安定性造成不利影响,降低制度在实践中的可操作性。立法者从效率和公正并重的角度出发,在对具体处理方式模糊表述的同时,又明确限定审查时间,既给接受转送的审查机关留下了较大的自由裁量空间,又可以有效避免不作为和怠于作为现象的出现。

适用要点

适用本条规定应当注意以下三点：

1. 在审查内容上，接受转送的行政机关、国家机关应当审查相关规范性文件和依据的合法性，而非合理性。

2. 在审查期限上，法条明确规定为60日，自接受转送之日起开始计算期限，故相关主体应当严格遵守法定程序。

3. 在处理意见上，《立法法》第108条对改变或者撤销法律、行政法规、地方性法规、自治条例和单行条例、规章的权限进行了详细规定，接受转送机关的具体处理方式可以结合《宪法》和《立法法》的相关规定作出。

典型案例

济南某加工公司与原济南市环境保护局等行政处罚及行政复议案

——地方污染物排放标准的附带审查[1]

要旨：原济南市环境保护局对济南某加工公司进行检查，确定该公司锅炉外排烟气排放浓度不符合相关标准，作出认定济南某加工公司超标排放污染物，造成严重环境污染，对该公司顶格罚款100万元的行政处罚决定。对此，济南某加工公司向济南市人民政府申请行政复议，要求撤销该行政处罚决定，同时一并对《山东省锅炉大气污染物排放标准》提出审查申请。济南市人民政府受理后，经审查作出维持原行政处罚的行政复议决定。济南某加工公司不服，提起诉讼。

[1] 参见山东省济南市中级人民法院行政判决书，(2019)鲁01行终244号。

法院认为：省级人民政府根据《环境保护法》第15条的授权，表决通过严于国家标准的地方污染物排放标准后，可以批准由环保和标准化主管机关联合发布。制定权集中体现在对草案的表决通过权力上，按上述程序发布的地方污染物排放标准，系省级人民政府制定的规章以下的其他规范性文件，属于行政诉讼附带审查范围。规范性文件附带审查并非复议终局事项，公民、法人或者其他组织不服复议机关的一并审查结论，仍然可以在行政诉讼中一并请求审查。

第五章 行政复议决定

第六十一条 【行政复议决定的作出程序】行政复议机关依照本法审理行政复议案件，由行政复议机构对行政行为进行审查，提出意见，经行政复议机关的负责人同意或者集体讨论通过后，以行政复议机关的名义作出行政复议决定。

经过听证的行政复议案件，行政复议机关应当根据听证笔录、审查认定的事实和证据，依照本法作出行政复议决定。

提请行政复议委员会提出咨询意见的行政复议案件，行政复议机关应当将咨询意见作为作出行政复议决定的重要参考依据。

条文解读

本条是关于行政复议决定作出的程序性规定。

1. 行政复议案件审理程序的一般性规定

(1)“负责人同意”的情形

情节简单，事实和法律问题清楚的行政复议案件，可以由行政复议机关的负责人对行政复议机构的处理意见作出同意的表示，形成最终的行政复议决定。

(2)“集体讨论通过”的情形

情节、事实和法律问题比较复杂的行政复议案件，应当由行政复议机关的负责人集体讨论后作出决定。

2. 行政复议案件审理程序的特别规定

(1)听证规则在行政复议制度中的发展

我国的行政复议制度建立之初,就被确立为一种行政机关的内部层级监督制度。[1] 在这种理念的支配下,1999 年公布的《行政复议法》在审理程序中规定原则上采取书面审查的办法进行,从而排斥了诸如听证等类似于司法程序的规则的运用。但这种书面审查为主的方式,难免有暗箱操作之嫌,甚至为"官官相护"提供了滋养的温床。实践中也确实如此,因此许多本应可以申请行政复议的当事人纷纷转向其他渠道谋求救济,导致诸如信访之类的非规范性争议解决机制急剧膨胀,反过来又进一步冲击行政复议制度,形成制度渠道虚置、非制度渠道膨胀的恶性循环。[2] 这表明将行政复议制度仅仅限定为"行政机关的内部监督制度"已经不再符合社会发展的现实需要,必须承认行政复议具有一定的司法性质。为此,2007 年国务院颁布的《行政复议法实施条例》第 33 条在制度上确立了行政复议案件在一定条件下的听证审理程序。《行政复议法》的本次修订更是对听证制度作出了进一步的具体规定,明确听证的适用情形、适用程序,以及听证笔录的法律效力。这既是行政活动实践与行政法学理论推动的结果,也是行政活动的正当程序原则在法律制度上得到逐步确认的结果。

(2)听证笔录的法律效力

听证程序设定的目的在于给予当事人对事实进行意见表达与申辩的机会,希冀通过程序上的完备促进人权保障的实现。行政复议机关制作的听证笔录是对双方当事人意见的记录,是帮助复议机关听取当事人意见、查清事实的一种证据材料。听证笔录不具有排他性,若在某一行政复议案件中引入听证程序,则该听证笔录应当作为复议机关作出行政复议

---

〔1〕 参见沈福俊:《我国行政复议听证程序的实践与制度发展》,载《江淮论坛》2011 年第 2 期。

〔2〕 参见姜明安主编:《行政程序研究》,北京大学出版社 2006 年版,第 377 页。

决定的依据之一，但不能是唯一的依据。[1]

(3)行政复议委员会与其咨询意见

行政复议委员会是为进一步推进行政复议体制改革和法治政府建设，充分发挥行政复议制度在解决行政争议、化解社会矛盾中的主渠道作用，推动政府审理行政复议案件提质增效的创新性举措，有利于最大限度地在现有机构框架内行使相对集中的行政复议职权。本条明确我国的行政复议委员会采取议事咨询型模式，其在案件审理后的咨询意见并不必然形成最终的复议决定，而是仅作为行政复议机关作决定时的重要参考意见。

适用要点

本条通过设置严格的程序约束和限制公权力的行使，充分体现了正当程序原则。本条在适用中，要注意以下几点：

第一，行政复议机关要严格遵循本条的相关程序规定，实现立法者"以程序制约权力""以程序保护权利"的立法初衷。

第二，对于经过听证的行政复议案件，听证笔录必须作为作出行政复议决定的依据之一，但其不能是唯一的依据，行政复议机关需结合其他证据综合审查认定事实。

第三，行政复议机关应当正确认定行政复议委员会咨询意见的法律地位，认识到我国的行政复议委员会属于议事咨询机构，其咨询意见仅是作出行政复议决定的重要参考依据，不必然形成最终的行政复议决定。

---

[1] 参见郜风涛主编：《中华人民共和国行政复议法实施条例解释与应用》，人民出版社2007年版，第150页。

典型案例

徐某凯、徐某元行政强制拆除及行政赔偿案[1]

要旨：本案系申请人徐某凯、徐某元对被申请人镇政府行政强制拆除行为不服而提起的行政复议。行政复议机关决定受理后，经讨论研究，认为本案案情较为复杂、影响程度较大，仅靠双方提供的书面材料难辨事实，故决定召开听证会。行政复议机关在听证会上听取双方陈述申辩后，基本清楚了案件事实，并明确案件争议焦点有三：(1)申请人建造的房屋是否为合法建筑。(2)被申请人强制拆除的行为是否合法。(3)关于行政赔偿标准与数额的确定问题。行政复议机关根据听证笔录、审查认定的事实和证据作出决定：确认强制拆除行为违法，同时要求被申请人支付申请人强制拆除房屋赔偿款32,000元。

第六十二条　【行政复议决定的作出期限】适用普通程序审理的行政复议案件，行政复议机关应当自受理申请之日起六十日内作出行政复议决定；但是法律规定的行政复议期限少于六十日的除外。情况复杂，不能在规定期限内作出行政复议决定的，经行政复议机构的负责人批准，可以适当延长，并书面告知当事人；但是延长期限最多不得超过三十日。

适用简易程序审理的行政复议案件，行政复议机关应当自受理申请之日起三十日内作出行政复议决定。

[1] 参见江西省庐山市人民政府行政复议决定书，庐府复决字〔2021〕6号。

条文解读

本条是关于行政复议决定作出期限的规定。

本条主要规定了行政复议机关在受理申请人的复议申请后，根据适用程序的不同，作出复议决定的期限也有所不同。适用简易程序审理的案件与适用普通程序审理的案件相比，在复议案件的复杂性和争议焦点上存在区别。普通程序审理的行政复议案件更加复杂，争议焦点更多；简易程序审理的行政复议案件，案件事实较为清楚，双方争议不大。结合两种程序下案件不同的特点，出于效率和公正的目的，该条对两种程序下作出行政复议决定的日期采取了不同的规定。

适用要点

1. "但书规定"的适用

(1)条文解析

本条第 1 款中存在但书条款的规定："但是法律规定的行政复议期限少于六十日的除外。"此"但书规定"表明了行政复议决定作出期限除了行政机关在受理申请之日起 60 日内作出行政复议决定外，还存在例外情形，即法律规定的行政复议期限少于 60 日的情形。

(2)法理阐释

从该"但书条款"背后的法理进行分析，当涉及某个具体领域的行政复议决定被作出时，特别法规定的复议期限短于 60 日时，根据特别法优于一般法的原则，应该以特别法规定的期限为准。从保护行政相对人的权益出发，申请行政复议之后，等待行政决定结果的作出属于行政相对人维护自身合法权益的迫切需求，作出行政复议决定的期限长短关乎行政相对人权益保护的缓急。行政复议机关不得以复议期限 60 日作为抗辩理由，延长行政复议决定作出的时间。当特别法中规定行政复议期限少于 60 日时，与行政复议法规定的一般作出期限相比，行政复议决定作出的期限缩短,能够以较快的方式作出,这是更加注重效率的体现,即在时间上更快地维护行政相对人的合法权益。

2.“可以适当延长”的情形

本条规定行政复议决定的作出期限可以适当延长。由于案件本身情况复杂,如涉及的问题多,有较多实质性问题需要研究或更多的时间方能搞清,以及其他一些在法定期限内无法完成又必须完成的工作,不能在规定期限内作出行政复议决定的,经行政复议机构负责人批准,可以适当延长行政复议期限,并告知申请人和被申请人;延长期限最多不超过30天。这就是说,行政复议决定作出的期限如果确实需要延长的,经行政复议机构负责人批准也可以适当延长。延长的期限不得多于30天。而且期限只能延长一次,不得多次延长,以防止变相延长法定的行政复议决定作出期间。

典型案例

潘某某与温岭市人民政府处罚行政复议上诉案[1]

要旨:潘某某诉温岭市人民政府(以下简温岭市政府)治安处罚行政复议一案,由台州市中级人民法院于2017年2月20日作出一审判决。潘某某不服,向浙江省高级人民法院提出上诉。

上诉人潘某某因不服温岭市公安局2011年9月8日作出的不予处罚决定书,于2016年1月18日以温岭市公安局为被申请人向被告温岭市政府提出行政复议申请,要求撤销温岭市公安局作出的不予处罚决定。台州市中级人民法院于2015年11月12日作出的(2015)浙台行终字第196号行政判决书认定:“不予处罚决定书结合送达回执、电信通话清单及被

〔1〕 参见浙江省高级人民法院行政判决书,(2017)浙行终418号。

上诉人(温岭市公安局)于2012年5月2日向原审法院(温岭市人民法院)提交该决定书的情况,能够证明被上诉人于2011年9月8日作出不予处罚决定的事实”“2012年4月25日上诉人潘某某因被上诉人不履行治安管理法定职责向原审法院提交本案诉状后,被上诉人于同年5月2日前将不予处罚决定书交至原审法院,并由原审法院复印给上诉人潘某某”。因此,温岭市公安局于2011年9月8日作出涉案的不予处罚决定及上诉人于2012年5月2日收到该决定书的事实已被生效的判决所确认。上诉人于2016年1月18日才向被上诉人就该不予处罚决定申请行政复议,显然已超过了《行政复议法》(2009年修正)第9条规定的法定复议申请期限,被上诉人据此驳回上诉人的行政复议申请,认定事实清楚,适用法律正确。

第六十三条　【变更决定】行政行为有下列情形之一的,行政复议机关决定变更该行政行为:

(一)事实清楚,证据确凿,适用依据正确,程序合法,但是内容不适当;

(二)事实清楚,证据确凿,程序合法,但是未正确适用依据;

(三)事实不清、证据不足,经行政复议机关查清事实和证据。

行政复议机关不得作出对申请人更为不利的变更决定,但是第三人提出相反请求的除外。

条文解读

本条是关于行政复议机关应当变更行政机关(被申请人)所作行政行为的规定。

1. 可“变更”的具体情形适用和阐释

(1)关于“内容不适当”的界定。本条第1款第1项中所谓的“内容不适当”,就是行政行为违反了合理性原则。所谓合理性原则包括:平等非歧视原则、考虑相关因素原则以及比例原则。比例原则项下又包含合目的性原则、适当性原则、损害最小原则。平等非歧视原则要求行政机关作出行政行为应当做到同等情况同等对待,不歧视,不在同等情况下差异化对待。考虑相关因素原则要求行政机关作出行政行为时只能考虑与行政行为目的相关的因素,不能基于其他因素作出行政行为。[1] 比例原则要求行政行为要符合行政管理的正当目的性,所采取的手段和措施应当为法律所需并且手段和结果之间具有正当性;行政机关在可以采取多种方式实现某一行政目标的情况下,应当采取对当事人权益损害最小的方式。[2] 违背以上原则,即使作出的行政行为的事实清楚,证据确凿程序正当,适用法律正确,也因为“不尽合理”而应当被予以变更。

(2)关于“未正确适用依据”的含义和情形。本条第 1 款第 2 项中所谓的“未正确适用依据”是指行政机关据以作出行政行为的法律规范等依据不正确,可能存在应当适用 A 法却适用了 B 法,应当适用新法及其解释却适用了旧法及其解释,应当适用特别法却适用了一般法,因为法律理解上的偏差错误地适用了法律规范等情况。

(3)行政复议机关的调查取证权。本条第 1 款第 3 项的设立源于《行政复议法实施条例》第 47 条,本次行政复议法的修订草案将其纳入其中实则是对法律规范的一种整合。该项从条文设计上以行政复议机关的调查取证权为“变更行政行为”的合法性来源,实则是一种职权行使的上移,以此来消弭作出行政行为的行政机关的行权不足。从“权力—权利”的视角来看,这既是监督,也是救济。

2. 对于“更为不利”的理解以及对于但书条款的解释

本条第 2 款中“对申请人更为不利的变更决定”是指相较于被复议的行政行为,“变更决定”不得在原来决定的基础上减损申请人的合法权益,

---

〔1〕 参见余凌云:《行政法讲义》(第 3 版),清华大学出版社 2019 年版,第 177-178 页。

〔2〕 参见蒋红珍:《论比例原则——政府规制工具选择的司法评价》,法律出版社 2010 年版,第 38 页。

不得加重申请人的义务和负担或者使行政相对人处于更加“危困”的境地,进而有“变本加厉”“变相维持”“滥用权利”等效果,其逻辑类似于刑事诉讼中的“上诉不加刑”原则。但是这也有例外情况,即“第三人提出相反请求的除外”。所谓的相反请求就是与申请人的请求利益相反的事项,例如甲殴打了乙,被公安机关处以拘留 5 日的处罚,甲不服提起复议,而此时乙认为处罚太轻也提起复议要求加重处罚。在这种情形下,行政复议机关就可以作出相较于原行政行为“更为不利”的行政复议决定。该但书条款的立法精神在于保护第三人的合法权益,但其并不包括行政复议机关撤销行政行为后,原行政机关重新调查后基于新的事实、证据作出行政行为的情形。

适用要点

本条规定了行政机关有权直接变更行政行为的三种情形,其立法目的在于对于具备“事实清楚,证据确凿”条件的没有较大争议的案件,行政复议机关基于效率原则、公正原则等能够径行作出变更决定。这一方面能够以较高的效率维护行政相对人的合法权益,不用再责令行政机关重新作出行政行为,另一方面也体现了行政机关内部上下级之间的权力监督。申言之,行政复议机关变更行政行为的实质是对“轻微违法的行政行为”予以直接纠正。在适用本条时,应当注意以下几点:

1. 行政复议机关享有径行“变更”权的情形受到严格的限制,从而可以保证行政机关权力行使的“谦抑”。本条之所以列举上述三种情况下复议机关有权变更行政行为,其关键在于作出行政行为的行政机关(被申请人)此时并未出现重大违法或者明显不当的情形。从客观事实上讲,其“事实清楚,证据确凿”,在程序正义的权利保障上做到了“程序合法”,只是在“适用依据”以及“合理性”层面上具有轻微瑕疵和错误,因此此时重新要求行政机关(被申请人)再行原程序就显得烦琐,故基于效率价值和最大限度维护当事人权益角度出发,行政复议机关可以直接变更行政行为。

2. 本条既包括行政复议机关不得直接作出对申请人更为不利的行政复议决定,也包括行政复议机关不得以撤销等方式间接导致对申请人更为不利的结果。某些行政复议机关为了规避本条第2款的情形,实现“懒政”或者“报复相对人”等不当目的,以撤销行政行为的方式,暗中“授意”原行政机关重新作出对行政相对人“更为不利”的决定。此时,看似行政复议机关并未直接变更原行政决定(而是由行政机关作出),使行政相对人陷入更加不利的境地,但实际上此时行政机关(被申请人)成了行政复议机关恣意的“工具”,因此这种情况也应当受到本条第2款的约束。但是行政机关(被申请人)经重新调查后,依据新的事实和证据作出处理的应当除外;这是因为行政机关经过重新调查取证后作出行政行为的基础并不是在原来程序基础上确定的事实和证据,而是以开启新的程序为基础,调查事实、搜集证据,其无论是从目的性还是行为的规范性来说都是正当的,因此应当被排除在此种情形之外。

典型案例

肖某诉三门峡市公安局峡东分局案〔1〕

要旨:由于耿村矿防冲队职工张某不满肖某扣其工分,二人发生争吵并厮打。厮打中造成张某左手指错位,肖某头部受伤,左手和左手臂擦伤,右脸、眼部擦伤。经鉴定,张某、肖某的伤情均构成轻微伤。2019年7月24日,三门峡市公安局峡东分局(以下简称峡东分局)作出三公峡(治)行罚决字〔2019〕10020号处罚决定,以肖某殴打他人为由对其行政拘留6日,并处罚款200元的处罚。原告肖某不服该决定,遂向被告三门峡市公安局提

〔1〕 参见河南省高级人民法院行政裁定书,(2020)豫行申860号。

出行政复议。2019年10月10日，三门峡市公安局以三公复决字〔2019〕33号行政复议决定书作出维持决定。

我国行政复议制度的功能以化解行政争议为核心，通过化解行政争议，一方面要保护公民的合法权益，另一方面要审查行政机关的行政行为，即行政复议兼具权利救济和内部纠错功能。《行政复议法实施条例》第51条规定："行政复议机关在申请人的行政复议请求范围内，不得作出对申请人更为不利的行政复议决定。"该条规定是禁止不利变更原则在行政复议程序中的体现。根据该原则及立法精神，该条既包括行政复议机关不得直接作出对申请人更为不利的行政复议决定，也包括行政复议机关不得以撤销等方式间接导致对申请人更为不利的结果。但原行政机关经重新调查后，依据新的事实和证据作出处理的，不在此限。

本案中，肖某不服峡东分局对其罚款200元的行政处罚决定，向三门峡市公安局申请复议。三门峡市公安局经复议，先后两次撤销峡东分局所作行政处罚决定并责令重新作出处理。峡东分局通过询问肖某、张某、关某等人重新调查案件事实，最终依据新的事实和证据作出新的处罚决定，决定对肖某行政拘留6日并处罚款200元，并无不当。三门峡市公安局作出复议维持决定亦符合法律规定。综上，本案二审法院判决维持一审行政判决，即驳回肖某的诉讼请求正确。肖某再审申请理由不成立，依法应予驳回。

第六十四条 【撤销决定】行政行为有下列情形之一的，行政复议机关决定撤销或者部分撤销该行政行为，并可以责令被申请人在一定期限内重新作出行政行为：

（一）主要事实不清、证据不足；

（二）违反法定程序；

（三）适用的依据不合法；

（四）超越职权或者滥用职权。

行政复议机关责令被申请人重新作出行政行为的，被申请人不得以同一事实和理由作出与被申请行政复议的行政行为相同或者基本相同的行政行为，但是行政复议机关以违反法定程序为由决定撤销或者部分撤销的除外。

条文解读

本条是关于行政复议撤销决定的规定。

1. 行政复议机关可“撤销”的四种情形

本条规定行政复议机关有权撤销的行政行为主要包括四种情况：

（1）主要事实不清、证据不足的。法律是一种明确的行为规范，而根据法律规范作出的行政行为或者决定必然要求事实清楚，倘若事实不清，便无法厘清其中的法律关系，确定相应的法律事实，也就无法适用相应的法律规范，那么又何来公正的行政决定？此外，事实清楚尚不足够，还需要确凿的证据对事实予以证明。一般而言事实不清的原因在于证据不足，这也充分说明了二者的关系尤为紧密。当我们认为案件事实已经清晰时，但如果没有证据予以证明、支撑，那么这就只是我们“主观”认同的事实，并非法律层面的客观事实，难以为行政行为的合法性提供基础。

（2）违反法定程序的。程序正义是实质争议的重要保障，程序的设立就是为了行政行为的作出能够在每一个环节、流程上受到实质性的权力或者权利的制约，进而保证公正、公平、合法、有序。倘若行政机关未能按照法定程序作出行政行为，那么就意味着行政相对人的重要程序权利未能实现，例如陈述权、申辩权等，程序权利的丧失必然导致行政相对人的实体权利无法得到保障。在这种情况下作出的行政行为难以保证公平正义，也会严重损害行政机关的公信力。

（3）适用的依据不合法的。所谓“适用的依据不合法”是指行政机关据以作出行政行为的依据本身存在问题，不能成为行政行为合法性的来源、支撑。这种情况包括适用的依据与上位法冲突,适用的依据没有法律效力,适用的依据并非法律规范等情形。“适用的依据不合法”与“未正确适用依据”存在差别,前者是“依据”本身存在问题,因而结果必然错误;后者是“适用技术”上的错误,进而导致的结果错误,而“依据”本身没有问题。

(4)超越或者滥用职权的。超越职权是指行政机关在法律明确规定的职权之外作出行政行为,例如公安机关对属于海关的查处事项进行处罚等。超越职权的行政行为应当被撤销实际上是行政法理论中“越权无效”原则的重要体现。滥用职权是指行政机关在自己的职权范围内,以自由裁量等形式“过度”行使权力,从而实现不正当的目的。

在上述情形中,可能存在情形的竞合情况,例如“违反法定程序”可能也是“滥用职权”的一种表现。但“违反法定程序”是一种纯粹的“形式性要求”评价,其中不具有主观因素的考量,是一种客观要素评价;而“滥用职权”是一种“实质性要求”的判断,“违反法定程序”是其实现目的的一种手段。此外,“滥用职权”本身具有一定的“主观因素”,如故意等,其也是对权力运行本身的一种评价。二者的侧重点不同,在具体的适用上根据具体情况选择亦有不同,但是从结果上来看,二者都会被“撤销或者部分撤销”,因此不会引发较大的争议。

2. 本条第 2 款的适用条件以及对但书条款的阐释

本条第 2 款中规定,行政复议机关责令被申请人重新作出行政行为的,被申请人不得以同一事实和理由作出与被申请行政复议的行政行为相同或者基本相同的行政行为。本条的适用需要满足以下几个条件:(1)行政复议机关责令被申请人重新作出行政行为。(2)原则上被申请人重新作出的行政行为的事实和理由不得与之前被撤销的行为的相同。(3)若是作出新的行政行为的事实和理由与被撤销的行政行为的相同,那么其内容不得与被撤销行为的内容相同或者基本相同。这是为了防止行政机关(被申请人)懒政、变相的不作为以及报复行政相对人(申请人)的情况发生。但这里也有例外情形,即“行政复议机关以违反法定程序为由决定撤销或者部分撤销的除外”。这是因为部分违反法定程序的行为并不必然影响行政行为的最终决定,有些法定程序是否履行对于行政相对人的实际权利义务影响十分有限。例如,应当听证但未听证的处罚案件,虽然处罚决定被撤销了,但是根据事实和证据,行政相对人必然会遭受处罚,那么此种情况下不受前款的限制,行政复议机关可以作出“相同的处罚决定”。

适用要点

本条撤销或者部分撤销行政行为并责令作出原行政行为的行政机关在一定期限内重新作出行政行为的法理和逻辑在于:

第一,通过撤销或者部分撤销原行政行为消除原行政行为“公定力”和“拘束力”给行政相对人或者申请人造成的损害。因为行政行为一经作出即推定为“有效”,若未经法定程序撤销、确认无效或者确认违法,则当事人要受其效力的约束。

第二,撤销或者部分撤销实际上是对原行政行为的一种负面法律评价,其实质上是一种监督权的行使。

第三,由于作出原行政行为的行政机关较为了解案情,在取证、调查等方面具有一定的优势,因此复议机关可以责令其在一定期限内重新作出行政行为,这也兼顾了便利行政相对人和效率价值,亦有让“争议化解在基层”的价值。

在适用本条时应当注意以下几点:

1. 行政复议机关享有的权能包括:全部撤销权和部分撤销权。顾名思义,全部撤销权是指行政复议机关能够撤销行政机关(被申请人)所有或者全部、完整的行政行为;而部分撤销权,是指行政复议机关只撤销行政机关(被申请人)作出的部分行政行为。

2. “撤销权”行使的前提是具备“撤销”的条件。有些行政行为一旦作出就会发生不可逆转的事实效果,因此就不具备撤销的条件了。例如,行政机关拆除了某个建筑,此时行政复议机关就无法“撤销”拆除这一行为,因为其实质在于“撤销”行为本身无法恢复行政行为之前的状态、效力、利益等,故而“撤销”也就失去了意义和价值。

3. 行政复议机关责令行政机关(被申请人)在一定期限内重新作出行政行为时依然要具备作出行政行为的客观条件。如果此时已不具备本条限期履行职责中行政机关(被申请人)履行职责所必需的前提条件,那么此时也无法责令其重新作出行政行为。

4. 撤销的主体的行政复议机关,撤销或者部分撤销后的原行政行为自撤销之日起失去效力,在部分撤销的情况下未被撤销的部分依然合法有效。

典型案例

李某诉浙江省教育厅、中华人民共和国教育部案[1]

要旨:行政程序正当是当代行政法的主要原则之一。行政公开、公民参与、回避等程序要求是正当程序的基本内容。

本案中,浙江省教育厅在接受李某举报后,本应进行案件登记,送达受理通知,向被投诉人寄送投诉材料并告知相应权利,向双方当事人告知调查人员及鉴定专家的身份信息及依法享有的申请回避权利,依法形成调查报告并提出处理意见,以自己名义作出被诉行政行为,在合理期限内履行法定职责等。尤其在以《浙江省高等学校学术不端行为调查处理规程》(以下简称《调查处理规程》)第16条的规定为依据介入调查处理时,更应遵循《调查处理规程》第8条和行政正当程序的要求,在案件调查处理时,履行听证程序,听取各方当事人的陈述、申辩和质证

〔1〕 参见浙江省高级人民法院行政判决书,(2018)浙行终539号。

意见,告知双方当事人依法享有对调查、鉴定人员的申请回避权利,听取对拟处理结果的陈述和申辩等。但浙江省教育厅却在作出回复的过程中严重忽略了李某依法享有的申请回避和陈述申辩权利。并且,浙江省教育厅在原审时亦未能举证证明其所聘请的专家是否具备资质,专家所作结论是否具备事实依据及权威性,聘请程序是否公开透明符合规范要求等。鉴于浙江省教育厅作出回复时严重违反行政程序正当原则,属于严重违法,而原审仅将该行为认定为行政程序轻微违法,属于事实认定不清、法律适用错误,故应依法撤销被诉行政行为并判令浙江省教育厅重新作出具体行政行为。教育部在作出被诉行政复议决定时,未能甄别浙江省教育厅的被复议申请事项存在程序严重违法之事实,而以"内容适当,程序合法"为由作出复议维持决定,显属认定事实不清,适用法律错误,故对其行政复议决定依法应予撤销。李某提出的上诉理由成立,法院依法予以采纳。

第六十五条 【确认违法决定】行政行为有下列情形之一的,行政复议机关不撤销该行政行为,但是确认该行政行为违法:

(一)依法应予撤销,但是撤销会给国家利益、社会公共利益造成重大损害;

(二)程序轻微违法,但是对申请人权利不产生实际影响。

行政行为有下列情形之一,不需要撤销或者责令履行的,行政复议机关确认该行政行为违法:

(一)行政行为违法,但是不具有可撤销内容;

(二)被申请人改变原违法行政行为,申请人仍要求撤销或者确认该行政行为违法;

(三)被申请人不履行或者拖延履行法定职责,责令履行没有意义。

条文解读

本条是关于行政复议确认违法决定的规定。

《行政复议法》(2017 年修正)第 28 条对各类纠错决定作了集中规定:该条第 1 款第 2 项规定了履职决定,第 1 款第 3 项混同规定撤销、变更以及确认违法决定。但如此设计,会影响履职决定的监督实效以及导致监督纠错裁量权过大。为此,本次修订针对不同纠错决定明确了区分适用对象,对选择适用对申请人更为有利、监督更具实效的纠错决定进行了明确。

1. 关于对“不撤销该行政行为,但是确认该行政行为违法”的理解

本条第 1 款是针对被申请人的行政行为符合本法第 64 条行政复议机关应当予以撤销或者部分撤销的情形,但是仅确认其违法。该款规定了两种情形,同为确认违法复议决定但是效果不同。第一种情形是行政行为虽然违法,但是考虑到其他法益,该行政行为仍然有效,不予撤销。第二种情形是行政行为虽然程序违法,但是其轻微违法,并未对申请人的权利产生实际影响,如处理期限轻微违法、通知与送达等程序轻微违法等。出于提高行政效率的考虑,客观上无须撤销,因此只宣告该行政行为违法。

2. 关于对“不需要撤销或者责令履行的,行政复议机关确认该行政行为违法”的理解

本条第 2 款针对的是无法撤销行政行为或者无法责令行政机关履行行政行为的情形。对此,行政复议机关应当作出确认行政行为违法的复议决定,其包括三种情形:一是行政行为违法,但是不具有可撤销的内容。例如,行政机关违法强制拆除房屋,该强拆行为无法被撤销,只能确认该行政行为违法。二是被申请人改变原违法行政行为,申请人仍要求撤销或者确认该行政行为违法。例如,行政机关对政府信息公开申请不作为,在行政复议期间履行了作为义务,但是申请人仍要求确认该行政行为违

法，在履职事实确认的情况下，因申请人的目的已经实现，其据以要求履职的权利消灭，此时行政复议机关只能确认行政机关不作为的行政行为违法。三是被申请人不履行或者拖延履行法定职责，责令其履行职责没有意义。行政复议机关作出责令履行法定职责决定的适用前提是责令履行仍然有实践意义。行政相对人采取法律救济措施是为了依法保护其自身合法权益。当行政机关不依法履行或拖延履行法定职责时，行政复议机关应优先作出责令其履行法定职责的行政复议决定。如果被申请人再履行职责已无意义，依照行政复议申请人的请求，应确认被申请人不履行或者拖延履行法定职责的行为违法。

适用要点

复议机关审理行政复议案件，不仅要审查行政行为的合法性，监督行政机关依法行政，促进法治政府建设，还要解决行政争议。行政行为的撤销，既涉及行政行为的公信力、稳定性，又可能牵涉相关利害关系人的权益变化，故撤销行政行为宜秉持慎重、严格遵循法定程序的原则，并确保其实体合法。确认违法符合实际情况，有利于丰富行政复议决定形式，增强法律的科学性和可执行性。

由于行政行为具有公定力，除因严重违法而自始无效外，在未经法定机关和法定程序撤销或变更之前，行政机关作出的行政行为都推定为有效。因此，被申请人作出的行政行为在仅被行政复议机关确认违法而未被撤销的情况下，依然是有效的行政行为，对行政机关、行政相对人、其他利害关系人以及其他国家机关仍具有约束力。

典型案例

广东省连南瑶族自治县寨岗镇某村民委员会某村民小组1、某村民小组2、某村民小组3与广东省清远市人民政府、阳山县太平镇杏棠村民委员会土地确权行政复议案[1]

要旨：行政复议机关审理行政复议案件，不仅要审查行政行为的合法性，监督行政机关依法行政，促进法治政府建设，还要解决行政争议。

本案中，根据一、二审查明、广东省清远市人民政府（以下简称清远市政府）亦认可的事实，连南瑶族自治县人民政府（以下简称连南县政府）换发2×8号林权证的行为，其实体处理结果并无不当，只是根据《广东省林地林权登记换发证工作补充规定》第14条的规定，连南县政府换证过程中，没有与阳山县人民政府成立联合工作组，组织双方山林权利人到现场勘查核实，单方发证，违反法定程序。在此情形下，清远市政府依照《行政复议法》（2017年修正）的规定，有权撤销2×8号林权证，也可以决定确认2×8号林权证违法不撤销。但是，决定撤销被诉换发的林权证，违反实质化解行政争议的立法目的。因此，被诉撤销2×8号林权证行为适用法律错误，依法应当予以纠正，根据《行政复议法》（2017年修正）第28条第1款第3项的规定，并参照《行政诉讼法》第74条第1款第1项的规定，应当依法确认换发2×8号林权证行为违法，保留该证的法律效力。

第六十六条　【限期履行职责】被申请人不履行法定职责的，行政复议机关决定被申请人在一定期限内履行。

[1] 参见中华人民共和国最高人民法院行政判决书，（2019）最高法行再28号。

条文解读

本条是关于行政机关(被申请人)不履行其法定职责,行政复议机关要求其履行职责及期限的规定。

1. 行政机关不履行法定职责(行政不作为)的构成要件

行政机关不履行法定职责通常表现为行政机关不作为,而行政不作为是指行政机关负有某种法定职责或者对于特定的行政相对人具有法定的作为义务,行政机关能够履行该义务却不履行该义务。[1] 通过上述概念可以得知,行政机关未履行法定职责(行政不作为)有以下几个构成要件:

(1)具有履行某项义务的法定职责或者具有法定的作为义务。其中作为义务的来源包括:一是法律、法规、规章等直接规定的行政作为义务。二是特定行政机关基于其机构性质或者公共利益、服务等需要,行政相对人可以要求其履行特定职责。例如,公安机关负有保障人民生命健康和财产安全的义务。三是行政合同以及行政承诺所产生的“意定”义务。这种协商产生的作为义务,亦应当纳入行政机关应当履行的职责范畴,其背后的逻辑是“信赖利益”的存续。四是先行政行为所产生的作为义务。由于行政机关先前所做的某些行政行为,行政相对人的合法权益受到损害或者处于“危险状态”,那么行政机关必须采取相应措施防止损害扩大,这也是一种行政机关应当履行的职责、义务。

(2)必须是对特定的行政相对人具有作为义务或者应当履行职责。如果缺乏特定的主体请求行政机关将抽象职责具体化,或者相关主体没有使用请求权作为行政职责履行的“按钮”,那么行政机关也难以对纷繁复杂的违法行为或者应当履行职责的情形进行及时行权,行政机关亦不会对这些情况承担不作为的责任。

---

〔1〕 参见余凌云:《行政法讲义》(第3版),清华大学出版社2019年版,第187-188页。

(3)行政机关具有履行职责或者履行作为义务的可能性。如果行政机关丧失了履行职责或作为的可能性,那么让其"履行职责"实际上并无意义。

(4)行政机关未履行其法定职责或者应当作为的义务。这里包含两种情况:一是积极不作为,即拒绝履行,表现为行政机关对行政相对人的请求明确表示拒绝;二是消极不作为,即迟延履行。表现为行政机关对行政相对人的请求在法定或者合理期限内不予回应,其实质上是以一种"默示"的方式表示拒绝。

2."限期履行职责"的前提条件

本条行政复议机关要求行政机关(被申请人)在一定期限内履行的前提,是行政机关具有履行的可能性或者其履行能够产生即时履行下的行政利益,换言之就是"能为"。如果行政机关的作为义务已经不具备客观上的履行可能性或者行政相对人的特定权益已经发生了无可挽救的损失,那么行政复议机关就无法再要求行政机关"限期履行"了。例如,某运输司机因驾驶不当造成运输的瓜果散落,运输司机请求公安机关等部门立即予以帮助,帮其收拾路面瓜果以及恢复交通;但公安机关等部门未及时履行职责,造成路面瓜果因未及时清理而大量腐烂。在这种情况下若再要求公安机关等部门履行职责就没有实质意义了,不符合"能为"的要求。

3."一定期限"的确定和适用

本条中的"一定期限"主要包括以下几种情况:(1)行政机关法定职责要求的履职期限或者作为义务的期限,该期限通常由法律法规等直接规定。(2)复议机关确定的期限,即行政复议机关通过了解案情并结合申请人与被申请人的相关实际情况予以确定的期限。(3)行政机关承诺,行政相对人同意且行政复议机关予以认可的期限。(4)基于其他法律、法规或者其他实际情况确定的"合理期限"。由于行政机关行政执法、履行职责的情况日益复杂,不同的案件基于不同的情况可能并没有相应的执法裁量基准;基于这种情况,可能需要结合实际情况、现实需要以及其他法律部门或者体系等以类推适用等方式确定相应的“合理期限”。

适用要点

行政复议机关要求应当履行法定职责的行政机关(被申请人)在一定期限内履行职责体现的是一种上级机关对下级机关的指导、管理、监督职能,行政机关(被申请人)在行政复议机关限定的期限内作出行政行为既是对法定职责的履行,也是对上级“命令”或者“指示”的执行。本条文在具体适用时,应当注意以下内容:(1)行政机关(被申请人)存在行政不作为的情形,要符合相应的构成要件,尤其是行政机关“法定职责”或者“作为义务”的范围要有明确的规范依据。(2)责令“限期履行职责”具备“履行”的客观条件、行政法利益等前提条件。(3)作出行政行为的主体是行政机关(被申请人),而不是行政复议机关。(4)行政机关(被申请人)履行的职责必须指向特定主体,否则没有权利的继受主体,就自然无相应的义务,也就不存在所谓的未履行法定职责或者不作为了。

典型案例

赵某与河南省工商行政管理局工商行政管理案[1]

要旨:原告赵某向郑州市工商行政管理局举报海南某有限公司郑州分公司在郑州市经三路擅自设立分支机构,请求对其予以处罚。该局答复该公司不构成擅自设立分支机构、无照经营行为。原告向被告河南省工商行政管理局申请行政复议,请求确认郑州市工商行政管理局存在不作为行为,而被告却对该局的销案决定作出认定。原告认为被告剥夺了原告对销案决定的

[1] 参见河南省郑州市金水区人民法院行政判决书,(2015)金行初字第123号。

救济途径，遂诉至法院。根据《行政复议法》(2009年修正)第28条第1款第2项的规定，被申请人不履行法定职责的，行政复议机关决定其在一定期限内履行；《行政复议法实施条例》第48条第1款第1项的规定，申请人认为行政机关不履行法定职责申请行政复议，行政复议机关受理后发现该行政机关没有相应法定职责或者在受理前已经履行法定职责的，行政复议机关应当决定驳回行政复议申请。本案中，原告请求被告责令郑州市工商行政管理局对原告的举报事项作出处理决定并告知结果，系其认为该局未履行法定职责才申请的行政复议。原行政机关在复议过程中作出行政行为，被告应当就该局是否依法履行法定职责作出认定，而非对其履行职责内容的正确与否直接作出认定。对于原告请求撤销被告作出的行政复议决定，并对原告的行政复议请求作出决定，法院予以支持并依法判决：责令被告河南省工商行政管理局在法定期限内对原告的行政复议申请重新作出行政行为。

第六十七条　【确认无效决定】行政行为有实施主体不具有行政主体资格或者没有依据等重大且明显违法情形，申请人申请确认行政行为无效的，行政复议机关确认该行政行为无效。

条文解读

本条是关于行政复议确认无效决定的规定，是行政复议机关经审查认为行政行为存在重大且明显违法的情形时，依法作出的确认该行政行为无效的认定。

1. 行政行为无效的判断标准

本条确立了在行政复议案件中认定行政行为无效的重大且明显违法标准，即行政行为仅限于存在重大而且明显的瑕疵时才是无效的。采取重大且明显说的理论依据在于，机关作成的行为倘违法瑕疵达到无法指望任何人去承认其拘束力的明显程度,由于一般人面对此类的行政行为,理智上都不会认为其有拘束力,进而对其产生信赖,因此采用实质正义优先立场,直接令其归于无效,就不会有法安定性的顾虑。

2. 本条确认行政行为无效的判断标准

与日本的无效认定标准相比,我国是用立法的形式确立了行政行为无效的标准;但在实践中,法院有时并不能清楚地论证何为重大明显的违法,更多的是列举出事实,简单地定性,将行政行为归入重大且明显违法之中,甚至根本不提重大且明显标准。这在一定程度上也表明了重大且明显标准的局限性。本条规定的行政行为无效标准中,明确列举了两种情形,即实施主体不具有行政主体资格或者没有依据。这两种情形是否也要达到重大且明显违法的程度,在实践中有不同的理解。当然,无论如何列举,终究会留下一定的弹性空间,因为无效行政行为的功能就在于提供一种例外的救济。这种例外是在对种种价值权衡之后的判断,难以彻底从规范上依逻辑演绎或者事前作出预测评估。

适用要点

确认行政行为无效是对行政行为最严厉的否定性评价,无效的行政行为在实体法上自始至终不产生效力,在救济法上,当事人可随时在任何相关的程序中主张其无效,因此应当严格适用。本条确立的“重大且明显”违法标准,体现了法安定性与实质正义的权衡要求,但实践也表明,这一标准难以适用于所有的行政行为无效案件。从现行法的实施角度来说,一方面应继续肯定重大且明显的无效标准,另一方面也要允许行政复议机关在特定情况下根据重大且明显说的实质内涵作出无效认定。

典型案例

再审申请人王某梅因诉平顶山市新华区人民政府确认房屋征收补偿决定无效一案[1]

要旨：本案中，项目地块已由河南省人民政府作出豫政土〔2010〕761号《河南省人民政府关于平顶山市2010年度第四批城市建设用地的批复》批准。平顶山市新华区人民政府(以下简称新华区人民政府)于2015年11月30日作出平新政征字〔2015〕4号《新华区人民政府关于对李庄新村改造项目国有土地上房屋征收的决定》并予以公告。另案中王某红、王某辉等6人因不服该征收决定及行政复议决定，提起行政诉讼。法院的生效行政判决驳回了6人的诉讼请求。王某梅未在征收公告规定的签约期限内签订补偿安置协议，新华区人民政府在履行了必要的程序后，根据《新华区李庄新村改造项目房屋征收补偿安置方案》及评估报告的结论对王某梅作出被诉《房屋征收补偿决定书》。该征收补偿决定从作出主体、法律规范依据、决定书内容等方面看，不属于行政诉讼法规定的无效情形。根据《最高人民法院关于适用〈中华人民共和国行政诉讼法〉的解释》第94条第2款的规定，本案一审法院经审查认为被诉《房屋征收补偿决定书》不属于无效情形，已经明确向王某梅释明，建议其变更诉讼请求为撤销《房屋征收补偿决定书》，但王某梅拒绝变更诉讼请求。因此，原审法院判决驳回王某梅的诉讼请求并无不当。

第六十八条　【行政复议的维持决定】行政行为认定事实清楚，证据确凿，适用依据正确，程序合法，内容适当的，行政复议机关决定维持该行政行为。

---

〔1〕参见中华人民共和国最高人民法院行政裁定书，(2019)最高法行申6768号。

条文解读

本条是关于行政复议维持决定的规定。

1. 行政复议的维持决定始于《行政复议条例》时期。行政复议是行政行为,其核心功能是加强行政机关的自身监督,提高行政机关依法行政的水平。维护和监督行政机关依法行使职权是《行政复议条例》确定的行政复议的核心功能。一方面,强调复议机关维护行政机关依法行使职权,使行政行为的合法性及时得到确认。另一方面,强调对行政行为的全面监督,核心在于审查被申请人是否依法行使职权和是否在合理限度内规范行使裁量权。由于维持决定既能够表明复议机关对行政行为的积极性认可,也是对行政行为合法合理性审查结果的直接体现,故维持决定符合行政复议的行政属性。

2. 1999 年公布的《行政复议法》立法目的条款主要作了两处调整。一是由"保障"功能替代"维护"功能,通过确认行政行为的合法性来"保障和监督行政机关依法行使职权"。二是将"防止和纠正违法的或者不当的具体行政行为"前移至立法目的条款的第一顺位,加强对违法或不当行政行为的监督。可以看出,统一立法早期不仅延续了制度初创期对于行政复议行政性的认识,更加强调行政复议的内部监督功能。

3. 为回应改革关键时期社会矛盾多发的挑战,《行政复议法实施条例》明确将"解决行政争议、建设法治政府、构建社会主义和谐社会"写入立法目的条款,这意味着行政复议在内部监督功能的基础上,进一步承担社会救济的功能。2020 年,中央全面依法治国委员会提出要"发挥行政复议公正高效、便民为民的制度优势和化解行政争议的主渠道作用"。本次修订的《行政复议法》将"主渠道"列入立法目的条款。"主渠道"目标既要求行政复议机关在实现层级监督的同时公正化解行政争议,也要求充分激发行政复议高效、专业的制度优势。

适用要点

1.“事实清楚,证据确凿”的认定和适用

(1)事实清楚

事实的存在及其正确认定,是行政行为能够成立的基本事实要件,是行政行为正确性和合法性的基础和前提。如果事实不清,或者认定错误,或者事实根本就不存在,或者未经充分调查而认定,都属于行政行为在事实方面的错误,从而影响行政行为的合法性。

行政行为认定事实清楚,是对所查办案件的基本要求,是指当事人违法作出行为的时间、地点、动机、目的、手段、后果及其他情况必须清楚,可以概括为何人、何时、何地、何事、何情节。如在无照经营案件中,当事人的违法事实应由实施违法行为的人员、行为的结果,违法行为的起始时间、行为发生地、具体行为构成。只有上述内容齐全,才可谓事实清楚。

(2)证据确凿

“证据确凿”是从证据的定性上而言的,而非定量。“证据确凿”并非指行政行为作出依据的所有证据都确凿,也不等于认定的次要证据都确凿,而是指主要证据确凿。

2.“适用依据正确,程序合法”的认定和适用

(1)适用依据正确

“适用依据正确”是指行政行为所适用的法律依据正确。行政行为可适用的依据包括法律文件依据,如行政处罚法、行政许可法、行政强制法等,也包括不具有立法权的行政主体依照法定职权和法律所作的其他规范性文件依据。

(2)程序合法

行政行为作出或者履行等程序要有相应的法律、法规规定,同时还要有行政主体履行行政程序的事实依据。不同的具体行政行为,其行政程序不同。人民法院对违反法定程序的具体行政行为,应当判决撤销,或者判决重新作出具体行政行为。

我国没有专门的行政程序法，对行政程序的规定，主要体现在部门法律、法规和规章中。所以，审查具体行政行为的行政程序是否合法，就要根据具体行政行为的性质和特点，审查其应该执行的程序。在行政审判实践中，行政程序违法，且影响具体行政行为合法性全局的，对该具体行政行为则应予以撤销；行政程序存在“瑕疵”，但不影响合法性全局的，则不产生撤销具体行政行为的法律后果。

3. 复议维持决定的效力

(1)复议维持决定不同于行政决定

复议维持决定是基于裁判原理作出的，它更类似于法院的判决，故它不同于行政决定。行政复议维持决定的效力内容是十分清楚的。经审查，复议机关若认为原行政行为“认定事实清楚，证据确凿，适用依据正确，程序合法，内容适当”，则应当作出维持决定。复议维持决定对于申请人而言，仅仅产生如下两种程序性拘束效力：其一，申请人不得再次向复议机关或者复议机关的上一级机关申请复议；其二，若属于复议前置情形，则复议维持决定构成了申请人提起行政诉讼的一个特别要件。

(2)复议维持决定与原行政行为的关系

行政复议机关经过复议后维持原行政行为，即维持了它的合法存在性。可见，复议维持决定仅仅是复议机关对原行政行为合法性作出的一种具有行政监督意义上的“认同”，其既不是以复议维持决定效力覆盖原行政行为，也不是以复议维持决定的效力代替原行政行为的效力，更不增加、减少申请人既有的权利和义务。

典型案例

傅某某与重庆市沙坪坝区劳动和社会保障局工伤认定纠纷上诉案[1]

要旨：一审法院判决重庆市沙坪坝区劳动和社会保障局所作工伤认

[1] 参见重庆市第一中级人民法院行政判决书，(2010)渝一中法行终字第2号。

定决定认定的基本事实清楚，适用法律法规正确，程序合法。傅某某不服一审判决，上诉称，上诉人系第三人的道纤工，该工种无午休时间，故请求二审法院撤销一审判决，依法确认上诉人的受伤为工伤。二审法院经审理认为被上诉人主张上诉人傅某某摔伤不是在工作时间、工作场所内出于工作原因受到事故伤害的理由缺乏证据证明。

二审法院认为一审判决认定事实不清、适用法律错误，被诉具体行政行为主要证据不足、滥用职权。二审法院作出撤销一审判决、撤销重庆市沙坪坝区劳动和社会保障局作出的沙劳社伤险认决字(2009)397号工伤认定决定的终审判决。

第六十九条 【驳回行政复议申请决定】行政复议机关受理申请人认为被申请人不履行法定职责的行政复议申请后，发现被申请人没有相应法定职责或者在受理前已经履行法定职责的，决定驳回申请人的行政复议请求。

条文解读

本条是关于履行法定职责案件中驳回行政复议申请决定的规定。

在该条的解读上，一个重要的概念便是“法定职责”，故需要明确何为法定职责。广义上的职责由组织规范调整，狭义上的职责由根据规范调整，由此“法定职责”也可有广义与狭义两种解释。广义上的“法定职责”只要求组织规范规定行政主体必须管理某项事务，在此种情况下行政主体即负有作出特定行为的职责(权力)。狭义上的“法定职责”则更进一步，除要求组织规范赋予行政主体抽象的管理权外，还需要根据规范明确规定行政主体可以做哪些具体的行为；若仅有组织规范抽象赋权，而没有根据规范具体明确，则仍然不能认定行政主体负有某项“行政职责”。法定职责是指行政主体依据法律、行政法规、地方性法规、自治条例和单行条例以及规章的规定或授权进行与其职权范围一致的某些行政管理活动,以实现其具体行政管理职能所应承担的法定职责内容和责任义务。

那么,本条中“法定职责”中的“职责”应作广义理解还是狭义理解呢?从依法行政理念的演进的角度看,是可以得出狭义理解的结论的。依法行政最初的含义是行政必须服从法律,无法律之处无行政,所有的行政活动由法律绝对保留。进入21世纪以来,随着经济、科技和社会发展以及政府职能的逐渐扩张,依法行政之“法”扩大到行政立法、地方立法。后来,人们意识到,立法文件永远落后于社会生活,依法行政所依据的“法”不仅限于上述制定法的一些规定,还包括一些基本的法理,在特殊条件下还包括那些尚未上升为法律规范的国家政策。但无论“法”的外延如何确定,行政职权必须明确具体,否则行政主体将无所适从。从行政救济的角度来说,尽管我们在服务行政的大视野下要求行政主体能够履行诸多法律没有明确规定的职责,但是若不将行政主体拒绝履行法定职责用救济制度确立下来,就无法建构行政主体和行政相对人之间的理性关系。“法定职责”应当是实体法和程序法有明确规定的职责,行政相对人请求行政主体履行的相应职责都应当从行政实体法中找到依据。

适用要点

1.“被申请人没有相应法定职责”的认定和适用

不履行法定职责包括行政机关负有法定职责而“拒绝履行”和“不予答复”两种情形,但行政机关不履行法定职责的基础和前提是行政机关具有相应的法定职责。当申请人认为被申请人未履行法定职责,向行政复议机关提起复议申请时,行政复议机关首先应当审查被申请人是否具有被申请履行的相应的法定职责。如果被申请人没有相应的法律责任,则申请人申请被申请人履行法定职责也无从谈起。

比如,某申请人对特定减免税政策有异议,认为该政策不符合国家有关规定,导致其进口设备不能享受减免税待遇,为此,该申请人向海关复议机关提出行政复议。海关复议机关受理后发现,该复议申请所涉及的内容应当由国家发改委作出解释,其不是海关的法定职权,于是海关行政复议机关作出驳回该行政复议申请的行政复议决定。

2.“受理前已经履行法定职责”的认定和适用

申请人认为行政机关不履行法定职责而申请行政复议,行政复议机关受理后发现被申请人在行政复议机关受理该行政复议申请之前已经履行法定职责的,应决定驳回行政复议申请。在该情况下,被申请人在行政复议机关受理行政复议案件前已经履行了法定职责,说明申请人认为被申请人不履行法定职责的情形已不存在,只有驳回申请人的行政复议申请,终结行政复议程序,才是适当的处理方式。

需要注意的是,“受理前已经履行法定职责”是指在行政复议机关受理行政复议申请前,被申请人已经履行法定职责。如果是行政复议机关受理行政复议申请后,被申请人才履行的法定职责,那么,除非申请人撤回行政复议申请,否则不影响行政复议案件的审查。

典型案例

邵某与盐城市司法局、江苏省司法厅不履行法定职责、行政复议二审案[1]

要旨:上诉人(行政复议申请人)邵某诉被上诉人盐城市司法局、江苏省司法厅履行法定职责暨行政复议一案,因不服向江苏省盐城市中级人民法院提起上诉。上诉人邵某上诉称:一审法院审理程序违法;一审法院事实认定错误,适用法律不当。被上诉人盐城市司法局答辩称,对上诉人的投诉处理程序合法,对上诉人的投诉处理决定合法。

二审法院经审理认为,《律师和律师事务所违法行为处罚办法》第2

〔1〕 参见江苏省盐城市中级人民法院行政判决书,(2021)苏09行终122号。

条规定，律师、律师事务所有违法行为，应当给予行政处罚的，由司法行政机关依照《律师法》《行政处罚法》和有关法律、法规、规章以及本办法的规定实施行政处罚。被上诉人盐城市司法局作为盐城市辖区内的司法行政机关具有对辖区内律师、律师事务所的违法行为作出行政处罚的职权。《行政复议法》(2017年修正)第12条第1款规定，对县级以上地方各级人民政府工作部门的具体行政行为不服的，由申请人选择，可以向该部门的本级人民政府申请行政复议，也可以向上一级主管部门申请行政复议。本案中，被上诉人江苏省司法厅作为盐城市司法局的上一级主管部门，具有对申请人对盐城市司法局作出的行政行为不服进行复议的法定职责。

二审法院经过审理认为，被上诉人江苏省司法厅作为盐城市司法局的上一级主管部门，具有对申请人对盐城市司法局作出的行政行为不服进行复议的法定职责。该案中，上诉人邵某投诉的“知本律所、律师汤某伪造、变造证据，虚假诉讼，侵占求助人邵某财产”的问题，是基于某公司、上诉人与知本律所的代理合同纠纷产生的矛盾。关于上诉人投诉的汤某律师对其进行殴打的问题，上诉人陈述其已向公安机关进行控告，且未能提交证据证明殴打事实的存在。被上诉人江苏省司法厅依法受理行政复议申请后，通知盐城市司法局答复，对行政复议申请进行审查。因案情复杂，被上诉人江苏省司法厅依法延长审理期限30日，且在期限内作出涉案行政复议决定并送达，其行政复议决定认定事实清楚，适用法律正确，程序合法。故江苏省盐城市中级人民法院二审判决认为，上诉人邵某的上诉理由不能成立，不予支持。原审判决认定事实清楚，适用法律正确，程序合法，应予维持。

第七十条 【举证不能的法律后果】被申请人不按照本法第四十八条、第五十四条的规定提出书面答复、提交作出行政行为的证据、依据和其他有关材料的，视为该行政行为没有证据、依据，行政

复议机关决定撤销、部分撤销该行政行为，确认该行政行为违法、无效或者决定被申请人在一定期限内履行，但是行政行为涉及第三人合法权益，第三人提供证据的除外。

条文解读

本条是关于被申请人不能承担举证责任时应当承担不利的法律后果的规定，是被申请人不依法承担举证责任的法律后果。

1. 行政复议中的举证责任分配

举证责任分配是关于案件存疑时败诉风险在当事人之间的分配，其目的在于帮助行政复议机关在案件事实认定存疑时得以顺利作出决定，即败诉风险由承担举证责任的当事人承担。行政复议中，被申请人应当对其作出的行政行为负有举证责任，这是因为被申请人作为行政机关，其作出的具体行政行为，必须具有事实依据和法律依据，否则就是违法行政。如果被申请人不能依法提供事实依据和法律依据，说明被申请人不是依法行政，因此其应当承担败诉的风险，即行政复议机关应当依法决定撤销、部分撤销该行政行为，或者确认该行政行为违法、无效或者决定被申请人在一定期限内履行。这种由被申请人承担举证责任，若举证不能就要承担不利后果的规定，意在促使行政机关及时履行自己的法定职责，既符合法治原则，也突出了行政机关一方所负的义务，有利于保护公民、法人和其他组织的合法权益，也有利于行政复议工作的顺利开展。

2. 举证不能的情形与"但书"规定

现阶段，我国行政复议举证责任分配基本遵从了行政诉讼举证责任分配制度。本法第 48 条、第 54 条分别规定了被申请人在行政复议普通程序、简易程序中应当对其作出的行政行为的合法性、适当性承担举证责任。本条中规定的"被申请人不按照本法第四十八条、第五十四条的规定提出书面答复、提交作出行政行为的证据、依据和其他有关材料"，可包含两种情况：一是被申请人不提供证据；二是被申请人无正当理由逾期提供证据。本条但书中规定“行政行为涉及第三人合法权益，第三人提供证据的除外”，是对于被申请人举证不能的免责条款，也是充分考量行政纠纷中当事人双方的地位、纠纷的性质、有关事实举证的难易程度，在举证责任倒置的大框架下，本着查明案件事实真相的目的，通过完善质证辩论程序及更全面规定针对不同种类行政行为复议举证责任归属，保障申请人与第三人的举证权利，从而实现举证责任在申请人与被申请人之间的合理流动。

适用要点

行政复议举证责任分配及其法律后果是基于不同种类行政行为的差别，以及行政复议机关对行政事务更为了解等因素，将分配的一般性规则与具体性规则结合，既要求满足行政复议的一般性要求，又要求满足行政复议的特殊性要求。同时，行政复议公正与效率并重的定位，要求行政复议应更快速地接近事实真相，因此在各方举证责任方面可以基于此在合理限度内予以分配。

典型案例

辽宁省凌源市松岭子镇东道村东庄村民组诉辽宁省朝阳市人民政府行政复议案[1]

要旨：行政复议与行政诉讼的立法目的都是纠正违法行政行为，保护公民、法人或者其他组织合法权益，监督行政机关依法行政。按行政案件的一般证据规则，举证责任由被告即行政机关承担。被告因不提供或无正当理由逾期提供证据而败诉，是被告违反证据规则的法律制裁，但当被

〔1〕 参见中华人民共和国最高人民法院行政裁定书，(2020)最高法行申154号。

诉行政行为涉及第三人合法权益时，为保护第三人在被告不举证情况下的合法权益，《行政诉讼法》（2017年修正）第34条第2款增加了第三人的举证权利。因此，被告不举证或逾期举证，人民法院不能简单地判决被告败诉，行政复议机关也不能简单地决定撤销原行政行为。

本案中，辽宁省凌源市人民政府（以下简称凌源市政府）未能在行政复议程序中提交证明颁发涉案林权证合法性的林权登记档案等证据材料，但涉案林权证的所有权权利人系辽宁省凌源市松岭小镇东道村东庄村民组（以下简称东庄组），不考虑东庄组提交的证据，未对发证行为合法性进行全面审查的情况下，只因凌源市政府未能提供相关证据而认定发证行为无证据、依据并予以撤销，有违基本法理。

第七十一条　【行政协议的复议决定】被申请人不依法订立、不依法履行、未按照约定履行或者违法变更、解除行政协议的，行政复议机关决定被申请人承担依法订立、继续履行、采取补救措施或者赔偿损失等责任。

被申请人变更、解除行政协议合法，但是未依法给予补偿或者补偿不合理的，行政复议机关决定被申请人依法给予合理补偿。

条文解读

本条是关于行政协议复议决定的有关规定。

1. 行政协议纳入行政复议范围

（1）行政协议。行政协议是指行政机关为了实现行政管理或者公共服务目标，与公民、法人或者其他组织协商订立的具有行政法上权利义务内容的协议。例如，政府特许经营协议、房屋征收征用补偿协议、国有自然资源使用权出让协议等都是行政协议的表现形式。可以看出，行政协议包含行政性与协议性的双重属性；行政协议也是行政主体行使职权、履行行政职责、实现行政管理目标的一种方式。

(2)行政协议纳入行政复议范围的历史发展。行政协议是否属于行政复议范围的问题一直是司法实践的热点。在本次修订之前,《行政复议法》(2017 年修正)并未明确将行政协议纳入行政复议范围;最高人民法院以指导性案例方式,原国务院法制办公室以复函方式也表示行政协议争议不属于行政复议案件的受理范围。本次修订将行政协议纳入行政复议受案范围,并对行政协议复议决定作出了规定。这一举措既是行政诉讼与行政复议衔接的要求,又是发挥行政复议化解行政争议主渠道作用的体现,同时有利于发挥行政复议公正高效、便民为民的制度优势。

2. 行政协议的行政复议决定类型

本条规定的对于行政协议的行政复议决定方式,包括承担依法订立、继续履行、采取补救措施、赔偿损失责任和依法给予补偿五种方式。

(1)承担依法订立协议责任。此种决定方式适用于行政复议机关经审查后,认为行政相对人符合订立协议条件而行政机关无正当理由拒绝订立行政协议的情况。对此,行政复议机关应当作出行政机关承担依法订立协议责任的决定。如申请人获得采矿许可权后,矿产资源管理部门不与其订立矿产资源有偿使用权出让协议,则行政复议机关可以作出矿产资源管理部门承担依法订立协议责任的决定。[1]

(2)承担继续履行协议责任。行政协议订立后,行政复议机关审查后认为行政机关违反了合同全面履行原则,存在拒绝履行、不完全履行或者迟延履行等情形,行政复议机关可以作出责令行政机关承担继续履行责任的决定。

(3)承担采取补救措施责任。补救措施具有事后补充救济的功能。复议机关针对行政行为违法,且行政协议无法履行或者继续履行无实际

〔1〕 参见章剑生:《行政协议复议审查的范围、规则与决定方式》,载《法律科学(西北政法大学学报)》2023 年第 2 期。

意义的行政协议,行政复议机关可以作出责令行政机关承担采取补救措施责任。

(4)承担赔偿损失责任。“行政机关行为导致行政协议被确认违法、无效或者被撤销而对申请人造成损失的,复议机关应当作出行政机关承担赔偿损失责任决定。”[1]在(2018)云01行终277号行政判决书中,鉴于某高速公路路政管理大队违法扣押涉案车辆的行为长达200余天,存在主要过错,判决其赔偿原告损失人民币53万余元。

(5)依法给予补偿。在行政行为实施过程中,行政机关因国家利益、社会公共利益合法变更、解除行政协议而给公民造成损失,行政复议机关应当作出令行政机关依法给予补偿的决定。在(2017)最高法行申4592号行政裁定书中,法院认为,行政机关在订立协议后出现了为实现公共利益或者行政管理目标或者法律政策的重大调整,必须变更或者解除的情况时,可以行使单方变更、解除权,由此造成公民、法人或者其他组织合法权益损失的,应依法予以补偿。

适用要点

行政协议的行政复议决定,是行政复议机关对行政协议相关争议作出的实体处理。一方面,行政协议的行政复议决定应当体现对合约性审查的回应;另一方面,在“主渠道”的定位下,行政复议决定应当发挥普遍合理性审查的优势,在实体层面实质性地化解行政争议。[2]

---

[1] 章剑生:《行政协议复议审查的范围、规则与决定方式》,载《法律科学(西北政法大学学报)》2023年第2期。

[2] 参见王由海:《论行政协议复议审查的标准与方式》,载《哈尔滨工业大学学报(社会科学版)》2022年第3期。

典型案例

谢某某、王某某再审审查与审判监督案[1]

要旨:本案争议焦点在于安徽省淮北市相山区人民政府(以下简称相山区政府)是否有权受理并作出撤销征收补偿协议的行政复议决定书。

法院认为,公民、法人或者其他组织若认为具体行政行为侵犯其合法权益,有权向行政机关提出行政复议申请。从行政复议与行政诉讼的衔接关系上看,一般情况下,属于行政诉讼受案范围的行政争议,均属于行政复议的受理范围。虽然《行政复议法》(2017年修正)和《行政复议法实施条例》均未明确规定行政协议争议属于行政复议受理范围,但《行政复议法》(2017年修正)第6条第11项对行政复议的受案范围作出了兜底规定:"有下列情形之一的,公民、法人或者其他组织可以依照本法申请行政复议:……(十一)认为行政机关的其他具体行政行为侵犯其合法权益的。"另外,行政补偿协议仅是征收补偿的一种方式,并没有改变征收补偿的根本性质。故在涉案征收补偿有可能侵犯谢某某合法权益的情况下,谢某某有权依据上述法律规定向相山区政府申请行政复议。相山区政府受理后进行实体审理并作出行政复议决定,并无不当。

第七十二条　【行政赔偿决定】申请人在申请行政复议时一并提出行政赔偿请求,行政复议机关对依照《中华人民共和国国家赔偿法》的有关规定应当不予赔偿的,在作出行政复议决定时,应当同时决定驳回行政赔偿请求;对符合《中华人民共和国国家赔偿法》的有关规定应当给予赔偿的,在决定撤销或者部分撤销、变更行政行为或者确认行政行为违法、无效时,应当同时决定被申请人

〔1〕参见中华人民共和国最高人民法院行政裁定书,(2019)最高法行申8145号。

依法给予赔偿；确认行政行为违法的，还可以同时责令被申请人采取补救措施。

申请人在申请行政复议时没有提出行政赔偿请求的，行政复议机关在依法决定撤销或者部分撤销、变更罚款，撤销或者部分撤销违法集资、没收财物、征收征用、摊派费用以及对财产的查封、扣押、冻结等行政行为时，应当同时责令被申请人返还财产，解除对财产的查封、扣押、冻结措施，或者赔偿相应的价款。

条文解读

本条是行政复议过程中有关行政赔偿内容的规定。行政复议机关作出行政复议决定，可以同时依法决定行政赔偿的问题。行政复议机关作出赔偿决定有两种情形：一是申请人提出行政赔偿请求的；二是申请人没有提出赔偿请求的。

1. 行政赔偿的界定

行政赔偿是国家赔偿的一种形式。行政赔偿是指行政机关及其工作人员在进行行政管理的过程中，因违法侵害了行政相对人的合法权益，依法给予经济赔偿的制度。

2. 对于申请人“一并提出行政赔偿请求”的理解

（1）本条第1款的规定与《国家赔偿法》的规定是一致的。《国家赔偿法》第9条第2款规定：“赔偿请求人要求赔偿，应当先向赔偿义务机关提出，也可以在申请行政复议或者提起行政诉讼时一并提出。”这项规定赋予了公民、法人或者其他组织在复议中提出赔偿请求的权利。

（2）不予赔偿决定。一方面，不予赔偿的情形主要包括：行政机关工作人员的行为是与行使职权无关的个人行为；公民、法人和其他组织自己的行为致使损害发生的情形；法律规定的其他情形。另一方面，行政复议机关决定不予赔偿的，应当在作出行政复议决定的同时，决定驳回行政赔偿请求。

（3）赔偿决定。对符合《国家赔偿法》应当赔偿情形的[1]，行政复议机关在作出撤销、变更原行政行为或确认原行政行为违法的决定时，也要决定被申请人履行赔偿责任的具体内容，并由被申请人执行。

3. 对于申请人"没有提出行政赔偿请求的"的理解

（1）本条第2款主要针对在申请人申请行政复议时没有提出行政赔偿请求的情况下，赋予行政复议机关主动履行保护公民、法人或者其他组织合法权益的职责，对特定的被确认为违法的行为决定由行政机关予以赔偿的责任。

（2）主动赔偿有严格的适用条件。在以下四种情形下，行政复议机关可以主动决定行政机关履行赔偿职责：一是决定撤销或变更罚款时；二是决定撤销没收财物的处罚行为时；三是决定撤销违法集资、征收征用、摊派费用等履行义务的行为时；四是决定解除对财产的查封、扣押、冻结的行政强制措施行为时。对符合上述条件，决定撤销、变更的具体行政行为可以采取三类措施予以补救：一是责令被申请人返还财产；二是解除强制措施；三是赔偿相应的价款。

适用要点

在适用该条时，应严格把握行政赔偿的构成。行政赔偿由四个要件构成：（1）主体为行政主体，即执行国家职务的国家机关及其工作人员。

---

〔1〕《国家赔偿法》第3条规定："行政机关及其工作人员在行使行政职权时有下列侵犯人身权情形之一的，受害人有取得赔偿的权利：（一）违法拘留或者违法采取限制公民人身自由的行政强制措施的；（二）非法拘禁或者以其他方法非法剥夺公民人身自由的；（三）以殴打、虐待等行为或者唆使、放纵他人以殴打、虐待等行为造成公民身体伤害或者死亡的；（四）违法使用武器、警械造成公民身体伤害或者死亡的；（五）造成公民身体伤害或者死亡的其他违法行为。"《国家赔偿法》第4条规定："行政机关及其工作人员在行使行政职权时有下列侵犯财产权情形之一的，受害人有取得赔偿的权利：（一）违法实施罚款、吊销许可证和执照、责令停产停业、没收财物等行政处罚的；（二）违法对财产采取查封、扣押、冻结等行政强制措施的；（三）违法征收、征用财产的；（四）造成财产损害的其他违法行为。"

(2)行为要件,必须是行政主体在法定的职责范围内行使职权,违法侵犯了公民、法人或者其他组织的合法权益,造成损害的行为。(3)损害结果,指受侵害人的合法权益已经受到损害,包括人身权与财产权的损害。(4)因果关系,指行政主体违法执行行政职务的行为与损害结果之间必须有直接的因果关系。

典型案例

侯某某、上海市奉贤区人民政府再审审查与审判监督案[1]

要旨:上海市奉贤区人民政府(以下简称奉贤区政府)于2015年7月9日受理侯某某就上海市奉贤区南桥镇人民政府(以下简称南桥镇政府)作出的代为拆除决定提出行政复议申请,对于侯某某在复议申请中提出的赔偿请求,奉贤区政府表示侯某某可以依法向南桥镇政府提出赔偿,故复议结果未影响侯某某的求偿权。

《行政复议法》(2019年修正)第29条第1款规定,申请人在申请行政复议时可以一并提出行政赔偿请求,行政复议机关对符合国家赔偿法的有关规定应当给予赔偿的,在决定撤销、变更具体行政行为或者确认具体行政行为违法时,应当同时决定被申请人依法给予赔偿。《国家赔偿法》(2012年修正)第9条第2款亦规定,赔偿请求人要求赔偿,应当先向赔偿义务机关提出,也可以在申请行政复议或者提起行政诉讼时一并提出。上述法律规定均赋予公民、法人和其他组织在行政复议过程中提出赔偿请求的权利。虽然侯某某仍可通过向南桥镇政府提出赔偿请求或者再行提起行政赔偿诉讼实现其求偿权,但是法律赋予了申请人在行政复议时一并提出行政赔偿请求的权利,且侯某某向奉贤区政府申请行政复

[1] 参见中华人民共和国最高人民法院行政裁定书,(2016)最高法行申4449号。

议时，也一并提起了行政赔偿请求；故奉贤区政府应当按照《行政复议法》(2009年修正)第29条的规定，对其赔偿请求是否成立进行审查并作出决定。原审判决以复议决定不影响侯某某的求偿权为由判决驳回其诉讼请求违反法律规定，应予纠正。

第七十三条 【行政复议调解】当事人经调解达成协议的，行政复议机关应当制作行政复议调解书，经各方当事人签字或者签章，并加盖行政复议机关印章，即具有法律效力。

调解未达成协议或者调解书生效前一方反悔的，行政复议机关应当依法审查或者及时作出行政复议决定。

条文解读

本条是关于行政复议中调解制度的规定。

1. 行政复议调解的范围

《行政复议法实施条例》第50条中规定了行政复议调解范围限于自由裁量行为、行政赔偿和行政补偿案件。此次修改在总则第5条中明确规定“行政复议机关办理行政复议案件，可以进行调解”。该规定扩大了行政复议调解的范围，强化了行政复议吸纳和化解行政争议的能力。

2. 行政复议调解的程序

(1)行政复议调解的界定。行政复议调解是指在行政复议的过程中，行政机关与行政相对人在行政复议机关的主持和协调下，针对行政争议问题在自愿、合法原则下推动双方当事人形成合意、解决纠纷的活动。在行政复议调解协商的过程中，双方当事人可以提出自己的利益诉求及观点。行政复议机关推动当事人之间进行切实有效的沟通，进而推动行政争议的实质性化解。

(2)行政复议调解原则。行政复议调解要遵循合法、自愿原则。其中，合法原则指的是行政复议调解不能损害国家利益、社会公共利益和他人合法权益，不能违反法律、法规的强制性规定；自愿原则指的是行政复议调解要出于双方真实的意思表示，在一方或者双方不愿调解的情况下，不能借调解之名强行结案，违背调解的初衷。

(3)行政复议调解书。行政复议调解书是替代行政复议决定的一种形式，也是彰显行政复议机关公信力的文书。在当事人达成调解协议后，行政复议机关应当制作行政复议调解书。行政复议调解书应当载明行政复议请求、事实、理由和调解结果，并加盖行政复议机关印章。行政复议调解书经双方当事人签字后即具有法律效力。

行政复议调解书生效后，行政复议机关、行政复议申请人和被申请人都要严格履行行政复议调解书，否则将承担相应的法律责任。具体来说，被申请人不履行或者无正当理由拖延履行行政复议调解书的，行政复议机关或者有关上级行政机关应当责令其限期履行；仍不履行的，还可以约谈有关负责人或者通报批评。申请人、第三人逾期不起诉又不履行行政复议调解书的，由行政复议机关依法强制执行或者申请人民法院强制执行。

(4)行政复议调解未成功的情形。若调解无法达成协议或者当事人一方在行政复议调解书生效前反悔的，行政复议机关应当恢复案件审理并及时作出行政复议决定。

适用要点

行政复议调解书不是加盖行政复议机关印章时生效，而是在双方签字时生效，以体现调解是双方当事人意思表示一致的结果。行政复议调解书可以成为强制执行的依据，这说明行政复议调解书具有处分性和执行力。行政复议调解制度的建立和实施，对于实质性化解行政争议具有重要意义。一方面，在调解时，行政复议机关更具有行政管理领域的专业性优势，且更方便调动行政资源，能够更直接地对行政行为进行纠错和自我监督。另一方面,行政复议调解能有效节约司法、行政资源,更好地为行政诉讼减负,发挥行政复议解决争议的“主渠道”功能。

典型案例

广元某物业公司与广元市市场监督管理局行政复议调解案[1]

要旨:2021年1月13日上午,被申请人广元市市场监督管理局的执法人员到广元市利州区某商住小区对该小区的电梯进行现场检查,经查发现,该小区A区A4栋三部电梯于2017年经广元市特种设备监督检验所定期检验不合格且正在使用。后申请人广元某物业公司向被申请人陆续提交电梯无救援通道情况说明、整改方案报告等,被申请人向申请人送达行政处罚听证告知书、申述书,同年4月20日,被申请人向申请人送达行政处罚决定书,罚款219,000元。

行政复议期间,行政复议机关本着消除安全隐患,维护社会秩序,化解行政争议的目的,组织申请人与被申请人对本案进行调处并达成共识,由被申请人合理延长整改期限并配合申请人加快对不合格电梯的全面整改。申请人积极与业主沟通,主动减免业主半年物业费,取得广大业主的大力支持,落实了整改方案。涉案三部电梯于2021年9月10日经广元市特种设备检验所验收合格后,已恢复正常运行。鉴于申请人已按要求全面完成整改,根据《行政复议法实施条例》第50条第1款第1项的规定,行政复议机关按照自愿、合法的原则组织申请人和被申请人进行调解,达成如下协议:罚款金额由219,000元变更为50,000元。申请人在15日内缴纳罚款到被申请人的指定银行账户中。

---

〔1〕 参见广元市人民政府行政复议调解书,广府复调〔2021〕10号。

第七十四条 【行政复议和解】当事人在行政复议决定作出前可以自愿达成和解,和解内容不得损害国家利益、社会公共利益和他人合法权益,不得违反法律、法规的强制性规定。

当事人达成和解后,由申请人向行政复议机构撤回行政复议申请。行政复议机构准予撤回行政复议申请、行政复议机关决定终止行政复议的,申请人不得再以同一事实和理由提出行政复议申请。但是,申请人能够证明撤回行政复议申请违背其真实意愿的除外。

条文解读

本条是关于行政复议和解制度的规定。

从本条规定来看,行政复议和解制度的内涵主要有三:

一是行政复议和解与调解的区别。和解与调解作为中国社会自古以来矛盾纠纷解决的重要方式,在各类基层社会纠纷解决中发挥着难以替代的作用,体现出我国倡导和谐的文化精神与法治传统。长期以来,受行政权"不可处分"观点的影响,行政复议法一直未规定行政复议的和解与调解制度,直到 2007 年实施的《行政复议法实施条例》新增第 40 条、第 50 条两条规定设定了上述两项制度。这主要是因为随着社会事务日益增多且日趋专业,行政机关在行使行政权力的过程中享有越来越多的自由裁量权,从而为行政复议和解与调解提供了空间。至于两者的区别在于:和解是行政相对人和行政机关自行和解;调解是在行政复议机关的主持下,对行政相对人和行政机关之间发生的争议进行协调。和解达成协议后,需要申请人向行政复议机构提交撤回行政复议的申请,经行政复议机关审查后决定是否终止行政复议;当事人经调解达成协议后,则由行政复议机关制作行政复议调解书。

二是行政复议和解的适用。行政复议和解严格遵循自愿、合法原则。

首先由申请人与被申请人双方自愿在法律允许的范围内就和解标的相互让步、妥协，继而形成解决行政争议并终结行政复议程序的合意。然后由申请人向行政复议机构提交撤回行政复议的申请；行政复议机构收到申请人提交的撤回行政复议的申请后，应当对其申请进行审查。经审查准予撤回行政复议申请的，行政复议机关应当作出终止行政复议的决定。

三是行政复议和解的限制。行政权力有其特殊性，涉及国家利益、社会公共利益和他人合法权益，此即构成行政复议和解的限制，具体包括三个方面：(1)申请人和被申请人达成的和解内容不得为了维护自身利益而造成国家利益、社会公共利益和他人合法权益的损害。(2)申请人和被申请人达成的和解内容不得违反法律、法规的强制性规定，必须在法律允许的范围内进行。(3)行政复议机构准予撤回行政复议申请、行政复议机关决定终止行政复议的，申请人不得再以同一事实和理由提出行政复议申请。但是，申请人能够证明撤回行政复议申请违背其真实意思表示的除外。

适用要点

行政复议和解应当严格遵循自愿、合法原则，申请人和被申请人在法律允许的范围内就行政争议相互让步、妥协后，由申请人向行政复议机构提交撤回行政复议的申请。行政复议机关审查准予后，行政复议才会终止。申请人一般不得再以同一事实和理由提出行政复议申请。

第七十五条　【行政复议决定书】行政复议机关作出行政复议决定，应当制作行政复议决定书，并加盖行政复议机关印章。

行政复议决定书一经送达，即发生法律效力。

条文解读

本条是关于行政复议决定书的规定。

从本条的规定来看,行政复议决定书的内涵主要有二:

一是行政复议决定书的制作。行政复议机关作出行政复议决定,应当制作行政复议决定书,并加盖行政复议机关印章。行政复议决定书是指行政机关对审理终结的行政复议案件,依据法律、法规、规章对其法律问题和事实问题等作出的权威性判定法律文书。撰写行政复议决定书是整个行政复议活动的最后环节,也是最关键的环节。行政复议工作的质量和水平在行政复议决定书中能够得到最终体现。作为行政复议机关的行政复议工作人员除具备较高的政治素质和业务水平外,还要认真撰写行政复议决定书。规范行政复议决定书的撰写工作,是提高办案质量和水平的重要标志,也是推进依法行政工作、建设法治政府的重要手段。行政复议决定书应当具备一定的格式和内容,一般包括如下几个方面的内容:标题,编号,行政复议参加人的基本情况,行政复议原因,行政复议的事实、理由和法律适用,行政复议机关查明的事实,行政复议决定及告知诉权,落款时间和盖章等。这样比较符合逻辑规定,也符合法律文书的一般格式和内容要求。

二是行政复议决定书的送达。行政复议机关制作加盖行政复议机关印章的行政复议决定书后应当送达当事人。行政复议机关可以要求当事人签署送达地址确认书,当事人确认的送达地址为行政复议机关行政复议决定书的送达地址。当事人同意电子送达的,应当提供并确认传真号、电子信箱等电子送达地址。当事人送达地址发生变更的,应当及时书面告知受理案件的行政复议机关;未及时告知的,行政复议机关按原地址送达,视为依法送达。行政复议机关也可以在当事人住所地以外向当事人直接送达行政复议决定书。当事人拒绝签署送达回证的,采用拍照、录像等方式记录送达过程即视为送达。行政复议机关应当在送达回证上注明送达情况并签名。行政复议决定书一经送达即发生法律效力,当事人必须履行该决定书。

第七十六条 【行政复议意见书】行政复议机关在办理行政复议案件过程中,发现被申请人或者其他下级行政机关的有关行政行为违法或者不当的,可以向其制发行政复议意见书。有关机关应当自收到行政复议意见书之日起六十日内,将纠正相关违法或者不当行政行为的情况报送行政复议机关。

条文解读

本条是关于行政复议意见书的规定。

从本条的规定来看,行政复议意见书的内涵主要有二:

一是行政复议意见书和行政复议决定书的区别。行政复议在性质上表现为行政与司法的二元面向,其既产生评价被申请人的行政责任——源于政府层级关系,也产生裁决争议的司法责任——源于争议解决主体地位。行政复议决定书是面向行政复议申请人作出的文书,目的是回应申请内容并作出裁决,其内容受限于行政复议申请的内容与行政复议的受理范围,同申请相关但超出申请内容的审查结果不宜写入行政复议决定书。为弥合行政复议审查全面性与行政复议决定书内容有限性之间的差距,2007 年颁布的《行政复议法实施条例》将行政复议意见书引入行政复议的过程,使其发挥记载不宜由行政复议决定书涵盖的内容的承载功能,更多地承担起面向行政机关内部的监督功能,专门针对被申请人或者其他下级行政机关违法或者不当的有关行政行为。通过行政复议决定书、行政复议意见书适用范围的协调配合,可以实现行政复议制度"多层次目的"的有机结合。

二是行政复议意见书的适用规则。根据本条,行政复议意见书包括如下三个适用规则：(1)行政复议意见书的制发主体是行政复议机关，制发对象则是行政复议机关的下级行政机关，包括行政复议程序中的被申请人和其他下级行政机关。行政复议意见书作出时，制发主体和制发对象是一种纯粹的“行政性”上下级关系，行政复议机关扮演的是一种“行政监督者”的角色。(2)“相关行政行为”是行政复议意见书所要处理的客体。“相关”是指在行政过程中多个行政行为相互协作、勾连，进而共同实现一定的行政任务，但并非申请人所诉求的行为。按照不同的标准，“相关”可以有不同的分类，但从逻辑上讲，多个行为之间存在“相关”性的情形主要包括两种，即要件上的先决关系(方法—目的)和执行上的依据关系(原因—结果)。前者是指先行行为效力所及的内容是后续行为的构成要件之一；后者则是指先行行为为后续行为提供依据。(3)行政复议意见书具有一定的法律效力。行政复议机关制作行政复议意见书后，应当送达被申请人或者其他下级行政机关。有关机关应当自收到行政复议意见书之日起60日内，将纠正相关违法或者不当行政行为的情况报送行政复议机关。被申请人不履行或者无正当理由拖延履行行政复议意见书的，对负有责任的领导人员和直接责任人员依法给予警告、记过、记大过的处分；经责令履行仍拒不履行的，依法给予降级、撤职、开除的处分。

适用要点

行政复议意见书体现了行政复议机关的“行政监督者”角色，主要针对的是被申请人或者其他下级行政机关违法或者不当的有关行政行为，而非被申请的行政行为，以弥补行政复议决定书的功能缺陷和不足。行政复议决定书、行政复议意见书的协调配合，可以实现行政复议制度“多层次目的”的有机结合。行政复议意见书具有一定的法律效力，有关机关应当将纠正相关违法或者不当行政行为的情况报送行政复议机关，不履行或者无正当理由拖延履行行政复议意见书的，还要承担相应的法律责任。

第七十七条 【被申请人履行行政复议生效法律文书】被申请人应当履行行政复议决定书、调解书、意见书。

被申请人不履行或者无正当理由拖延履行行政复议决定书、调解书、意见书的，行政复议机关或者有关上级行政机关应当责令其限期履行，并可以约谈被申请人的有关负责人或者予以通报批评。

条文解读

本条是关于行政复议被申请人应当履行行政复议决定书、调解书、意见书等生效法律文书的规定。

1. 本法第66条与本条第1款规定的联系

本法第66条规定："被申请人不履行法定职责的，行政复议机关决定被申请人在一定期限内履行。"本法第66条的规定是行政复议机关作出行政复议决定的一种情况。要求被申请人履行的行政复议决定，是指行政复议机关经过审查，认定被申请人未履行法定职责，要求其在一定期限内履行法定职责的决定。行政复议机关作出履行决定，是申请人要求被申请人履行法定义务的诉求得到满足的体现。本条第1款规定，被申请人履行包括行政复议决定书在内的行政复议生效相关法律文书，而生效的行政复议决定书、调解书、意见书在内容上，既有可能包括本法第66条规定的情形，即行政复议机关作出了被申请人应当履行法定职责的决定，又可能包括本法第66条规定以外的其他情形。

2. 被申请人应当认真履行行政复议相关法律文书

履行行政复议决定书、调解书与意见书，是作出行政行为的行政机关或者法律、法规、规章授权组织的一项法定义务。被申请人在收到行政复议决定书、调解书与意见书后，应当积极采取措施，认真、严格履行法律文书的内容。根据本法第1条所规定的立法目的，行政复议制度应实现纠正违法或者不适当的行政行为，为公民、法人与其他组织在合法权益受到侵害时提供救济，并监督行政机关依法履行职权的功能。公民、法人和其他组织申请行政复议的最终目的，是实质性地化解行政争议，解决行政纠纷。这一目的的实现，离不开行政复议活动中，行政复议决定书、调解书与意见书等重要法律文书的作出与执行。被申请人是否严格履行行政复议决定书、调解书与意见书，直接关系申请人的合法权益能否得到保护，行政争议能否得到化解。如果行政复议决定书、调解书与意见书不能得到执行，那么就会出现行政复议程序空转的情况，行政复议制度也会被掏空，甚至存在丧失制度功能的风险。

3. 被申请人不履行行政复议决定书、调解书、意见书的法律后果

本条第 2 款规定的“不履行”，指的是被申请人采取明示的方式，表达其不予执行行政复议决定书、调解书、意见书内容的行为。“无正当理由拖延履行”，则是指被申请人在没有正当理由的情况下，不采取措施履行行政复议决定书、调解书、意见书，不予落实前述法律文书有关内容的情形。被申请人不履行行政复议决定书、调解书、意见书，将产生如下法律后果：

第一，由行政复议机关或者上级行政机关责令限期履行。责令限期履行，需要由作出该决定的行政机关制作责令限期履行通知书，其中应当明确责令限期履行的行政复议决定书、调解书、意见书的内容，作出责令限期履行的法律依据，以及责令限期履行的期限等。将该通知书送达被申请人，并可以通知申请人或者第三人。

第二，仍不履行的，由行政复议机关或者上级行政机关约谈被申请人的有关负责人，或者予以通报批评。此为本次修订新增的条款，也是为推动被申请人履行行政复议决定书、调解书、意见书而新增的一类措施。

第三，对于构成违法行为的，依法追究相关责任。依照本法第 83 条的规定，对于被申请人不履行或者无正当理由拖延履行行政复议决定书、调解书、意见书的，对负有责任的领导人员和直接责任人员依法给予警

告、记过、记大过的处分;对于经责令履行仍拒不履行的,依法给予降级、撤职、开除的处分。

适用要点

适用本条规定应当注意,被申请人履行行政复议决定书、调解书与意见书,需要具备以下条件:

1. 被申请人是有权作出特定行政行为的行政主体,即行政复议决定书、调解书、意见书要求作出的行政行为在被申请人的职责范围内,系被申请人负有的某种法定职责。

2. 被申请人有履行行政复议决定书、调解书、意见书所要求作出行政行为的可能性。被申请人负有法定职责,但是由于不可抗力、客观条件的限制或者意外事件,被申请人出于非主观原因不能及时履行行政复议决定书、调解书、意见书的,便是具有正当理由迟延履行行政复议决定书的情形。

典型案例

韩某某与哈尔滨市平房区经济发展局不履行行政复议纠纷案[1]

要旨:本条对行政复议被申请人应当履行行政复议决定作出了规定。被申请人应当履行行政复议决定书、调解书、意见书等法律文书。

本案中,韩某某诉称其因需要申请信息公开。哈尔滨市平房区经济发展局(以下简称平房区经发局)收到韩某某的申请后,未

〔1〕 参见黑龙江省哈尔滨市平房区人民法院行政判决书,(2017)黑0108行初17号。

在法定期限内对韩某某申请的事项进行答复。2017年7月3日,哈尔滨市平房区人民政府作出《行政复议决定书》,责令平房区经发局在15日之内作出答复,平房区经发局没有履行,其行为违法。韩某某诉请确认平房区经发局未在法定期限内重新答复其提出的政府信息公开申请的行为违法。

法院认为,相关行政复议机关作出的哈平政复决〔2017〕2号《行政复议决定书》已发生法律效力,平房区经发局应当履行。但平房区经发局在收到该《行政复议决定书》后,在法定期限内(15日内)未对韩某某提出的政府信息公开申请重新作出答复,且无正当理由。故韩某某要求确认平房区经发局未在法定期限内重新答复韩某某提出的政府信息公开申请的行为违法,有事实根据和《行政复议法》(2017年修正)第32条作为法律依据。

第七十八条 【申请人、第三人不履行行政复议决定的强制执行】申请人、第三人逾期不起诉又不履行行政复议决定书、调解书的,或者不履行最终裁决的行政复议决定的,按照下列规定分别处理:

(一)维持行政行为的行政复议决定书,由作出行政行为的行政机关依法强制执行,或者申请人民法院强制执行;

(二)变更行政行为的行政复议决定书,由行政复议机关依法强制执行,或者申请人民法院强制执行;

(三)行政复议调解书,由行政复议机关依法强制执行,或者申请人民法院强制执行。

条文解读

本条是关于申请人、第三人不履行行政复议决定的强制执行制度的规定。

行政复议决定书一经送达，便成为发生法律效力的法律文书，有关行政机关应当履行行政复议的决定，行政复议中的申请人、第三人也应当严格执行行政复议决定。本法第77条规定了被申请人履行行政复议决定的要求，本条则是对申请人、第三人履行行政复议决定的具体要求。

本法第10条规定："公民、法人或者其他组织对行政复议决定不服的，可以依照《中华人民共和国行政诉讼法》的规定向人民法院提起行政诉讼，但是法律规定行政复议决定为最终裁决的除外。"根据这一规定，对于属于行政诉讼受案范围内的行政复议决定，申请人、第三人若持有异议，可以依法提起行政诉讼；对于不属于行政诉讼受案范围内的行政复议决定，申请人、第三人应当履行执行行政复议决定的义务。申请人、第三人逾期不起诉，又不履行具有法律效力的行政复议决定，或者不履行终局的行政复议决定的，就会构成不履行法定义务的行为，需要承担被强制执行的法律责任。本条区分了申请人、第三人不履行行政复议决定的不同情形，并据此设定了强制执行制度。

行政复议决定的强制执行方式，可分为行政机关在行政程序中依法自行强制执行，以及行政机关或者行政复议机关申请人民法院强制执行两种方式。对于行政机关在行政程序中依法自行强制执行的方式，行政机关应当严格依照法律、法规的明确授权而为之，不得擅自对申请人采取强制执行的措施。行政机关或者行政复议机关依法自行强制执行的方式，是通常情况下的做法。同时，由于行政复议决定内容存在差异，对行政复议决定执行或者申请强制执行的行政机关也有所区分。本条规定了下列情况：

第一，对于行政复议机关作出的维持行政行为的行政复议决定，申请人、第三人不予履行的，由作出行政行为的行政机关依法强制执行，或者申请人民法院强制执行。从行政效率原则的角度出发，行政复议决定维持原行政行为的，由作出该行政行为的行政机关负责落实、执行更为便捷，可以减少执行成本。

第二，对于行政复议机关作出的变更行政行为的行政复议决定，申请人、第三人不予履行的，由行政复议机关依法强制执行，或者申请人民法院强制执行。维持行政行为的行政复议决定与变更行政行为的行政复议决定的执行主体是不一样的，因为若行政复议决定变更行政行为，那么变更后的行政行为本质上便不再是被申请人的行政行为，而是具有行政复议机关行为的性质。所以在这种情况下，负责执行行政复议决定的主体是行政复议机关。

第三，对于申请人、第三人不履行行政复议调解书的，由行政复议机关依法强制履行，或者申请人民法院强制执行。调解作为一种结案方式，是行政复议机关对申请人和被申请人之间的行政争议予以居中协调，并以书面形式明确记载当事人所达成的调解协议的活动。行政复议调解书一经双方当事人签字，即具有法律效力，双方当事人均应遵守行政复议调解书的内容。由于行政复议调解是行政复议机关居中协调双方当事人的行为，所以在申请人、第三人不履行行政复议调解书时，行政复议机关可以强制执行，也可以申请人民法院强制执行。

适用要点

适用本条规定时应当注意，行政机关申请人民法院强制执行时，应当满足特定条件。

第一，应当已经具备强制执行的情形，即对行政复议决定提起行政诉讼的期间已过，对终局的行政复议决定规定的申请人、第三人履行期限已届满。

第二，行政复议决定书应当规定明确的执行内容与执行标的，应当载明强制执行的对象。

第三，应当以申请人不履行行政复议决定为触发条件。此处应当区分申请人不履行与履行不能的情况。

第四，作出行政行为的行政机关或者行政复议机关应当在规定期限内申请人民法院强制执行。《行政强制法》第53条规定，对于当事人在法定期限内不申请行政复议或者提起行政诉讼,又不履行行政决定的,没有行政强制执行权的行政机关可以自期限届满之日起3个月内,依法申请人民法院强制执行。

第五,行政机关申请人民法院强制执行前,需要履行催告义务。《行政强制法》第54条规定:"行政机关申请人民法院强制执行前,应当催告当事人履行义务。催告书送达十日后当事人仍未履行义务的,行政机关可以向所在地有管辖权的人民法院申请强制执行;执行对象是不动产的,向不动产所在地有管辖权的人民法院申请强制执行。"

典型案例

靖江市综合行政执法局与徐某某行政非诉执行审查纠纷案[1]

要旨:行政复议决定作出并送达当事人后,申请人、第三人均应当严格执行行政复议决定,否则应当承担被强制执行的法律后果。

本案中,申请执行人靖江市综合行政执法局向法院申请强制执行靖综执规罚字〔2020〕第033号行政处罚决定。徐某某不服该行政处罚决定,向靖江市人民政府申请行政复议。2021年1月25日,靖江市人民政府作出〔2020〕靖行复第59号《行政复议决定书》,决定维持靖江市综合行政执法局作出的行政处罚决定。后徐某某未履行靖综执规罚字〔2020〕第033号行政处罚决定所确定的义务,在法定期限内亦未提起行政诉讼。靖江市综合行政执法局于2021年3月23日催告徐某某履行行政处罚决定,徐某某逾期仍未履行。

法院认为,申请执行人靖江市综合行政执法局对被申请人徐某某作

〔1〕 参见江苏省靖江市人民法院行政裁定书,(2021)苏1282行审18号。

出的行政处罚决定，认定事实清楚，适用法律法规正确且程序合法，符合申请人民法院强制执行的法定条件。依照《行政复议法》(2017年修正)第33条第1款第1项，《行政强制法》第57条的规定，裁定准予强制执行靖江市综合行政执法局作出的靖综执规罚字〔2020〕第033号行政处罚决定。

第七十九条 【行政复议决定书的公开与监督】行政复议机关根据被申请行政复议的行政行为的公开情况，按照国家有关规定将行政复议决定书向社会公开。

县级以上地方各级人民政府办理以本级人民政府工作部门为被申请人的行政复议案件，应当将发生法律效力的行政复议决定书、意见书同时抄告被申请人的上一级主管部门。

条文解读

本条是关于行政复议决定信息公开与监督机制的规定。

行政复议决定是行政复议机关行使复议职责，对原行政行为的合法性与适当性予以审查的最终结果，也是行政复议申请人与被申请人保护其合法权益的体现，为了以法定形式固定审查结果，应当以文书的形式载明行政复议的裁决结果。推行行政复议决定书向社会公开，能够进一步增强行政复议公开度和透明度，提高行政复议公信力，促进政府信息公开的常态化，是行政复议制度保障人民群众知情权、参与权和监督权的重要举措。对于行政复议机关而言，公开行政复议决定书能够有效提升行政复议案件办理质效，主动接受社会各界的监督，倒逼行政复议机关在案件受理、事实调查、证据认定、法律适用、审理决定等方面提质增效。对于行政相对人而言，通过查阅已审结案件的行政复议决定，可以了解相同类型案件的处理情况，学习相关法律知识，甚至监督行政复议机关，同时方便公民、法人或者其他组织通过复议途径实现行政救济。

1. 行政复议机关公开行政复议决定书

本条规定，行政复议机关按照国家有关规定将行政复议决定书向社会公开。行政复议决定书，是行政复议机关在查清案件事实的基础上，根据事实和法律依据，对所争议的行政行为作出的具有法律效力的判断和处理的一种法律文书。一方面，行政复议决定书的公开，符合行政机关依法行政、行政为民的工作要求，有利于提高行政复议的制度公信力。对行政复议活动的监督，需要向社会公众公开有关信息；这是因为，通过公开行政复议决定书，能够促进社会公众对行政复议制度的了解，也就有利于推动行政复议制度公信力的提升，增强社会公众对于行政制度实质性化解行政争议的信心。另一方面，各级政府公开行政复议决定书，较之依申请公开的形式，更为高效、便捷。实践中，各级政府通过在政府公开网站上公开行政复议决定书，已经取得了良好的成效。社会公众可以较为直接、便利地查询全国范围内，涉及不同行政机关、不同行政复议事项的行政复议决定书，不需要逐一向政府提出申请而查询。并且，本条规定的行政复议决定书的公开情形，意味着行政机关在公开行政复议决定书之前，已经考虑到行政复议决定文书公开的若干限制条件，有利于规避不必要、烦琐的依申请公开的系列程序。

2. 行政复议决定书公开的限制

本条第 1 款对行政复议机关公开行政复议决定书作了规定，但也设置了限制条件，即“根据被申请行政复议的行政行为的公开情况”+“按照国家有关规定”。此处提出的限制条件主要包括行政复议决定书可能存在涉及国家秘密、商业秘密、个人隐私或者可能危及国家安全、公共安全、经济安全、社会稳定的情形，以及涉及未成年人的案件。对于涉及商业秘密、个人隐私等信息的行政复议决定书，如果公开可能对第三方合法权益造成损害，也应不予公开。但是，第三方同意公开的行政复议决定书，或者行政机关认为不公开会对公共利益造成重大影响的行政复议决定书，应予以公开。另外，以和解、调解方式结案的行政复议案件，或者进入诉讼程序、尚未结案的行政复议案件,不宜公开;当事人有正当理由申请不予公开行政复议决定书的,也不宜公开。

3. 生效行政复议决定书、意见书应当抄告被申请人的上一级主管部门

本条第2款规定,县级以上地方各级人民政府办理以本级人民政府工作部门为被申请人的行政复议案件,应当将生效行政复议决定书与意见书,同时抄告被申请人的上一级主管部门。这一规定本质上是对行政复议机关工作情况的监督制度。《行政复议法实施条例》第54条第1款规定:"县级以上各级人民政府应当加强对所属工作部门和下级人民政府履行行政复议职责的监督。"本条规定的行政复议决定书、意见书抄告制度,是上级主管部门对下级行政机关履行行政复议职能的一种重要监督方式,有利于上级主管部门及时发现并纠正行政复议工作中存在的问题,并且也有助于上级主管部门及时了解和掌握行政争议相对集中的领域、重大问题等信息,有利于及早防范和化解风险。同时,上一级主管部门应当切实履行行政复议监督职责,及时审查抄告的行政复议决定书、意见书,增强对行政复议个案的监督;对于发现的问题,应当及时、依法按照相关程序责令有关行政复议机关纠正。

适用要点

在适用本条时,有以下两点需要注意:

1. 应当重视相关的救济制度。公开的行政复议决定书,若涉及被依法变更、撤销等情况的,行政机关有义务主动消除行政复议决定书公开的不良影响,并及时在公开渠道中作出说明和标识。并且,行政复议决定书的公开,实际上扩大了行政复议决定的影响范围;如果行政复议决定文书的公开造成了更大范围的损害,那么相应的国家赔偿责任也会加重。

2. 行政复议机关向社会公开行政复议决定书之前,应当予以技术处理。行政复议决定书电子文本的内容应与正本内容一致,其中涉及的单

位、个人信息不宜公开的，一般可以作如下技术处理：申请人、第三人为个人的，姓名以“姓氏+某”表述，其他如性别、年龄、住址等涉及个人信息的内容均应删除；申请人、第三人为单位的，名称以“某+公司”“某+单位”等形式表述，删除地址和法定代表人姓名、职务等内容；在互联网公开的行政复议决定文书有部分内容不适合公开的，应视情况作专门的技术处理。

第六章　法律责任

第八十条　【行政复议机关不依法履行行政复议职责的法律责任】行政复议机关不依照本法规定履行行政复议职责，对负有责任的领导人员和直接责任人员依法给予警告、记过、记大过的处分；经有权监督的机关督促仍不改正或者造成严重后果的，依法给予降级、撤职、开除的处分。

条文解读

本条是关于行政复议机关不履行或不正当履行行政复议职责时，有关人员所应承担的法律责任的规定。

本条是在《行政复议法》(2017 年修正)第 34 条内容的基础上进行的修改，简化了相关的立法表达，同时健全了行政复议与纪检监察的衔接机制。本条所涉违法行为的表述是“行政复议机关不依照本法规定履行行政复议职责”，较之先前的表述“无正当理由不予受理依法提出的行政复议申请或者不按照规定转送行政复议申请的，或者在法定期限内不作出行政复议决定”，在精简表达的同时扩大了调整范围，将“行政复议机关”视为一个对外的整体，其所有不依法履行职责的行为都将产生相应的法律后果。但需要注意的是，《行政复议法》(2017 年修正)所列举的三种情况仍是行政复议机关不依法履行职责的典型表现形式：

第一，行政复议机关无正当理由不予受理依法提出的行政复议申请。

本法第 30 条规定:“行政复议机关收到行政复议申请后,应当在五日内进行审查。对符合下列规定的,行政复议机关应当予以受理:(一)有明确的申请人和符合本法规定的被申请人;(二)申请人与被申请行政复议的行政行为有利害关系;(三)有具体的行政复议请求和理由;(四)在法定申请期限内提出;(五)属于本法规定的行政复议范围;(六)属于本机关的管辖范围;(七)行政复议机关未受理过该申请人就同一行政行为提出的行政复议申请,并且人民法院未受理过该申请人就同一行政行为提起的行政诉讼。对不符合前款规定的行政复议申请,行政复议机关应当在审查期限内决定不予受理并说明理由;不属于本机关管辖的,还应当在不予受理决定中告知申请人有管辖权的行政复议机关。行政复议申请的审查期限届满,行政复议机关未作出不予受理决定的,审查期限届满之日起视为受理。”对于符合条件的行政复议申请必须受理,不受理需要说明理由;无正当理由不受理申请人依法提出的行政复议申请,行政复议机关应依本条规定承担相应的责任。

第二,行政复议机关不按照规定转送行政复议申请。行政复议申请转送制度是落实依法执政、执政为民和“高效便民”原则的体现,以规范的程序和决策模式为行政复议申请人提供制度便利。行政复议机关应当严格按照本法的规定处理复议申请,严格审查行政复议申请转送制度的适用条件,充分发挥行政复议解决行政争议的作用,切实保障公民、法人和其他组织的合法权益。《行政复议法》(2017 年修正)第 15 条、第 17 条、第 18 条确立了行政复议转送处理制度,本次修订删除了转送的相关条款,后续实践中行政复议的申请程序将与修订内容相匹配,提高行政效率。

第三,行政复议机关在法定期限内不作出行政复议决定。本法第 62 条对适用普通程序和简易程序审理的行政复议案件分别规定了 60 日和 30 日的一般审理期限。对于情况比较复杂的行政复议案件,如涉及自然资源确权的案件,由于存在较大的调查取证难度,可以给出较长的案件办理时间,经行政复议机关的负责人批准,可以适当延长最多 30 日的时间,并书面告知当事人,即行政复议机关适用普通程序处理行政复议案件,最迟应当在90日内作出行政复议决定。行政复议制度需要保障"及时"原则的贯彻,这就要求行政复议机关提高行政效率及时处理行政纠纷。因此,处理期限的设定符合保护申请人合法权益的要求。如果行政纠纷久拖不决形成"积案",则一方面不利于保护申请人的权利,另一方面会减损行政复议机关的形象,因而这属于一种比较严重的渎职、失职行为,应当被追究法律责任。

适用要点

依照本法的规定,行政复议机关应当依法履行的职责有:受理行政复议申请,审查行政复议申请是否符合法定条件,向有关组织和人员调查取证,查阅文件和资料,审查被申请行政复议的具体行政行为是否合法与适当,拟订行政复议决定,处理审查申请,对行政机关的行为依照本法规定的权限和程序提出处理建议,办理申请人因不服行政复议决定提起行政诉讼的应诉事项等。如果行政复议机关没有依照行政复议法的规定履行相应的行政复议职责,则应对负有责任的领导人员和直接责任人员施以相应的行政处分。

典型案例

张某某等因诉丹江口市人民政府不履行行政复议法定职责案[1]

要旨:行政复议是依申请的行政行为。一方面,没有申请人的申请,行政复议就不会发生;另一方面,不是任何申请都必然产生受理与审查的法律效果。行政复议机关应当

[1] 参见中华人民共和国最高人民法院行政裁定书,(2018)最高法行申9429号。

对行政复议申请是否符合法律规定进行审查,并对不符合法律规定的申请作出不予受理的决定。《行政复议法》(2017年修正)第17条第1款规定的就是对行政复议申请的受理与审查。虽然该条第2款规定:"除前款规定外,行政复议申请自行政复议机关负责法制工作的机构收到之日起即为受理",但该款规定的前提,是行政复议机关确实依照该条第1款的规定,对行政复议申请进行了审查和处理。在行政复议机关对审查和处理消极不作为的情况下,并不意味着行政复议申请自然符合法律规定而视为已经受理。

《行政诉讼法》(2017年修正)第26条第3款规定:"……起诉复议机关不作为的,复议机关是被告。"这里所说的"复议机关不作为",既包括受理之后逾期不作出行政复议决定,也包括对行政复议申请不予受理;既包括书面决定不予受理的积极不作为,也包括对是否受理怠于处分的消极不作为。但是,超出《行政复议法》(2017年修正)第17条第1款规定的"五日内"的审查期限,甚至超出《行政复议法》第31条第1款规定的"六十日内"的行政复议期限,行政复议机关仍对是否受理行政复议申请怠于处分,固然构成"复议机关不作为",却非必然代表行政复议机关已经自动受理行政复议申请。

《行政复议法实施条例》第27条规定:"公民、法人或者其他组织认为行政机关的具体行政行为侵犯其合法权益提出行政复议申请,除不符合行政复议法和本条例规定的申请条件的,行政复议机关必须受理。"对申请人的行政复议申请在法定期限内审查并作出是否受理的决定,也是《行政复议法》(2017年修正)第17条第1款赋予行政复议机关的职责。行政复议机关在法定期限内不受理行政复议申请,无论是以书面形式作出不予受理决定,还是消极不作为,行政复议申请人都有权依照《行政诉讼法》(2017年修正)第45条和《最高人民法院关于适用〈中华人民共和国行政诉讼法〉的解释》第56条第2款的规定,向人民法院提起诉讼。

针对行政复议机关拒绝受理行政复议申请或者无正当理由逾期不予答复的,原告可以仅请求人民法院判决行政复议机关受理其申请,也可以请求人民法院在判决行政复议机关受理其申请的同时一并判决行政复议机关作出行政复议决定。

根据《最高人民法院关于适用〈中华人民共和国行政诉讼法〉的解释》第91条的规定，如果“原告请求被告履行法定职责的理由成立，被告违法拒绝履行或者无正当理由逾期不予答复的，人民法院可以根据行政诉讼法第七十二条的规定，判决被告在一定期限内依法履行原告请求的法定职责”；但是，该条中还规定：“尚需被告调查或者裁量的，应当判决被告针对原告的请求重新作出处理。”这种判决方式被称作答复判决，相比于履行具体、特定的法定职责的判决，这种判决方式的标的内容尚不具体，之所以承认这种判决方式，主要是出于人民法院对行政机关的裁量权和首次判断权的尊重。

第八十一条 【渎职、失职行为的法律责任】行政复议机关工作人员在行政复议活动中，徇私舞弊或者有其他渎职、失职行为的，依法给予警告、记过、记大过的处分；情节严重的，依法给予降级、撤职、开除的处分；构成犯罪的，依法追究刑事责任。

条文解读

本条是关于行政复议机关工作人员有渎职、失职行为而产生法律责任的规定。

1. 行政复议机关工作人员的渎职、失职行为的构成

行政复议机关工作人员作为依法履行公职，被纳入国家行政编制，由国家财政负担工资福利并专门从事行政复议工作的国家公务员应在行政复议工作的全部过程中，从行政复议申请的受理、审查到最后作出行政复议决定都恰当充分地履行行政复议工作职责和公务员义务，否则应承担相应的法律责任。

(1)行为主体

该条的行为主体限定于行政复议机关工作人员的范围之内。此处的“行政复议机关工作人员”包括行政复议工作的负责人以及具体办理行政复议事项的工作人员。同时,不是所有行政复议机关工作人员都是该条指向的行政主体,与特定案件无关联或虽于行政复议机关任职但并不从事行政复议工作的人员不在该规则的调整范围之内。

(2)行为表现

认定本条所规定的违法行为,需要考察该行为是否发生在行政复议活动之中,如若行政复议机关工作人员实施的行为不属于行政复议工作的范畴,即便该行为属于徇私舞弊等失职渎职行为,也不构成本条所规定的违法行为,因而其归属于其他条款或者法律调整,这是对行为实施场域的要求。具体而言,本条规定的违法行为主要包含两类行为,即“徇私舞弊”和“其他渎职、失职行为”。

“徇私舞弊”是一种典型的渎职行为,指行政复议机关工作人员从私人利益出发,为贪取财物、出卖人情而在行政复议活动中不顾事实和法律,该为而不为或乱为的一种违法行为。在实践中,其常常表现为在行政复议过程中接受申请人、被申请人或第三人的宴请,收受礼品等好处,同意他人请托,从而在自己负责的行政复议工作中背离行政复议合法、公正的原则,通过伪造、隐匿、毁灭证据等行为方式,故意枉法作出与事实不符,于法无据的行政复议决定,造成行政复议中的错案。这不仅是损害公民、法人和其他组织的合法权益,破坏行政复议制度的行为,而且会严重损害党和政府的形象。

“渎职”是指行政复议机关工作人员利用职务上的便利或者徇私舞弊、滥用职权、玩忽职守,妨害行政复议活动的合法、公正、有效执行,从而损害公众对行政复议机关工作人员职务活动客观公正性的信赖,致使国家与人民利益遭受损失。如行政复议机关工作人员在行政复议过程中发现被申请人有触犯刑法的行为,应依法将相关责任人移交司法机关追究刑事责任而“压案”故意不移交。“失职”与“渎职”的区别主要表现在主观方面。失职在主观上表现为过失,即行政复议机关工作人员对其行使职务活动时产生的后果应该预见而因疏忽大意没有预见，或者已经预见却因相信能够避免而导致损失或危害结果的发生。

2. 行政复议机关工作人员渎职、失职的法律后果

(1)行政责任

本条基于行政复议机关工作人员实施徇私舞弊和其他渎职、失职行为的违法严重程度设置了不同种类的行政处分：对于情节较轻的违法行为，采取警告、记过、记大过这三种处分种类；对于情节比较严重的违法行为，采取降级、撤职、开除这三种程度相对比较重的处分种类。

(2)刑事责任

刑事责任是犯罪人因实施刑法规定的犯罪行为而产生的法律后果。若行政复议机关工作人员实施了刑法规定的犯罪行为，就会产生刑事法律上的责任，司法机关有权依照法律对其予以追究。违反本条规定所涉及的刑事责任主要有滥用职权罪和玩忽职守罪，具体的适用条件应参照《刑法》的规定。

适用要点

该条的具体适用应当参照《最高人民法院、最高人民检察院关于办理渎职刑事案件适用法律若干问题的解释(一)》和《最高人民检察院关于人民检察院直接受理立案侦查案件立案标准的规定(试行)》等相关法律法规和法律解释的规定。

第八十二条　【干扰、破坏行政复议活动的法律责任】被申请人违反本法规定，不提出书面答复或者不提交作出行政行为的证据、依据和其他有关材料，或者阻挠、变相阻挠公民、法人或者其他组织依法申请行政复议的，对负有责任的领导人员和直接责任人员依法给予警告、记过、记大过的处分；进行报复陷害的，依法给予降级、撤职、开除的处分；构成犯罪的，依法追究刑事责任。

条文解读

本条是关于行政复议被申请人干扰、破坏行政复议活动所应承担的法律责任的规定。

在行政管理活动中,行政机关享有充分的行政管理职权,并以国家强制力为后盾,可以对作为行政相对人的公民、法人或者其他组织的权利义务产生影响。在行政复议工作中,必须充分考虑到行政复议申请人和被申请人在行政管理实践中的关系和各自的特性,有效防范被申请人利用自身的优势地位实施种种干扰破坏的行为。

1. 行政复议被申请人干扰破坏行政复议活动的表现形式主要包括以下几个方面:

(1)不按照法律规定向行政复议机关提出书面答复,或者不提交作出具体行政行为的证据等有关材料

这是一种典型的不配合行政复议的行为,必须通过法律予以规制。因行政复议的审查不同于行政诉讼的司法审查,行政复议机关进行审理时,需要对被申请人作出的具体行政行为的主体适格、案件事实、适用依据、证据、程序和内容等进行全面审查,所以要求被申请人的答复呈现为书面形式,内容上重点突出、说理充分,并对具体行政行为的合法性、合理性和职责履行情况等作出全面说明,同时提供证据要全面、准确、及时,符合证据规则。此处需要明确三个概念:

首先,"书面答复"是被申请人针对申请人在复议申请书或复议申请笔录中所提出的复议请求的事实、理由进行答复、辩解、驳斥的复议文书。不同地区复议文书的撰写有不同的撰写制作规范,但不论何地的行政复议,被申请人在提交书面答复时必须首先符合行政复议法的规定,再按照本地实际情况对标原国务院法制办公室《行政复议法律文书示范文本》进行细化处理。

其次,本条中所谓的"证据",是指行政复议被申请人彼时据以作出具

体行政行为的客观事实，包括书证、物证、视听资料、证人证言、行为人陈述、鉴定结论、勘验笔录和现场笔录。根据行政复议法的规定，在行政复议过程中，被申请人不得自行向申请人和其他有关组织或者个人收集证据；同时，被告在行政复议过程中所收集的证据，可以间接作为证明被诉具体行政行为合法的证据使用。所谓“依据”，是指行政复议被申请人在作出具体行政行为时具体依据的法律、行政法规、地方性法规、行政规章以及自治条例、单行条例、行政决定和行政命令等。

最后，本条中的“其他有关材料”，是指与被申请复议的具体行政行为有关而又不属于证据、依据之列的材料。据此，行政复议被申请人不提出书面答复或者不提交作出行政行为的证据、依据和其他有关材料是违反法定义务的行为，对此应当依法追究其行政责任或刑事责任。

(2)阻挠、变相阻挠公民、法人或者其他组织依法申请行政复议

公民、法人或者其他组织的行政复议申请权是法律赋予其的权利，被申请人阻挠、变相阻挠行政复议的申请将导致行政复议权利救济、内部监督和解决行政纠纷的功能无法发挥，从根本上破坏制度本身的根基和价值。所谓“阻挠”就是行政复议被申请人使用种种显性手段公然使申请人无法向行政复议机关进行复议申请，例如实践中曾多次出现的公安机关以各种借口限制申请人人身自由从而打压申请人复议意愿的行为。“变相阻挠”则是行政复议被申请人表面上配合行政复议申请，实则以种种隐性手段对行政复议申请造成障碍，例如拒发行政处罚决定书使申请人无法提交行政复议申请材料等做法。

(3)对行政复议申请人进行报复陷害

报复陷害是指行政复议被申请人对申请人申请行政复议怀恨在心，利用自身的强势地位和行政职权进行打击迫害、故意刁难、威逼恐吓、捏造事实使其处于不利状况等恶害行为，此处的“报复陷害”需要与在前的行政复议申请有一定的因果关系，不可一概认为申请人权利上的减损和义务上的负担与被申请人依法定职权作出的行政行为会产生必然联系。概言之，报复陷害行为要具有关联性、不合理性、非法性。

2. 被申请人干扰破坏行政复议活动的法律责任主要是行政责任和刑事责任：

(1)行政责任

行政复议被申请人不提出书面答复或者不提交作出具体行政行为的证据、依据和其他有关材料，或者阻挠、变相阻挠公民、法人或者其他组织依法申请行政复议的，对直接负责的主管人员和其他直接责任人员应当依法追究行政责任。根据本条的规范结构，行政责任的追究有以下两种情形：

第一，只要被申请人存在不提出书面答复或者不提交作出具体行政行为的证据、依据和其他有关材料，或者阻挠、变相阻挠公民、法人或者其他组织依法申请行政复议的行为，就直接产生警告、记过、记大过的后果。

第二，被申请人如对申请人进行报复陷害，就应产生降级、撤职、开除的后果。

(2)刑事责任

行政复议被申请人违反本法规定，不提出书面答复或者不提交作出具体行政行为的证据、依据和其他有关材料，或者阻挠、变相阻挠公民、法人或者组织依法申请行政复议，构成犯罪的，对直接负责的主管人员和其他直接责任人员依法追究刑事责任。我国《刑法》第397条规定了滥用职权罪、玩忽职守罪两种渎职犯罪："国家机关工作人员滥用职权或者玩忽职守，致使公共财产、国家和人民利益遭受重大损失的，处三年以下有期徒刑或者拘役；情节特别严重的，处三年以上七年以下有期徒刑。本法另有规定的，依照规定。国家机关工作人员徇私舞弊，犯前款罪的，处五年以下有期徒刑或者拘役；情节特别严重的，处五年以上十年以下有期徒刑。本法另有规定的，依照规定。"行政复议被申请人进行报复陷害构成犯罪的，对直接负责的主管人员和其他直接责任人员依法追究刑事责任。《刑法》第254条规定了报复陷害罪："国家机关工作人员滥用职权、假公济私，对控告人、申诉人、批评人、举报人实行报复陷害的，处二年以下有期徒刑或者拘役；情节严重的，处二年以上七年以下有期徒刑。"需要注意的是，行为人必须是滥用职权、假公济私，如果行为人采取的报复陷害行为与行为人的职权没有关系，则不构成本罪。

适用要点

与本条相关的规定有《中国人民银行行政复议办法》第 42 条、《国土资源行政复议规定》第 43 条等，以上条文均对相应的行政复议被申请人干扰破坏行政复议活动的表现形式和法律责任作出了细化规定。其中，《国土资源行政复议规定》第 42 条第 4 款还将“不履行或者无正当理由拖延履行行政复议决定”纳入调整范围。实践中，行政复议申请人应当注意防范行政复议被申请人显性、隐性种种阻挠破坏行政复议活动的行为，充分运用法律武器捍卫自身的行政复议申请权。行政复议机关必须充分认定事实，准确把握案件情况，才能作出正确的决定，从而实现保障行政相对人合法权益与维护行政机关权威的有机统一。

典型案例

杨某某与山东省人民政府行政复议案[1]

要旨：法律并没有规定对行政复议决定不服还可以向其上一级行政机关再次申请行政复议。由此可知，我国实行的是一级复议制度。对于明显违反甚至是一再违反一级复议制度的申请，行政复议机关可以在口头释明之后不作任何处理；申请人对此不服提起行政诉讼的，人民法院可以不予立案，或者在立案之后裁定驳回起诉。对于一个毫无事实根据和法律依据的指控，即使最终判决被告胜诉，也是对被告的不公平，因为将其传唤到法院

〔1〕 参见中华人民共和国最高人民法院行政裁定书，(2016)最高法行申 2976 号。

应诉本身已经使其承受了不应承受的花费和压力。从救济权利、监督权力的制度功能出发,行政诉讼可以适度向原告倾斜,以求得其与公权力机关的实质平衡;但在任何一个发达的司法制度中,以牺牲被告的利益为代价考虑原告的利益,都是有失公允的。因此本案审理法院认为,对于此类明显违背行政复议制度、明显具有任性恣意色彩的反复申请,即使行政复议机关予以拒绝,也不应因形式上的“不作为”而将其拖进一个没有意义的诉讼游戏当中。

第八十三条　【被申请人不履行或者无正当理由拖延履行行政复议文书】被申请人不履行或者无正当理由拖延履行行政复议决定书、调解书、意见书的,对负有责任的领导人员和直接责任人员依法给予警告、记过、记大过的处分;经责令履行仍拒不履行的,依法给予降级、撤职、开除的处分。

条文解读

本条是关于被申请人不履行或者无正当理由拖延履行行政复议决定书、调解书、意见书的行为,负有责任的领导人员和直接责任人员应承担的法律责任的规定。

1. 本法第 77 条与本条规定的联系

本法第 77 条规定:“被申请人应当履行行政复议决定书、调解书、意见书。被申请人不履行或者无正当理由拖延履行行政复议决定书、调解书、意见书的,行政复议机关或者有关上级行政机关应当责令其限期履行,并可以约谈被申请人的有关负责人或者予以通报批评。”该条明确了被申请人的履行义务,以及不履行或者无正当理由拖延履行时,行政复议机关或者有关上级行政机关应当或可以采取的监督措施;而本条则是着重明确被申请人不履行或者无正当理由拖延履行时,负有责任的领导人员和直接责任人员应当受到的处分。

2. 负有责任的领导人员和直接责任人员的法律责任

作为被申请人的行政机关不履行或无正当理由拖延履行行政复议决定书、调解书、意见书,属于行政机关违法,负有责任的领导人员和直接责任人员负有首要、当然的责任。

处分包括警告、记过、记大过、降级、撤职、开除六类。警告,是对违法公职人员提出的告诫,以促使其认识和改正错误。警告是最轻的一种处分,属于警戒性的处分方式,适用于违法情节较轻但必须给予处分的公职人员。记过、记大过,是对违法行为的过错予以记载,也是警戒性的处分方式,在性质上属于重于警告的较轻的处分。降级,是一种降低公职人员级别的处分方式,这里的级别并不仅指公务员级别,而是上述人员工资、薪酬待遇等级的概称。撤职,是一种撤销公职人员所担任职务的处分方式,被撤职者如果没有同时受到辞退、调离等组织人事处理的,仍然是原单位工作人员;撤职适用于违法情节严重、不适宜继续担任现任职务的公职人员。开除,是解除被处分人与原单位人事关系的一种处分,是最严厉的惩罚方式。公职人员被开除后,即不再具有公职人员身份,与原单位的人事关系也随之解除。开除适用于违法情节严重,不适宜继续留在有关机关、单位、组织工作的公职人员。

3. 对不履行或者无正当理由拖延履行的救济

对于不履行或者无正当理由拖延履行行政复议决定书、调解书、意见书的救济,本法只规定了行政系统和政治机关内部的监督渠道。结合本法第 85 条的规定来看,这一监督程序的实现,是通过"行政复议机关""向监察机关或者公职人员任免机关、单位移送有关人员违法的事实材料",最终由"接受移送的监察机关或者公职人员任免机关、单位"作出处理的。

法律并没有提供行政复议申请人要求启动这一内部监督程序的途径,也没有赋予行政复议申请人针对行政复议机关的监督行为向更高一级的行政机关再次申请行政复议的权利,更没有认可行政复议申请人通过行政诉讼的方式解决不履行、拖延履行行政复议决定的问题。根据《最高人民法院关于适用〈中华人民共和国行政诉讼法〉的解释》第1条第2款第8项的规定，上级行政机关基于内部层级监督关系对下级行政机关作出的听取报告、执法检查、督促履责等行为，不属于人民法院行政诉讼的受案范围。如果行政复议申请人诉请判令行政复议机关责令行政复议被申请人限期履行涉案行政复议决定，系请求行政复议机关对行政复议被申请人进行行政机关内部的层级监督，不属于人民法院行政诉讼的受案范围。

适用要点

本条是对《行政复议法》(2017年修正)第37条的修订，主要修改的地方有三处，在适用时应当特别注意：

1. 被申请人不履行或者无正当理由拖延履行的范围由“行政复议决定”扩大为“行政复议决定书、调解书、意见书”。该修改是对履行义务的扩大。本法第5条第1款明确规定：“行政复议机关办理行政复议案件，可以进行调解。”该规定扩大了复议调解的范围，强化了行政复议吸纳和化解行政争议的能力，本法第73条也对行政复议调解书的制作等作了具体规定。为弥合行政复议审查全面性与行政复议决定书内容有限性之间的差距，本法第76条对行政复议意见书作了具体规定。通过行政复议决定书、行政复议意见书适用范围的协调配合，可以实现行政复议制度“多层次目的”的有机结合。

2. 处分对象由“直接负责的主管人员和其他直接责任人员”修改为“负有责任的领导人员和直接责任人员”。该修改是对责任人员的变更。主管责任与领导责任的区别关键在于区分“其直接主管工作职责范围内”和“在其工作职责范围内”，前者指有明确分工或上级交办由其负责、管辖的工作；后者指虽然没有明确分工由其主管，但按照法定职责范围应当由其负责、管辖的工作。

3. 责任方式由“行政处分”修改为“处分”。该修改是对处分主体和处分对象的扩大。行政处分是指国家行政机关依照行政隶属关系给予有违法失职行为的行政机关工作人员的一种惩戒措施。自《监察法》《公职人员政务处分法》施行后，监察对象由行政机关工作人员扩大到所有行使公权力的公职人员，原来行政处分的概念因而不再适用，于是引入政务处分的概念，即对所有行使公权力的公职人员的处分，而作出政务处分的主体为各级监察机关。

典型案例

李某某与安徽省萧县人民政府地矿行政强制案[1]

要旨：《行政复议法》（2017年修正）第32条规定："被申请人应当履行行政复议决定。被申请人不履行或者无正当理由拖延履行行政复议决定的，行政复议机关或者有关上级行政机关应当责令其限期履行。"《行政诉讼法》（2017年修正）第44条规定："对属于人民法院受案范围的行政案件，公民、法人或者其他组织可以先向行政机关申请复议，对复议决定不服的，再向人民法院提起诉讼；也可以直接向人民法院提起诉讼。法律、法规规定应当先向行政机关申请复议，对复议决定不服再向人民法院提起诉讼的，依照法律、法规的规定。"据此，除法律规定的应当复议前置或者复议终局的情形外，公民、法人或者其他组织对行政机关作出的行政行为不服的，可以选择申请行政复议或者直接向人民法院起诉。复议被申请人不履行行政复议决定的，申请人应当通过要求行政复议机关或上级机关以责令履行的方式维护自身的合法权益，但不能通过再次起诉的方式解决不履行行政复议决定的问题。因此，针对安徽省萧县人民政府未向李某某返还扣押挖掘机的行为，李某某已选择了通过行政复议的途径进行救济。在行政复议决定已经支持了李某某行政复议申请的情况

[1] 参见中华人民共和国最高人民法院行政裁定书，（2019）最高法行申14315号。

下,李某某应当通过要求履行行政复议决定的程序维护自身的合法权益。故李某某就实质相同的请求另行提起本案行政诉讼,不符合行政诉讼的受案条件。

第八十四条 【行政复议人员调查取证罚则】拒绝、阻挠行政复议人员调查取证,故意扰乱行政复议工作秩序的,依法给予处分、治安管理处罚;构成犯罪的,依法追究刑事责任。

条文解读

本条是关于扰乱行政复议人员调查取证罚则的规定。

本条修改前为"拒绝、阻挠行政复议人员调查取证、查阅、复制、调取有关证据的,依法给予处分或者治安管理处罚;构成犯罪的,依法追究刑事责任"。本次修改,删除了查阅、复制、调取有关证据,因为查阅、复制、调取有关证据本质上属于调查取证程序中的某一环节,故本次修改直接删除,只保留调查取证,言简意赅。

《司法行政机关行政复议应诉工作规定》第3条规定:"司法行政机关法制工作机构或者承担法制工作的机构具体负责办理司法行政机关行政复议和行政应诉事项,履行下列职责:(一)受理行政复议申请;(二)向有关组织和人员调查取证,查阅文件和资料;(三)审查申请行政复议的具体行政行为是否合法与适当,拟定行政复议决定;(四)处理或者转送对司法行政机关具体行政行为所依据的有关规定的审查申请;(五)对司法行政机关违反《中华人民共和国行政复议法》和本规定的行为依照规定的权限和程序提出处理建议;(六)组织办理因不服行政复议决定提起行政诉讼的应诉事项;(七)指导下级司法行政机关的行政复议和行政应诉工作;(八)培训行政复议、应诉工作人员,组织交流行政复议、应诉工作经验;(九)法律、法规、规章规定的其他职责。"可见,调查核实工作是司法行政机关法制工作机构或者承担法制工作的机构在行政复议程序中的职责。

《行政复议法实施条例》第 34 条第 2 款规定："调查取证时，行政复议人员不得少于 2 人，并应当向当事人或者有关人员出示证件。被调查单位和人员应当配合行政复议人员的工作，不得拒绝或者阻挠。"第 63 条规定："拒绝或者阻挠行政复议人员调查取证、查阅、复制、调取有关文件和资料的，对有关责任人员依法给予处分或者治安处罚；构成犯罪的，依法追究刑事责任。"

适用要点

法律赋予了行政复议人员调查的权利，不以当事人的认可为前提。在适用本条时，若发生被调查单位的相关人员故意不配合调查取证工作，可能构成违反治安管理秩序的行为，应由公安机关负责立案调查，作出治安管理处罚决定，上述职权不属于行政复议机关的法定职权。若构成犯罪，依法应追究刑事责任的，也应当由公安机关立案调查并推动后续流程。

典型案例

兴隆县人民政府、刘某一、刘某春与张某某行政复议决定纠纷案[1]

要旨：上诉人（原审被告）兴隆县人民政府不服河北省承德市双桥区人民法院（2014）双桥行初字第 106 号行政判决，向河北省承德市中级人民法院提起上诉。河北省承德市中级人民法院认为根据《行政复议法实施条例》第 34

[1] 参见河北省承德市中级人民法院行政判决书，(2015)承行终字第 00067 号。

条的规定,“行政复议人员向有关组织和人员调查取证时,可以查阅、复制、调取有关文件和资料,向有关人员进行询问。调查取证时,行政复议人员不得少于2人,并应当向当事人或者有关人员出示证件。被调查单位和人员应当配合行政复议人员的工作,不得拒绝或者阻挠。需要现场勘验的,现场勘验所用时间不计入行政复议审理期限”,法律赋予了行政复议人员现场勘验的权利,现场勘验权利的行使不需要通知双方当事人到场,也无须经过其他任何人员的签字认可。因此,兴隆县人民政府作出的行政复议行为符合实体法和程序法的规定,认定事实清楚。

兴隆县人民政府在行政复议期间除进行卷面审理外,还进行了调查走访,作出的行政复议决定事实清楚,程序合法,应予维持。一审法院认为上诉人兴隆县人民政府调查取证的证言等证据没有组织双方当事人质证,不符合《行政复议法》(2009年修正)第22条的规定,属于适用法律错误,应予撤销。依据1990年施行的《行政诉讼法》第61条第2项之规定,判决:(1)撤销双桥区人民法院(2014)双桥行初字第106号行政判决;(2)维持兴隆县人民政府作出的兴政复决字(2014)38号行政复议决定。一审、二审案件诉讼费150元,由被上诉人承担。

第八十五条 【行政复议机关移送违法事实材料】行政机关及其工作人员违反本法规定的,行政复议机关可以向监察机关或者公职人员任免机关、单位移送有关人员违法的事实材料,接受移送的监察机关或者公职人员任免机关、单位应当依法处理。

条文解读

本条是关于行政复议机关移送违法事实材料的规定。

本条针对《行政复议法》(2017年修正)第38条的规定进行了以下四处修订:

1. 行为主体由行政复议机构变更为行政复议机关

本次修订将行政复议机构“对行政机关违反本法规定的行为依照规定的权限和程序提出处理建议”的法定职责删除,并明确县级以上各级人民政府以及其他依照本法履行行政复议职责的行政机关是行政复议机关,说明行政复议机构仅是办理行政复议事项的机构,并非实际负有行政复议职责的主体。

行政复议,是为纠正下级行政机关违法或不当行政行为,保护行政相对人合法权益、监督保障行政机关依法行使职权而创设的一项制度。因此,行政复议机关可以运用行政机关系统内部的层级监督关系,对发现的行政机关及其工作人员的违法行为依法进行奖惩,或者通过本条规定的方式向有关部门移送违法事实材料。

2. 不再列举可进行行政监督的适用情形

《行政复议法》(2017 年修正)列举了无正当理由不予受理行政复议申请、不按照规定期限作出行政复议决定、徇私舞弊、对申请人打击报复或者不履行行政复议决定等行政复议机构可以提出处理建议的情形。本次修订将上述内容修改为“行政机关及其工作人员违反本法规定的”,扩大了行政复议机关启动违法行为法律责任追究机制的适用情形,有利于更大程度上加强行政机关内部监督,促进依法行政。

3. 监督方式由提出建议变更为移送违法事实材料

《行政复议法实施条例》第 65 条规定“行政机关及其工作人员违反行政复议法和本条例规定的,行政复议机构可以向人事、监察部门提出对有关责任人员的处分建议,也可以将有关人员违法的事实材料直接转送人事、监察部门处理;接受转送的人事、监察部门应当依法处理,并将处理结果通报转送的行政复议机构。”这说明在发现行政机关或其工作人员的违法行为时,如果需要由监察机关、公职人员任免机关、单位依法进行处理,上级行政机关应当依法提供有关违法事实材料。行政复议机关提出的处理建议不能取代有关部门最终作出的处理决定,有关部门需要依照《监察法》《公务员法》等的相关规定依法作出处理。因此本次修订将行政复议机关对违法行为的监督方式变更为移送违法事实材料，而这些材料内容经查证属实也可以成为有关部门作出处理决定的依据。

4. 明确受移送主体是监察机关或者公职人员任免机关、单位

各级监察委员会是行使国家监察职能的专责机关，负责对所有行使公权力的公职人员进行监察，调查职务违法和职务犯罪。根据《监察法》第 11 条的规定，监察委员会依法履行对公职人员依法履职、秉公用权、廉洁从政从业以及道德操守情况进行监督检查，对涉嫌贪污贿赂、滥用职权、玩忽职守、权力寻租、利益输送、徇私舞弊以及浪费国家资财等职务违法和职务犯罪进行调查，对违法的公职人员依法作出政务处分决定等职责。《公务员法》第 57 条第 3 款明确规定，对公务员涉嫌职务违法和职务犯罪的，应当依法移送监察机关处理。

目前我国主要由各级公务员主管部门负责适用《公务员法》，对公务员进行规范管理。该法明确要求公务员按照规定的权限和程序履行职责，全心全意为人民服务，因违纪违法应当承担纪律责任的，依法给予处分或者由监察机关依法给予政务处分。根据该法第 62 条的规定，处分分为警告、记过、记大过、降级、撤职和开除六类。

本条明确行政复议机关发现行政机关及其工作人员有违法行为的，可以依法向监察机关或者公职人员任免机关、单位移送违法事实材料，健全了行政复议与纪检监察、人事任免的衔接机制，进一步加强了对行使公权力的公职人员的权力监督和制约，有利于提高行政复议公信力，推进国家治理体系和治理能力现代化。

适用要点

根据《监察法》第五章的有关规定：监察机关对涉嫌职务违法犯罪，需要追究法律责任的，应当按照规定的权限和程序办理立案手续；由专题会议确定调查方案和需要采取的调查措施，并向被调查人宣布立案调查决定；监察机关应当进行调查，收集被调查人有无违法犯罪以及情节轻重的

证据,查明违法犯罪事实。根据监督、调查结果,监察机关:对有职务违法行为但情节较轻的公职人员,按照管理权限,直接或者委托有关机关、人员,进行谈话提醒、批评教育、责令检查,或者予以诫勉;对违法的公职人员依照法定程序作出警告、记过、记大过、降级、撤职、开除等政务处分决定。需要注意的是,对同一违纪违法行为,监察机关已经作出政务处分决定的,公务员所在机关不再给予处分。

典型案例

卢某某与安徽省人民政府行政复议案[1]

要旨:行政复议机关是否向监察机关、人事任免机关移送行政机关或工作人员违法事实材料,属于行政体系内部监督行为,对行政相对人的权利义务均不产生实际影响,因此该问题也不属于行政复议的受理范围。

本案中,卢某某向安徽省人民政府申请行政复议,请求责令蚌埠市人民政府履行职责,并将蚌埠市自然资源和规划局不履行蚌埠市人民政府蚌政〔2018〕31号行政复议决定的有关人员的违法事实材料直接转送人事监察部门处理。安徽省人民政府以卢某某的行政复议请求申请不符合受理条件为由,作出不予受理行政复议申请决定书。卢某某不服,向合肥市中级人民法院提起行政诉讼,请求撤销该复议决定。经审理,合肥市中级人民法院认为卢某某复议申请的实质是要求蚌埠市人民政府对蚌埠市自然资源和规划局履行层级监管的职责,这种层级监管的问题并不属于行政复议的受理范围。故合肥市中级人民法院依法判决驳回诉讼请求,安徽省高级人民法院在二审后也作出驳回卢某某上诉请求的判决。

〔1〕参见安徽省高级人民法院行政判决书,(2021)皖行终111号。

第八十六条 【职务违法犯罪问题线索移送制度】行政复议机关在办理行政复议案件过程中，发现公职人员涉嫌贪污贿赂、失职渎职等职务违法或者职务犯罪的问题线索，应当依照有关规定移送监察机关，由监察机关依法调查处置。

条文解读

本条是关于职务违法犯罪问题线索移送制度的规定。

本条立法是根据《监察法》第34条的规定，进一步明确行政复议机关向监察机关移送公职人员违法犯罪案件的情形，依法处理行政复议案件办理过程中发现的贪污贿赂、失职渎职等问题，监督、保障行政机关依法行政。

《监察法》第34条规定："人民法院、人民检察院、公安机关、审计机关等国家机关在工作中发现公职人员涉嫌贪污贿赂、失职渎职等职务违法或者职务犯罪的问题线索，应当移送监察机关，由监察机关依法调查处置。被调查人既涉嫌严重职务违法或者职务犯罪，又涉嫌其他违法犯罪的，一般应当由监察机关为主调查，其他机关予以协助。"规定职务违法犯罪问题线索移送制度，有利于行政复议机关及时移送其发现的公职人员涉嫌职务违法犯罪的问题线索，发挥相关机关反腐败的协同配合作用，确保监察机关及时查处各种职务违法犯罪行为。明确职务违法犯罪案件的管辖权，有利于监察机关和其他有关机关各司其职、各尽其责，避免争执或推诿。

本条规定的公职人员包含以下六大类：(1)中国共产党机关、人民代表大会及其常务委员会机关、人民政府、监察委员会、人民法院、人民检察院、中国人民政治协商会议各级委员会机关、民主党派机关和工商业联合会机关的公务员，以及参照《公务员法》管理的人员；(2)法律、法规授权或者受国家机关依法委托管理公共事务的组织中从事公务的人员；(3)国有企业管理人员；(4)公办的教育、科研、文化、医疗卫生、体育等单位中从事管理的人员；(5)基层群众性自治组织中从事管理的人员；(6)其他依法履行公职的人员。

本条规定的职务违法或者职务犯罪的问题线索，参照《监察法》第11条规定的七类职务违法或者职务犯罪：(1)“贪污贿赂”，主要是指贪污、挪用、私分公共财物以及行贿受贿等破坏公权力行使廉洁性的行为；(2)“滥用职权”，主要是指超越职权，违法决定、处理其无权决定、处理的事项，或者违反规定处理公务，致使公共财产、国家和人民利益遭受损失的行为；(3)“玩忽职守”，主要是指公职人员严重不负责任，不履行或者不认真、不正确履行职责，致使公共财产、国家和人民利益遭受损失的行为；(4)“权力寻租”，主要是指公职人员利用手中的公权力，违反或者规避法律法规，谋取或者维护私利的行为；(5)“利益输送”，主要是指公职人员利用职权或者职务影响，以违反或者规避法律法规的手段，将公共财产等利益不正当授受有关组织、个人的行为；(6)“徇私舞弊”，主要是指为了私利而用欺骗、包庇等方式从事违法的行为；(7)“浪费国家资财”，主要是指公职人员违反规定，挥霍公款，铺张浪费的行为。除此之外，还包括其他职务违法或者职务犯罪问题线索，如行政机关及其工作人员拒绝或者阻挠行政复议人员调查取证，查阅、复制、调取有关文件和资料的情况等。

适用要点

本条是关于职务违法犯罪问题线索移送制度的规定，明确了行政复议机关应主动向监察机关移送公职人员职务违法犯罪案件的情形。对于移送的方式、程序，本条笼统地规定了“依照有关规定移送”，而实际适用中，行政复议机关可以参照《监察法》《执法机关和司法机关向纪检监察机关移送问题线索工作办法》的规定，与监察机关协作配合，依法处理行政复议案件审理过程中发现的贪污贿赂、失职渎职等问题，监督、保障行政机关依法行政。

第七章　附　　则

第八十七条　【行政复议不收费原则】行政复议机关受理行政复议申请，不得向申请人收取任何费用。

条文解读

本条是关于行政复议不收费原则的规定。

行政复议活动是行政机关通过内部程序解决行政争议，维护公民、法人或者其他组织合法权益，监督行政机关依法行使职权的法律制度。同时，行政复议行为具有行政性的特征，其通过行政内部程序解决争议的属性也就决定了行政复议活动所需要的经费应当在行政复议机关的行政经费中列支，并由本级财政予以保障。考虑到行政复议活动是局限于行政系统内部的纠错活动，先前行政行为中行政机关存在未严格依法行政的瑕疵导致行政相对人或其他利害关系人的权利受到侵害而被提起行政复议，此时申请人基于维护自身权利提起行政复议是其当然的权利，因此行政机关处理类似纠错行为造成的成本增加也不能转嫁由公民承担。

另需注意的是，行政复议机关不得向申请人收费是指完全不收费，即行政复议机关不得以任何理由就行政复议活动向申请人收取费用。与之相对应的内容，可参照政府信息公开和行政诉讼活动。《政府信息公开条例》第 42 条第 1 款规定，行政机关依申请提供政府信息，不收取费用。但是，申请人申请公开政府信息的数量、频次明显超过合理范围的，行政机关可以收取信息处理费。也就是说,政府信息公开是以不收费为原则的,但是如果政府信息公开申请人存在明显超过合理范围申请公开政府信息的情形,也可以适当向其收取费用,以防止滥用政府信息公开申请权的情形发生。虽然二者均是行政机关作出的行政行为,但是需要注意的是,行政复议申请人需要基于行政机关作出相应限制其权利的基础行政行为,但是政府信息公开行为中申请人的权利则并未受到预先限制,因而对前者应当完全不收费。《行政诉讼法》第102条规定:"人民法院审理行政案件,应当收取诉讼费用。诉讼费用由败诉方承担,双方都有责任的由双方分担。收取诉讼费用的具体办法另行规定。"与行政复议相比,行政诉讼虽然也是行政争议的解决手段,但其是通过司法机关完成的,通过收取相关费用的方式一方面可以体现出司法机关的独立价值,另一方面也可以使当事人得到相应的制裁性费用负担。行政复议活动主要是由行政机关内部完成的救济行为,从这一角度而言,行政复议活动也应当坚守完全不收费原则。

适用要点

本条是关于行政复议不收费原则的规定,在适用本条时需要注意的要点是:行政复议活动的不收费是指完全不收费,即行政复议机关对提起行政复议的申请人不得以任何理由收取费用;相关费用应当由行政复议机关列支,并由本级政府财政负担。

第八十八条　【期间计算和文书送达】行政复议期间的计算和行政复议文书的送达,本法没有规定的,依照《中华人民共和国民事诉讼法》关于期间、送达的规定执行。

本法关于行政复议期间有关"三日"、"五日"、"七日"、"十日"的规定是指工作日,不含法定休假日。

条文解读

本条是关于行政复议期间和送达的规定。

首先,行政复议程序中的期间计算是指申请人、被申请人、行政复议机关以及其他行政复议参加人,在参加行政复议活动过程中完成相应行为需要遵守的期限规定。行政复议期间的概念与诉讼活动期限的规定相似。与行政诉讼相比,我国行政复议活动的程序设计以书面审理为原则,极少出现申请人、被申请人、行政复议机关以及其他行政复议参加人聚首开展行政复议活动的情况。因而,在行政复议中,需要关注的是期间的长度和期间的计算。

其一,期间的长度主要是指本法中有关行政区间的规定。如本法第20条关于公民、法人或者其他组织提起行政复议申请的期间限制规定,第21条关于行政复议最长申请时限的规定,第30条中行政复议机关决定是否受理行政复议申请期限的规定,第31条关于行政复议申请材料补充期间的规定,第34条对行政复议决定不服提起行政诉讼期间的规定,第48条、第51条、第54条关于行政复议机关处理行政复议期限的规定,第56条、第57条、第58条关于行政复议附带审查的规定,第62条关于行政复议处理期限的规定等都属于前述行政复议期间的规定。

其二,期间的计算应当关注的是行政复议期间计算过程中需要遵循的规则。其中需要注意的有两方面内容:一方面,行政复议和行政诉讼之间有紧密的衔接关系,因而行政复议的期间计算应当保持与行政诉讼相一致的规则,以便对同一行政行为的救济过程保持同一时间认知;另一方面,本法对于行政复议期间的计算规则并未作出具体的规定,对此应当按照《民事诉讼法》的相关规定进行计算。《民事诉讼法》第85条规定:"期间包括法定期间和人民法院指定的期间。期间以时、日、月、年计算。期间开始的时和日,不计算在期间内。期间届满的最后一日是法定休假日的,以法定休假日后的第一日为期间届满的日期。期间不包括在途时间,诉讼文书在期满前交邮的，不算过期。”第86条规定：“当事人因不可抗拒的事由或者其他正当理由耽误期限的，在障碍消除后的十日内，可以申请顺延期限，是否准许，由人民法院决定。”相应规定都应当作为行政复议期间计算的规则。

其次，行政复议文书的送达是指行政复议机关按照法定的程序和方式，将已制作的行政复议文书送交行政复议的申请人、被申请人和其他行政复议参加人的行为。根据本条第2款的规定，行政复议文书的送达应当以本法为基础，对于其中未尽之处，应当按照《民事诉讼法》的相关规定执行。实际上本法对于行政复议文书的送达并未作出具体的规定，相关行为与行政复议期间相同，应当查询《民事诉讼法》的相关规定执行。《民事诉讼法》第87条至第95条对文书送达的方式、特殊情况下的处理等作出了相关规定，行政复议文书送达也需要遵照相关规定。需注意的是，行政复议的文书与民事诉讼的文书有所不同，其中送达的主体是行政复议机关，送达的内容是行政复议的文书，送达的对象是行政复议申请人、被申请人和第三人。

本条第2款是关于日期计算的特殊规定。根据该款的规定，在本法所作关于行政复议期限的规定中，3日、5日、7日、10日的规定均是指工作日；期间跨越节假日的，应当将相应日期予以扣减计算。同时，还需注意的是，本法中有关期限的规定除本条的规定外，还有第62条中规定的60日、30日等规定，此类规定并未限定为工作日，而是指日历日。

适用要点

本条是关于行政复议期间和送达的规定，是确定行政复议程序的关键规定。适用本条时需要关注的要点有以下三点：

其一，行政复议期间的确定，一方面应当按照本法的规定确定相应的期限长度，另一方面需要按照《民事诉讼法》的规定确定期间的计算规则。

其二，行政复议文书的送达同样需要遵守《民事诉讼法》的规定，按照相应的程序向行政复议申请人、被申请人和第三人完成行政复议文书的送达。

其三，行政复议中有关期限的规定仅有3日、5日、7日、10日的规定是以工作日为基础计算的，对于其中存在的30日、60日等规定，需要按照日历日计算。

典型案例

王某与中国证券监督管理委员会行政复议案[1]

要旨：原告王某向被告中国证券监督管理委员会提起行政复议申请，后对被告所作行政复议决定不服，提起诉讼。二审过程中，双方就行政复议期间的计算产生分歧。经过审判，二审法院认为，关于被诉复议决定的作出期限，根据《行政复议法》（2017年修正）第40条第2款的规定，行政复议期间有关"五日""七日"的规定是指工作日，不含节假日。《行政复议法实施条例》第29条中同时规定，补正申请材料所用时间不计入行政复议审理期限。根据本案查明的事实，2020年6月25日至27日属于国家法定节假日，2020年7月13日中国证券监督管理委员会负责行政复议的机构收到王某提交的补正材料。据此，一审法院有关中国证券监督管理委员会作出被诉复议决定并未超过法定期限的认定正确，二审法院不予支持王某有关被诉复议决定超期的上诉理由。

第八十九条　【涉外行政复议】外国人、无国籍人、外国组织在中华人民共和国境内申请行政复议，适用本法。

[1] 参见北京市高级人民法院行政判决书，(2021)京行终1902号。

条文解读

本条是关于涉外行政复议的规定。

根据本条的规定,外国人、无国籍人、外国组织在我国境内申请行政复议的,适用本法的规定。其中包括两重含义:其一,外国人、无国籍人、外国组织在我国境内申请行政复议的,可根据本法的规定主张与我国公民、法人或者其他组织相同的权利能力和行为能力。其二,外国人、无国籍人、外国组织在我国境内申请行政复议的,也需要严格遵守本法的规定,承担与我国公民、法人或者其他组织相同的义务和责任。实际上,本条规定并非孤立存在于本法之中的,《民事诉讼法》《行政诉讼法》中也有类似精神的规定。《民事诉讼法》第 5 条第 1 款规定:“外国人、无国籍人、外国企业和组织在人民法院起诉、应诉,同中华人民共和国公民、法人和其他组织有同等的诉讼权利义务。”《行政诉讼法》第 98 条规定:“外国人、无国籍人、外国组织在中华人民共和国进行行政诉讼,适用本法。法律另有规定的除外。”第 99 条第 1 款规定:“外国人、无国籍人、外国组织在中华人民共和国进行行政诉讼,同中华人民共和国公民、组织有同等的诉讼权利和义务。”可见,外国人、无国籍人、外国组织在我国境内实施相应法律救济程序的,应当符合同等原则和对等原则的保护。

首先,同等原则是指在法律救济程序中,外国人、无国籍人和外国组织享有与所在国境内公民、法人或者其他组织同等的权利能力和行为能力,同时负担相同的义务和责任。实际上,本条原则最早源于民事诉讼程序,任何一个主权国家对在本国进行活动的外国人都规定其依法享有的权利和必须履行的义务,都规定必须遵守所在国的法律。随后,该原则因其所具备的平等精神具有普遍意义,逐渐被推广到其他法律救济程序中,行政诉讼、行政复议也遵守这一精神作了类似的规定。故而,在行政复议领域,对外国人、无国籍人、外国组织也应当遵循平等原则,保护其权利;同时,其在我国也要遵守我国的法律,履行我国法律规定的义务。

其次，在民事诉讼中，与同等原则同时出现的还有对等原则。对等原则即如果一个国家的法律规定外国公民或者组织在本国进行某些活动时的权利与本国公民的权利有所不同，即对其加以限制，则另一个国家也采取相应的措施加以限制，这种相互限制的规定，也是对等进行的。与同等原则相同，这一原则最早也源于民事诉讼领域，随后逐渐扩展至其他部门法。如《行政诉讼法》第 99 条第 2 款规定，外国法院对中华人民共和国公民、组织的行政诉讼权利加以限制的，人民法院对该国公民、组织的行政诉讼权利，实行对等原则。该对等原则的内容既包括权利内容，也包括义务内容。就行政复议法而言，虽然本法没有明文规定要采取对等原则，在外国限制我国公民权利的情形下限制其公民、组织在我国实施行政复议的权利，但是基于行政复议法和行政诉讼法之间的衔接关系，行政复议中也应当遵循这一原则，对外国人、无国籍人、外国组织在我国境内实施的行政复议作出相应的限制。

适用要点

本条规定的是外国人、无国籍人、外国组织在我国境内申请行政复议的处理规定，故而本条的适用首先应关注的问题在于对主体身份的确定。对于自然人而言，如果是有多重国籍的，应当根据我国《国籍法》及相关规定先认定其国籍，然后对于确定为外国国籍的，再适用本条的规定。其次，在确定主体身份后，还应当对其所在国是否存在对我国公民相关权利作出限制的情况进行查明。对于存在限制的，应当遵循对等原则同样作出相应的限制，否则应当遵循同等原则对其加以保护。最后，适用本条的过程中还需要注意，“境内”应限定为我国海关所管辖的“境”，而不及于我国台湾地区、中国香港特别行政区和中国澳门特别行政区。

第九十条　【施行日期】本法自 2024 年 1 月 1 日起施行。

条文解读

本条是关于本法施行日期的规定。

法的实施日期，是指法律法规正式生效的日期，违反生效的法律法规将承担相应的法律责任。之所以出现公布日期与施行日期不一致的情况，主要是因为法律对人们的行为、权利义务有直接影响，从公布到普遍知晓有一定的时间，这样便于社会大众接受、了解，也便于普法部门开展新法宣贯工作。《立法法》第 61 条规定："法律应当明确规定施行日期。"法的具体生效时间，一般是根据该法的性质、需求来确定的。现有的法律体系，对法的生效时间作了三种情况的规定：

一是直接规定具体生效时间。条文表述为"本法自××年×月×日起施行"。如《反间谍法》第 71 条就规定："本法自 2023 年 7 月 1 日起施行。"这也是目前法律中运用得最多的方式。

二是自法律颁布之日起生效。条文表述为："本法自公布之日起施行。"《立法法》第 62 条规定："签署公布法律的主席令载明该法律的制定机关、通过和施行日期。法律签署公布后，法律文本以及法律草案的说明、审议结果报告等，应当及时在全国人民代表大会常务委员会公报和中国人大网以及在全国范围内发行的报纸上刊载。在常务委员会公报上刊登的法律文本为标准文本。"如《科学技术普及法》《监察法》《人民陪审员法》《反外国制裁法》，采用的就是公布之日起施行模式。

三是由专门法规定该法的具体生效时间，或称取决于其他法律的制定和实施时间。这种方式不常见，1986 年 12 月 2 日第六届全国人民代表大会常务委员会第十八次会议通过的《企业破产法(试行)》(已失效)第 43 条规定："本法自全民所有制工业企业法实施满三个月之日起试行……"《全民所有制工业企业法》在《企业破产法(试行)》通过时还尚未制定出来。这样的法律实施日期是有相应背景的，即党的十三届三中全会后，法制建设处于起步阶段，到了 20 世纪 80 年代末期后这种法的生效时间的方式就基本不用了。

四是在前三种模式的基础上,加上“规定法律颁布后到达一定期限开始生效”,但该种模式更不常见。本条采取了上述第一种情形。

适用要点

适用本条规定时应当注意新旧法律的衔接适用问题。法的溯及力,又称法的溯及既往的效力,是指新的法律颁布后,其生效前的事件和行为是否适用的问题。如果适用,则具有溯及力;如果不适用,则不具有溯及力。一般情况下,我国法律坚持“法不溯及既往”的原则,但也有例外,特别是在刑法中,目前各国采用的通例是“从旧兼从轻”原则。我国现行刑法采用的就是“从旧兼从轻”原则。《立法法》第 104 条对法不溯及既往的原则作出了明确规定:“法律、行政法规、地方性法规、自治条例和单行条例、规章不溯及既往,但为了更好地保护公民、法人和其他组织的权利和利益而作的特别规定除外。”有原则就有例外,对于法不溯及既往这项原则来说,如果法律的规定是减轻行为人的责任或增加公民的权利,也可以具有溯及力,如刑法中从轻的规定就是如此。因此,为了更好地保护公民、法人和其他组织的权利和利益,法律规范可以有溯及力。这里的“公民、法人和其他组织”,是指法律、法规、规章等规范性文件直接指向的具体的公民、法人和其他组织,是法律、法规、规章等特定的调整对象,而不是泛指,不是为了保护多数人的利益而使法律、法规、规章等具有溯及力。本法没有关于溯及力问题的规定,因此可以认为,本法没有溯及力。

《中华人民共和国行政复议法》新旧对照[1]

2017年《行政复议法》	2023年《行政复议法》
第一章　总　　则	第一章　总　　则
第一条　为了防止和纠正违法的或者不当的~~具体~~行政行为，保护公民、法人和其他组织的合法权益，*保障和监督*行政机关依法行使职权，根据宪法，制定本法。	第一条　为了防止和纠正违法的或者不当的行政行为，保护公民、法人和其他组织的合法权益，*监督和保障*行政机关依法行使职权，**发挥行政复议化解行政争议的主渠道作用，推进法治政府建设**，根据宪法，制定本法。
第二条　公民、法人或者其他组织认为~~具体~~行政行为侵犯其合法权益，向行政机关提出行政复议申请，行政机关~~受理行政复议申请、作出行政复议决定~~，适用本法。	第二条　公民、法人或者其他组织认为**行政机关的**行政行为侵犯其合法权益，向行政**复议**机关提出行政复议申请，行政**复议**机关**办理行政复议案件**，适用本法。 **前款所称行政行为，包括法律、法规、规章授权的组织的行政行为。**

[1] 为了便于阅读，编者针对不同情况采取了特殊符号，统一说明如下："黑体"的部分，为2023年《行政复议法》较2017年《行政复议法》新增的主要内容；"斜体"的部分，为字词的调整但表意不变的内容；"删除线"的部分，系较新法删除的主要内容。

续表

2017年《行政复议法》	2023年《行政复议法》
第*四*条　行政复议机关履行行政复议职责，应当遵循合法、公正、公开、~~及时~~、便民的原则，坚持有错必纠，保障法律、法规的正确实施。	第*三*条　**行政复议工作坚持中国共产党的领导。** 行政复议机关履行行政复议职责，应当遵循合法、公正、公开、**高效**、便民、**为民**的原则，坚持有错必纠，保障法律、法规的正确实施。
第三条*第一款第一项、第四项、第六项、第七项*　依照本法履行行政复议职责的行政机关是行政复议机关。*行政复议机关负责法制工作的机构*~~具体~~*办理行政复议事项，履行下列职责：* *（一）受理行政复议申请；* （四）*处理或者转送对本法第七条所列有关规定的审查申请；* （六）办理因~~不服行政复议决定提起行政诉讼~~的应诉事项； ~~（七）法律、法规规定的其他职责。~~	第*四*条　**县级以上各级人民政府以及其他**依照本法履行行政复议职责的行政机关是行政复议机关。 *行政复议机关办理行政复议事项的机构是行政复议机构*。行政复议机构**同时组织**办理**行政复议机关**的行政应诉事项。 **行政复议机关应当加强行政复议工作，支持和保障行政复议机构依法履行职责。上级行政复议机构对下级行政复议机构的行政复议工作进行指导、监督。** **国务院行政复议机构可以发布行政复议指导性案例。**
	第五条　行政复议机关办理行政复议案件，可以进行调解。 **调解应当遵循合法、自愿的原则，不得损害国家利益、社会公共利益和他人合法权益，不得违反法律、法规的强制性规定。**
第三条*第二款*　*行政机关*中初次从事行政复议的人员，应当通过国家统一法律职业资格考试取得法律职业资格。	第*六*条　**国家建立专业化、职业化行政复议人员队伍。** *行政复议机构*中初次从事行政复议**工作**的人员，应当通过国家统一法

续表

2017 年《行政复议法》	2023 年《行政复议法》
	律职业资格考试取得法律职业资格，并参加统一职前培训。 国务院行政复议机构应当会同有关部门制定行政复议人员工作规范，加强对行政复议人员的业务考核和管理。
第三十九条 ……行政复议活动所需经费，应当列入本机关的行政经费，由本级财政予以保障。	第七条 行政复议机关应当确保行政复议机构的人员配备与所承担的工作任务相适应，提高行政复议人员专业素质，根据工作需要保障办案场所、装备等设施。县级以上各级人民政府应当将行政复议工作经费列入本级预算。
	第八条 行政复议机关应当加强信息化建设，运用现代信息技术，方便公民、法人或者其他组织申请、参加行政复议，提高工作质量和效率。
	第九条 对在行政复议工作中做出显著成绩的单位和个人，按照国家有关规定给予表彰和奖励。
第五条 公民、法人或者其他组织对行政复议决定不服的，可以依照行政诉讼法的规定向人民法院提起行政诉讼，但是法律规定行政复议决定为最终裁决的除外。	第十条 公民、法人或者其他组织对行政复议决定不服的，可以依照《中华人民共和国行政诉讼法》的规定向人民法院提起行政诉讼，但是法律规定行政复议决定为最终裁决的除外。

续表

2017 年《行政复议法》	2023 年《行政复议法》
第三章　行政复议申请	第二章　行政复议申请
第二章　行政复议范围	第一节　行政复议范围
第六条　有下列情形之一的，公民、法人或者其他组织可以依照本法申请行政复议： （一）对行政机关作出的~~警告、罚款、没收违法所得、没收非法财物、责令停产停业、暂扣或者吊销许可证、暂扣或者吊销执照、行政拘留等~~行政处罚决定不服~~的~~； （二）对行政机关作出的~~限制人身自由或者查封、扣押、冻结财产等~~行政强制措施决定不服~~的~~； （三）对行政机关作出的有关~~许可证、执照、资质证、资格证等证书变更、中止、撤销的~~决定不服~~的~~； （四）对行政机关作出的~~关于~~确认~~土地、矿藏、水流、森林、山岭、草原、荒地、滩涂、海域等~~自然资源的所有权或者使用权的决定不服~~的~~； （五）认为行政机关侵犯~~合法的~~经营自主权~~的~~； ~~（六）认为行政机关变更或者废止农业承包合同，侵犯其合法权益的；~~ （七）认为行政机关违法集资、~~征收财物、~~摊派费用或者违法要求履行其他义务~~的~~； ~~（八）认为符合法定条件，申请行政机关颁发许可证、执照、资质证、资格证等证书，或者申请行政机关审批、登记有关事项，行政机关没有依法办理的；~~	第十一条　有下列情形之一的，公民、法人或者其他组织可以依照本法申请行政复议： （一）对行政机关作出的行政处罚决定不服； （二）对行政机关作出的行政强制措施、**行政强制执行**决定不服； （三）**申请行政许可，行政机关拒绝或者在法定期限内不予答复，或者**对行政机关作出的有关**行政许可的其他**决定不服； （四）对行政机关作出的确认自然资源的所有权或者使用权的决定不服； **（五）**对行政机关作出的征收**征用决定及其补偿决定不服；** **（六）对行政机关作出的赔偿决定或者不予赔偿决定不服；** **（七）对行政机关作出的不予受理工伤认定申请的决定或者工伤认定结论不服；** （八）认为行政机关侵犯**其**经营自主权**或者农村土地承包经营权、农村土地经营权；** **（九）认为行政机关滥用行政权力排除或者限制竞争；** （十）认为行政机关违法集资、摊派费用或者违法要求履行其他义务； （十一）申请行政机关履行保护人

续表

2017年《行政复议法》	2023年《行政复议法》
（九）申请行政机关履行保护人身权利、财产权利、受教育权利的法定职责，行政机关*没有*依法履行**的**； （十）申请行政机关依法*发放*抚恤金、社会保险金或者最低生活保障费，行政机关没有依法*发放*的； （十一）认为行政机关的其他具体行政行为侵犯其合法权益的。	身权利、财产权利、受教育权利**等合法权益**的法定职责，行政机关**拒绝履行、***未*依法履行**或者不予答复**； （十二）申请行政机关依法*给付*抚恤金、社会保险**待遇**或者最低生活保障**等社会保障**，行政机关没有依法*给付*； **（十三）认为行政机关不依法订立、不依法履行、未按照约定履行或者违法变更、解除政府特许经营协议、土地房屋征收补偿协议等行政协议；** **（十四）认为行政机关在政府信息公开工作中侵犯其合法权益；** （十五）认为行政机关的其他行政行为侵犯其合法权益。
第八条　*不服行政机关作出的行政处分或者其他人事处理决定的，依照有关法律、行政法规的规定提出申诉。* *不服*行政机关对民事纠纷作出的调解*或者其他处理，依法申请仲裁或者向人民法院提起诉讼。*	第十二条　**下列事项不属于行政复议范围：** **（一）国防、外交等国家行为；** **（二）行政法规、规章或者行政机关制定、发布的具有普遍约束力的决定、命令等规范性文件；** （三）*行政机关对行政机关工作人员的奖惩、任免等决定；* （四）行政机关对民事纠纷作出的调解。
第七条　公民、法人或者其他组织认为行政机关的~~具体~~行政行为所依据的下列规定不合法，在对~~具体~~行政行为申请行政复议时，可以一并向行政复议机关提出对该规定的审查申请：	第十三条　公民、法人或者其他组织认为行政机关的行政行为所依据的下列**规范性文件**不合法，在对行政行为申请行政复议时，可以一并向行政复议机关提出对该**规范性文件**的**附带**审查申请：

续表

2017 年《行政复议法》	2023 年《行政复议法》
(一)国务院部门的~~规定~~; (二)县级以上地方各级人民政府及其工作部门的~~规定~~; (三)乡、镇人民政府的~~规定~~。 前款所列~~规定~~不含~~国务院部、委员会规章和地方人民政府~~规章。规章的审查依照法律、行政法规办理。	(一)国务院部门的**规范性文件**; (二)县级以上地方各级人民政府及其工作部门的**规范性文件**; (三)乡、镇人民政府的**规范性文件**; **(四)法律、法规、规章授权的组织的规范性文件。** 前款所列**规范性文件**不含规章。规章的审查依照法律、行政法规办理。
	第二节 行政复议参加人
第*十条第一款、第二款* 依照本法申请行政复议的公民、法人或者其他组织是申请人。 有权申请行政复议的公民死亡的,其近亲属可以申请行政复议。有权申请行政复议的公民为无民事行为能力人或者限制民事行为能力人的,其法定代理人可以代为申请行政复议。有权申请行政复议的法人或者其他组织终止的,*承受*其权利*的法人或者其他组织*可以申请行政复议。	第*十四*条 依照本法申请行政复议的公民、法人或者其他组织是申请人。 有权申请行政复议的公民死亡的,其近亲属可以申请行政复议。有权申请行政复议的法人或者其他组织终止的,其权利**义务***承受*人可以申请行政复议。 有权申请行政复议的公民为无民事行为能力人或者限制民事行为能力人的,其法定代理人可以代为申请行政复议。
	第十五条 同一行政复议案件申请人人数众多的,可以由申请人推选代表人参加行政复议。 **代表人参加行政复议的行为对其所代表的申请人发生效力,但是代表人变更行政复议请求、撤回行政复议申请、承认第三人请求的,应当经被代表的申请人同意。**

续表

2017 年《行政复议法》	2023 年《行政复议法》
第十条第三款　同申请行政复议的具体行政行为有利害关系的其他公民、法人或者其他组织，可以作为第三人参加行政复议。	第十六条　**申请人以外的**同**被申请**行政复议的行政行为**或者行政复议案件处理结果**有利害关系的公民、法人或者其他组织，可以作为第三人**申请**参加行政复议，**或者由行政复议机构通知其作为第三人参加行政复议。** **第三人不参加行政复议，不影响行政复议案件的审理。**
第十条第五款　申请人、第三人可以委托代理人代为参加行政复议。	第十七条　申请人、第三人可以委托**一至二名律师、基层法律服务工作者或者其他**代理人代为参加行政复议。 **申请人、第三人委托代理人的，应当向行政复议机构提交授权委托书、委托人及被委托人的身份证明文件。授权委托书应当载明委托事项、权限和期限。申请人、第三人变更或者解除代理人权限的，应当书面告知行政复议机构。**
	第十八条　符合法律援助条件的行政复议申请人申请法律援助的，法律援助机构应当依法为其提供法律援助。
第十条第四款　公民、法人或者其他组织对行政机关的具体行政行为不服申请行政复议的，作出具体行政行为的行政机关是被申请人。	第十九条　公民、法人或者其他组织对行政行为不服申请行政复议的，作出行政行为的行政机关**或者法律、法规、规章授权的组织**是被申请人。 **两个以上行政机关以共同的名义作出同一行政行为的，共同作出行政行为的行政机关是被申请人。**

续表

2017 年《行政复议法》	2023 年《行政复议法》
	行政机关委托的组织作出行政行为的，委托的行政机关是被申请人。 **作出行政行为的行政机关被撤销或者职权变更的，继续行使其职权的行政机关是被申请人。**
	第三节　申请的提出
第九条　公民、法人或者其他组织认为~~具体~~行政行为侵犯其合法权益的，可以自知道该~~具体~~行政行为之日起六十日内提出行政复议申请；但是法律规定的申请期限超过六十日的除外。 因不可抗力或者其他正当理由耽误法定申请期限的，申请期限自障碍消除之日起继续计算。	第二十条　公民、法人或者其他组织认为行政行为侵犯其合法权益的，可以自知道**或者应当知道**该行政行为之日起六十日内提出行政复议申请；但是法律规定的申请期限超过六十日的除外。 因不可抗力或者其他正当理由耽误法定申请期限的，申请期限自障碍消除之日起继续计算。 **行政机关作出行政行为时，未告知公民、法人或者其他组织申请行政复议的权利、行政复议机关和申请期限的，申请期限自公民、法人或者其他组织知道或者应当知道申请行政复议的权利、行政复议机关和申请期限之日起计算，但是自知道或者应当知道行政行为内容之日起最长不得超过一年。**
	第二十一条　因不动产提出的行政复议申请自行政行为作出之日起超过二十年，其他行政复议申请自行政行为作出之日起超过五年的，行政复议机关不予受理。

续表

<table>
<tr><th>2017 年《行政复议法》</th><th>2023 年《行政复议法》</th></tr>
<tr><td>第十一条　申请人申请行政复议，可以书面申请，也可以口头申请；口头申请的，行政复议机关应当当场记录申请人的基本情况、行政复议请求、申请行政复议的主要事实、理由和时间。</td><td>第二十二条　申请人申请行政复议，可以书面申请；书面申请有困难的，也可以口头申请。
书面申请的，可以通过邮寄或者行政复议机关指定的互联网渠道等方式提交行政复议申请书，也可以当面提交行政复议申请书。行政机关通过互联网渠道送达行政行为决定书的，应当同时提供提交行政复议申请书的互联网渠道。
口头申请的，行政复议机关应当当场记录申请人的基本情况、行政复议请求、申请行政复议的主要事实、理由和时间。
申请人对两个以上行政行为不服的，应当分别申请行政复议。</td></tr>
<tr><td>第三十条第一款　~~公民、法人或者其他组织认为~~行政机关的~~具体行政行为~~侵犯其已经依法取得的~~土地、矿藏、水流、森林、山岭、草原、荒地、滩涂、海域等~~自然资源的所有权或者使用权的，应当先申请行政复议；对行政复议决定不服的，可以依法向人民法院提起行政诉讼。</td><td rowspan="2">第二十三条　有下列情形之一的，申请人应当先向行政复议机关申请行政复议，对行政复议决定不服的，可以再依法向人民法院提起行政诉讼：
（一）对当场作出的行政处罚决定不服；
（二）对行政机关作出的侵犯其已经依法取得的自然资源的所有权或者使用权的决定不服；
（三）认为行政机关存在本法第十一条规定的未履行法定职责情形；
（四）申请政府信息公开，行政机关不予公开；
（五）法律、行政法规规定应当先</td></tr>
<tr><td>第十六条第一款　……~~或者~~法律、法规规定应当先向行政复议机关申请行政复议、对行政复议决定不服再向人民法院提起行政诉讼的，~~在法定行政复议期限内不得向人民法院提起行政诉讼~~。</td></tr>
</table>

续表

<table>
<tr><th>2017 年《行政复议法》</th><th>2023 年《行政复议法》</th></tr>
<tr><td></td><td>向行政复议机关申请行政复议的其他情形。
对前款规定的情形,行政机关在作出行政行为时应当告知公民、法人或者其他组织先向行政复议机关申请行政复议。</td></tr>
<tr><td></td><td>第四节　行政复议管辖</td></tr>
<tr><td>第十二条第一款　对县级以上地方各级人民政府工作部门的~~具体~~行政行为不服的,~~由申请人选择,~~可以向该部门的本级人民政府申请行政复议,也可以向上一级主管部门申请行政复议。</td><td rowspan="3">第二十四条第一款、第三款、第四款　县级以上地方各级人民政府管辖下列行政复议案件:
(一)对本级人民政府工作部门作出的行政行为不服的;
(二)对下一级人民政府作出的行政行为不服的;
(三)对本级人民政府依法设立的派出机关作出的行政行为不服的;
(四)对本级人民政府或者其工作部门管理的法律、法规、规章授权的组织作出的行政行为不服的。
省、自治区人民政府依法设立的派出机关参照设区的市级人民政府的职责权限,管辖相关行政复议案件。
对县级以上地方各级人民政府工作部门依法设立的派出机构依照法律、法规、规章规定,以派出机构的名义作出的行政行为不服的行政复议案件,由本级人民政府管辖;其中,对直辖市、设区的市人民政府工作部门按照行政区划设立的派出机构作出的行政行为不服的,也可以由其所在地的人民政府管辖。</td></tr>
<tr><td>第十三条　对地方各级人民政府的~~具体~~行政行为不服的,向上一级地方人民政府申请行政复议。
对省、自治区人民政府依法设立的派出机关所属的县级地方人民政府的~~具体~~行政行为不服的,~~向该派出机关申请行政复议~~。</td></tr>
<tr><td>第十五条　对本法第十二条、第十三条、第十四条规定以外的其他行政机关、组织的~~具体~~行政行为不服的,按照下列规定申请行政复议:
(一)对县级以上地方人民政府依法设立的派出机关的具体行政行为不服的,向设立该派出机关的人民政府申请行政复议;</td></tr>
</table>

续表

2017年《行政复议法》	2023年《行政复议法》
（二）对政府工作部门依法设立的派出机构依照法律、法规或者规章规定，以自己的名义作出的具体行政行为不服的，向设立该派出机构的部门或者该部门的本级地方人民政府申请行政复议； （三）对法律、法规授权的组织的具体行政行为不服的，分别向直接管理该组织的地方人民政府、地方人民政府工作部门或者国务院部门申请行政复议； （四）对两个或者两个以上行政机关以共同的名义作出的具体行政行为不服的，向其共同上一级行政机关申请行政复议； （五）对被撤销的行政机关在撤销前所作出的具体行政行为不服的，向继续行使其职权的行政机关的上一级行政机关申请行政复议。 有前款所列情形之一的，申请人也可以向具体行政行为发生地的县级地方人民政府提出行政复议申请，由接受申请的县级地方人民政府依照本法第十八条的规定办理。	
第十四条　对国务院部门或者省、自治区、直辖市人民政府的具体行政行为不服的，向作出该具体行政行为的国务院部门或者省、自治区、直辖市人民政府申请行政复议。对行政复议决定不服的，可以向人民法院提起行政诉讼；也可以向国务院申请裁决，国务院依照本法的规定作出最终裁决。	第二十四条第二款　除前款规定外，省、自治区、直辖市人民政府同时管辖对本机关作出的行政行为不服的行政复议案件。 第二十五条　国务院部门管辖下列行政复议案件： （一）对本部门作出的行政行为不服的；

续表

2017 年《行政复议法》	2023 年《行政复议法》
	（二）对本部门依法设立的派出机构依照法律、行政法规、部门规章规定，以派出机构的名义作出的行政行为不服的； **（三）对本部门管理的法律、行政法规、部门规章授权的组织作出的行政行为不服的。**
	第二十六条　对省、自治区、直辖市人民政府**依照本法第二十四条第二款的规定、国务院部门依照本法第二十五条第一项的规定作出的**行政复议决定不服的，可以向人民法院提起行政诉讼；也可以向国务院申请裁决，国务院依照本法的规定作出最终裁决。
第十二条第二款　对海关、金融、~~国税、~~外汇管理等实行垂直领导的行政机关和国家安全机关的~~具体~~行政行为不服的，向上一级主管部门申请行政复议。	第二十七条　对海关、金融、外汇管理等实行垂直领导的行政机关、**税务**和国家安全机关的行政行为不服的，向上一级主管部门申请行政复议。
	第二十八条　对履行行政复议机构职责的地方人民政府司法行政部门的行政行为不服的，可以向本级人民政府申请行政复议，也可以向上一级司法行政部门申请行政复议。
第十六条　公民、法人或者其他组织申请行政复议，行政复议机关已经依法受理的……在~~法定~~行政复议*期限内*不得向人民法院提起行政诉讼。 公民、法人或者其他组织向人民法院提起行政诉讼，人民法院已经依法受理的，不得申请行政复议。	第二十九条　公民、法人或者其他组织申请行政复议，行政复议机关已经依法受理的，在行政复议*期间*不得向人民法院提起行政诉讼。 公民、法人或者其他组织向人民法院提起行政诉讼，人民法院已经依法受理的，不得申请行政复议。

续表

2017 年《行政复议法》	2023 年《行政复议法》
第*四*章　行政复议受理	第三章　行政复议受理
第*十七*条　行政复议机关收到行政复议申请后，应当在五日内进行审查，对不符合*本法*规定的行政复议申请，决定不予受理，并~~书面告知申请人~~；*对符合本法规定，但是不属于本机关受理的行政复议申请，应当告知申请人向有关行政复议机关提出。* ~~除前款规定外，行政复议申请自行政复议机关负责法制工作的机构收到之日起即为受理。~~	第*三十*条　行政复议机关收到行政复议申请后，应当在五日内进行审查。**对符合下列规定的，行政复议机关应当予以受理：** **（一）有明确的申请人和符合本法规定的被申请人；** **（二）申请人与被申请行政复议的行政行为有利害关系；** **（三）有具体的行政复议请求和理由；** **（四）在法定申请期限内提出；** **（五）属于本法规定的行政复议范围；** **（六）属于本机关的管辖范围；** **（七）行政复议机关未受理过该申请人就同一行政行为提出的行政复议申请，并且人民法院未受理过该申请人就同一行政行为提起的行政诉讼。** 对不符合*前款*规定的行政复议申请，行政复议机关应当**在审查期限内**决定不予受理并**说明理由**；*不属于本机关管辖的，还应当在不予受理决定中告知申请人有管辖权的行政复议机关。* **行政复议申请的审查期限届满，行政复议机关未作出不予受理决定的，审查期限届满之日起视为受理。**
~~第十八条　依照本法第十五条第二款的规定接受行政复议申请的县级地方人民政府，对依照本法第十五条第一款的规定属于其他行政复议机关~~	

续表

2017 年《行政复议法》	2023 年《行政复议法》
~~受理的行政复议申请,应当自接到该行政复议申请之日起七日内,转送有关行政复议机关,并告知申请人。接受转送的行政复议机关应当依照本法第十七条的规定办理。~~	
	第三十一条　行政复议申请材料不齐全或者表述不清楚,无法判断行政复议申请是否符合本法第三十条第一款规定的,行政复议机关应当自收到申请之日起五日内书面通知申请人补正。补正通知应当一次性载明需要补正的事项。 申请人应当自收到补正通知之日起十日内提交补正材料。有正当理由不能按期补正的,行政复议机关可以延长合理的补正期限。无正当理由逾期不补正的,视为申请人放弃行政复议申请,并记录在案。 行政复议机关收到补正材料后,依照本法第三十条的规定处理。
	第三十二条　对当场作出或者依据电子技术监控设备记录的违法事实作出的行政处罚决定不服申请行政复议的,可以通过作出行政处罚决定的行政机关提交行政复议申请。 行政机关收到行政复议申请后,应当及时处理;认为需要维持行政处罚决定的,应当自收到行政复议申请之日起五日内转送行政复议机关。

续表

2017年《行政复议法》	2023年《行政复议法》
	第三十三条　行政复议机关受理行政复议申请后，发现该行政复议申请不符合本法第三十条第一款规定的，应当决定驳回申请并说明理由。
第十九条　法律、法规规定应当先向行政复议机关申请行政复议、对行政复议决定不服再向人民法院提起行政诉讼的，行政复议机关决定不予受理或者受理后超过行政复议期限不作答复的，公民、法人或者其他组织可以自收到~~不予受理~~决定书之日起或者行政复议期满之日起十五日内，依法向人民法院提起行政诉讼。	第三十四条　法律、**行政**法规规定应当先向行政复议机关申请行政复议、对行政复议决定不服再向人民法院提起行政诉讼的，行政复议机关决定不予受理、**驳回申请**或者受理后超过行政复议期限不作答复的，公民、法人或者其他组织可以自收到决定书之日起或者行政复议期**限届**满之日起十五日内，依法向人民法院提起行政诉讼。
第二十条　公民、法人或者其他组织依法提出行政复议申请，行政复议机关无正当理由不予受理的，上级行政机关应当责令其~~受理~~；必要时，上级行政机关~~也~~可以直接受理。	第三十五条　公民、法人或者其他组织依法提出行政复议申请，行政复议机关无正当理由不予受理、**驳回申请或者受理后超过行政复议期限不作答复**的，**申请人有权向上级行政机关反映**，上级行政机关应当责令其**纠正**；必要时，上级行政**复议**机关可以直接受理。
	第四章　行政复议审理
	第一节　一般规定
	第三十六条　行政复议机关受理行政复议申请后，依照本法适用普通程序或者简易程序进行审理。行政复议机构应当指定行政复议人员负责办理行政复议案件。

续表

2017 年《行政复议法》	2023 年《行政复议法》
	行政复议人员对办理行政复议案件过程中知悉的国家秘密、商业秘密和个人隐私，应当予以保密。
	第三十七条　行政复议机关依照法律、法规、规章审理行政复议案件。 行政复议机关审理民族自治地方的行政复议案件，同时依照该民族自治地方的自治条例和单行条例。
	第三十八条　上级行政复议机关根据需要，可以审理下级行政复议机关管辖的行政复议案件。 下级行政复议机关对其管辖的行政复议案件，认为需要由上级行政复议机关审理的，可以报请上级行政复议机关决定。
	第三十九条　行政复议期间有下列情形之一的，行政复议中止： （一）作为申请人的公民死亡，其近亲属尚未确定是否参加行政复议； （二）作为申请人的公民丧失参加行政复议的行为能力，尚未确定法定代理人参加行政复议； （三）作为申请人的公民下落不明； （四）作为申请人的法人或者其他组织终止，尚未确定权利义务承受人； （五）申请人、被申请人因不可抗力或者其他正当理由，不能参加行政复议；

续表

2017 年《行政复议法》	2023 年《行政复议法》
	（六）依照本法规定进行调解、和解，申请人和被申请人同意中止； **（七）行政复议案件涉及的法律适用问题需要有权机关作出解释或者确认；** **（八）行政复议案件审理需要以其他案件的审理结果为依据，而其他案件尚未审结；** **（九）有本法第五十六条或者第五十七条规定的情形；** **（十）需要中止行政复议的其他情形。** **行政复议中止的原因消除后，应当及时恢复行政复议案件的审理。** **行政复议机关中止、恢复行政复议案件的审理，应当书面告知当事人。**
	第四十条　行政复议期间，行政复议机关无正当理由中止行政复议的，上级行政机关应当责令其恢复审理。
第二十五条　行政复议~~决定作出前，~~申请人要求撤回行政复议申请的，~~经说明理由，~~可以撤回；撤回行政复议申请的，行政复议终止。	第四十一条　行政复议**期间**有下列情形之一的，行政复议机关决定终止行政复议： （一）申请人撤回行政复议申请，行政复议机构准予撤回； **（二）作为申请人的公民死亡，没有近亲属或者其近亲属放弃行政复议权利；** **（三）作为申请人的法人或者其他组织终止，没有权利义务承受人或者其权利义务承受人放弃行政复议权利；**

续表

2017年《行政复议法》	2023年《行政复议法》
	（四）申请人对行政拘留或者限制人身自由的行政强制措施不服申请行政复议后，因同一违法行为涉嫌犯罪，被采取刑事强制措施； **（五）依照本法第三十九条第一款第一项、第二项、第四项的规定中止行政复议满六十日，行政复议中止的原因仍未消除。**
第二十一条　行政复议期间~~具体~~行政行为不停止执行；但是~~，~~有下列情形之一的，~~可以~~停止执行： （一）被申请人认为需要停止执行的； （二）行政复议机关认为需要停止执行的； （三）申请人申请停止执行，行政复议机关认为其要求合理，决定停止执行的； （四）法律规定停止执行的。	第四十二条　行政复议期间行政行为不停止执行；但是有下列情形之一的，**应当**停止执行： （一）被申请人认为需要停止执行； （二）行政复议机关认为需要停止执行； （三）申请人、**第三人**申请停止执行，行政复议机关认为其要求合理，决定停止执行； （四）法律、**法规**、**规章**规定停止执行的**其他情形**。
	第二节　行政复议证据
	第四十三条　行政复议证据包括： **（一）书证；** **（二）物证；** **（三）视听资料；** **（四）电子数据；** **（五）证人证言；** **（六）当事人的陈述；** **（七）鉴定意见；**

续表

2017 年《行政复议法》	2023 年《行政复议法》
	(八)勘验笔录、现场笔录。 **以上证据经行政复议机构审查属实,才能作为认定行政复议案件事实的根据。**
	第四十四条　被申请人对其作出的行政行为的合法性、适当性负有举证责任。 **有下列情形之一的,申请人应当提供证据:** **(一)认为被申请人不履行法定职责的,提供曾经要求被申请人履行法定职责的证据,但是被申请人应当依职权主动履行法定职责或者申请人因正当理由不能提供的除外;** **(二)提出行政赔偿请求的,提供受行政行为侵害而造成损害的证据,但是因被申请人原因导致申请人无法举证的,由被申请人承担举证责任;** **(三)法律、法规规定需要申请人提供证据的其他情形。**
第三条*第一款第二项*　……行政复议机关~~负责法制工作的机构~~……履行下列职责: (二)向有关~~组织和人员~~调查取证,查阅文件和资料;	第四十五条　行政复议机关**有权**向有关**单位和个人**调查取证,查阅、**复制、调取有关**文件和资料,**向有关人员进行询问。** **调查取证时,行政复议人员不得少于两人,并应当出示行政复议工作证件。** **被调查取证的单位和个人应当积极配合行政复议人员的工作,不得拒绝或者阻挠。**

续表

2017 年《行政复议法》	2023 年《行政复议法》
第二十四条　在行政复议过程中，被申请人不得自行向申请人和其他有关组织或者个人收集证据。	第四十六条　行政复议**期间**，被申请人不得自行向申请人和其他有关**单位**或者个人收集证据；**自行收集的证据不作为认定行政行为合法性、适当性的依据。** **行政复议期间，申请人或者第三人提出被申请行政复议的行政行为作出时没有提出的理由或者证据的，经行政复议机构同意，被申请人可以补充证据。**
第二十三条第二款　申请人、第三人可以查阅被申请人提出的书面答复、作出具体行政行为的证据、依据和其他有关材料，除涉及国家秘密、商业秘密或者个人隐私外，行政复议机关不得拒绝。	第四十七条　**行政复议期间，**申请人、第三人**及其委托代理人**可以**按照规定**查阅、**复制**被申请人提出的书面答复、作出行政行为的证据、依据和其他有关材料，除涉及国家秘密、商业秘密、个人隐私**或者可能危及国家安全、公共安全、社会稳定的情形**外，行政复议机构**应当同意**。
	第三节　普通程序
第二十三条第一款　行政复议机关负责法制工作的机构应当自行政复议申请受理之日起七日内，将行政复议申请书副本或者行政复议申请笔录复印件发送被申请人。被申请人应当自收到申请书副本或者申请笔录复印件之日起十日内，提出书面答复，并提交当初作出具体行政行为的证据、依据和其他有关材料。	第四十八条　行政复议机构应当自行政复议申请受理之日起七日内，将行政复议申请书副本或者行政复议申请笔录复印件发送被申请人。被申请人应当自收到**行政复议**申请书副本或者**行政复议**申请笔录复印件之日起十日内，提出书面答复，并提交作出行政行为的证据、依据和其他有关材料。

续表

2017 年《行政复议法》	2023 年《行政复议法》
第二十二条　行政复议原则上采取书面审查的办法，但是申请人提出要求或者行政复议机关负责法制工作的机构认为有必要时，可以向有关组织和人员调查情况，听取申请人、被申请人和第三人的意见。	第四十九条　**适用普通程序审理的行政复议案件，行政复议机构应当当面或者通过互联网、电话等方式**听取当事人的意见，**并将听取的意见记录在案。因当事人原因不能听取意见的，可以书面审理。**
	第五十条　审理重大、疑难、复杂的行政复议案件，行政复议机构应当组织听证。 **行政复议机构认为有必要听证，或者申请人请求听证的，行政复议机构可以组织听证。** **听证由一名行政复议人员任主持人，两名以上行政复议人员任听证员，一名记录员制作听证笔录。**
	第五十一条　行政复议机构组织听证的，应当于举行听证的五日前将听证的时间、地点和拟听证事项书面通知当事人。 **申请人无正当理由拒不参加听证的，视为放弃听证权利。** **被申请人的负责人应当参加听证。不能参加的，应当说明理由并委托相应的工作人员参加听证。**
	第五十二条　县级以上各级人民政府应当建立相关政府部门、专家、学者等参与的行政复议委员会，为办理行政复议案件提供咨询意见，并就行政复议工作中的重大事项和共性问题研究提出意见。行政复议委员会的组

续表

2017 年《行政复议法》	2023 年《行政复议法》
	成和开展工作的具体办法，由国务院行政复议机构制定。 审理行政复议案件涉及下列情形之一的，行政复议机构应当提请行政复议委员会提出咨询意见： （一）案情重大、疑难、复杂； （二）专业性、技术性较强； （三）本法第二十四条第二款规定的行政复议案件； （四）行政复议机构认为有必要。 行政复议机构应当记录行政复议委员会的咨询意见。
	第四节　简易程序
	第五十三条　行政复议机关审理下列行政复议案件，认为事实清楚、权利义务关系明确、争议不大的，可以适用简易程序： （一）被申请行政复议的行政行为是当场作出； （二）被申请行政复议的行政行为是警告或者通报批评； （三）案件涉及款额三千元以下； （四）属于政府信息公开案件。 除前款规定以外的行政复议案件，当事人各方同意适用简易程序的，可以适用简易程序。
	第五十四条　适用简易程序审理的行政复议案件，行政复议机构应当自受理行政复议申请之日起三日内，将行政复议申请书副本或者行政复议

续表

2017 年《行政复议法》	2023 年《行政复议法》
	申请笔录复印件发送被申请人。被申请人应当自收到行政复议申请书副本或者行政复议申请笔录复印件之日起五日内，提出书面答复，并提交作出行政行为的证据、依据和其他有关材料。 **适用简易程序审理的行政复议案件，可以书面审理。**
	第五十五条　适用简易程序审理的行政复议案件，行政复议机构认为不宜适用简易程序的，经行政复议机构的负责人批准，可以转为普通程序审理。
	第五节　行政复议附带审查
第二十六条　申请人~~在申请行政复议时，一并~~提出对~~本法第七条所列有关规定~~的审查申请的，行政复议机关~~对该规定~~有权处理的，应当在三十日内依法处理；无权处理的，应当在七日内~~按照法定程序~~转送有权处理的行政机关依法处理~~，有权处理的行政机关应当在六十日内依法处理。处理期间，中止对具体行政行为的审查~~。	第五十六条　申请人**依照本法第十三条的规定**提出对**有关规范性文件**的**附带**审查申请，行政复议机关有权处理的，应当在三十日内依法处理；无权处理的，应当在七日内转送有权处理的行政机关依法处理。
第二十七条　行政复议机关在对被申请人作出的~~具体~~行政行为进行审查时，认为其依据不合法，本机关有权处理的，应当在三十日内依法处理；无权处理的，应当在七日内~~按照法定程序~~转送有权处理的国家机关依法处理。~~处理期间，中止对具体行政行为的审查~~。	第五十七条　行政复议机关在对被申请人作出的行政行为进行审查时，认为其依据不合法，本机关有权处理的，应当在三十日内依法处理；无权处理的，应当在七日内转送有权处理的国家机关依法处理。

续表

2017年《行政复议法》	2023年《行政复议法》
	第五十八条　行政复议机关依照本法第五十六条、第五十七条的规定有权处理有关规范性文件或者依据的，行政复议机构应当自行政复议中止之日起三日内，书面通知规范性文件或者依据的制定机关就相关条款的合法性提出书面答复。制定机关应当自收到书面通知之日起十日内提交书面答复及相关材料。 **行政复议机构认为必要时，可以要求规范性文件或者依据的制定机关当面说明理由，制定机关应当配合。**
	第五十九条　行政复议机关依照本法第五十六条、第五十七条的规定有权处理有关规范性文件或者依据，认为相关条款合法的，在行政复议决定书中一并告知；认为相关条款超越权限或者违反上位法的，决定停止该条款的执行，并责令制定机关予以纠正。
	第六十条　依照本法第五十六条、第五十七条的规定接受转送的行政机关、国家机关应当自收到转送之日起六十日内，将处理意见回复转送的行政复议机关。
第五章　行政复议决定	第五章　行政复议决定
第三条*第一款第三项*　…… （三）*审查申请行政复议的~~具体~~行政行为是否合法与适当，拟订行政复议决定；*	第六十一条　行政复议机关**依照本法审理行政复议案件，由行政复议机构对**行政行为进行审查，提出意见，经行政复议机关的负责人同意或者集

续表

2017年《行政复议法》	2023年《行政复议法》
第二十八条第一款　行政复议机关~~负责法制工作的机构应当~~对~~被申请人作出的具体~~行政行为进行审查，提出意见，经行政复议机关的负责人同意或者集体讨论通过后，~~按照下列规定~~作出行政复议决定： ……	体讨论通过后，**以行政复议机关的名义**作出行政复议决定。 **经过听证的行政复议案件，行政复议机关应当根据听证笔录、审查认定的事实和证据，依照本法作出行政复议决定。** **提请行政复议委员会提出咨询意见的行政复议案件，行政复议机关应当将咨询意见作为作出行政复议决定的重要参考依据。**
第三十一条第一款　行政复议机关应当自受理申请之日起六十日内作出行政复议决定；但是法律规定的行政复议期限少于六十日的除外。情况复杂，不能在规定期限内作出行政复议决定的，经行政复议机关的负责人批准，可以适当延长，并告知~~申请人和被申请人~~；但是延长期限最多不超过三十日。	第六十二条　**适用普通程序审理的行政复议案件**，行政复议机关应当自受理申请之日起六十日内作出行政复议决定；但是法律规定的行政复议期限少于六十日的除外。情况复杂，不能在规定期限内作出行政复议决定的，经行政复议机**构**的负责人批准，可以适当延长，并**书面**告知**当事人**；但是延长期限最多不**得**超过三十日。 **适用简易程序审理的行政复议案件，行政复议机关应当自受理申请之日起三十日内作出行政复议决定。**
	第六十三条　行政行为有下列情形之一的，行政复议机关决定变更该行政行为： **（一）事实清楚，证据确凿，适用依据正确，程序合法，但是内容不适当；** **（二）事实清楚，证据确凿，程序合法，但是未正确适用依据；**

续表

2017 年《行政复议法》	2023 年《行政复议法》
	（三）事实不清、证据不足，经行政复议机关查清事实和证据。 **行政复议机关不得作出对申请人更为不利的变更决定，但是第三人提出相反请求的除外。**
第二十八条第一款第三项　具体行政行为有下列情形之一的，决定撤销、~~变更或者确认~~该~~具体~~行政行为~~违法；决定撤销或者确认该具体行政行为违法的，~~可以责令被申请人在一定期限内重新作出~~具体~~行政行为： 1. 主要事实不清、证据不足的； 2. 适用依据~~错误~~的； 3. 违反法定程序的； 4. 超越或者滥用职权的； ~~5. 具体行政行为明显不当的。~~ 第二十八条第二款　行政复议机关责令被申请人重新作出~~具体~~行政行为的，被申请人不得以同一~~的~~事实和理由作出与~~原具体~~行政行为相同或者基本相同的~~具体~~行政行为。	第六十四条　行政行为有下列情形之一的，**行政复议机关**决定撤销或者**部分撤销**该行政行为，并可以责令被申请人在一定期限内重新作出行政行为： （一）主要事实不清、证据不足； （二）违反法定程序； （三）适用的依据**不合法**； （四）超越职权或者滥用职权。 行政复议机关责令被申请人重新作出行政行为的，被申请人不得以同一事实和理由作出与**被申请行政复议的**行政行为相同或者基本相同的行政行为，**但是行政复议机关以违反法定程序为由决定撤销或者部分撤销的除外**。
	第六十五条　行政行为有下列情形之一的，行政复议机关不撤销该行政行为，但是确认该行政行为违法： **（一）依法应予撤销，但是撤销会给国家利益、社会公共利益造成重大损害；** **（二）程序轻微违法，但是对申请人权利不产生实际影响。** **行政行为有下列情形之一，不需**

续表

2017 年《行政复议法》	2023 年《行政复议法》
	要撤销或者责令履行的，行政复议机关确认该行政行为违法： **（一）行政行为违法，但是不具有可撤销内容；** **（二）被申请人改变原违法行政行为，申请人仍要求撤销或者确认该行政行为违法；** **（三）被申请人不履行或者拖延履行法定职责，责令履行没有意义。**
第二十八条*第一款第二项*　被申请人不履行法定职责的，决定*其*在一定期限内履行；	第*六十六*条　被申请人不履行法定职责的，*行政复议机关*决定*被申请人*在一定期限内履行。
	第六十七条　行政行为有实施主体不具有行政主体资格或者没有依据等重大且明显违法情形，申请人申请确认行政行为无效的，行政复议机关确认该行政行为无效。
第二十八条*第一款第一项*　具体行政行为认定事实清楚，证据确凿，适用依据正确，程序合法，内容适当的，决定维持；	第*六十八*条　行政行为认定事实清楚，证据确凿，适用依据正确，程序合法，内容适当的，*行政复议机关*决定维持*该行政行为*。
	第六十九条　行政复议机关受理申请人认为被申请人不履行法定职责的行政复议申请后，发现被申请人没有相应法定职责或者在受理前已经履行法定职责的，决定驳回申请人的行政复议请求。

续表

2017 年《行政复议法》	2023 年《行政复议法》
第二十八条 *第一款第四项* 被申请人不按照本法~~第二十三条~~的规定提出书面答复、提交~~当初~~作出~~具体~~行政行为的证据、依据和其他有关材料的，视为该~~具体~~行政行为没有证据、依据，决定撤销该~~具体~~行政行为。	第七十条 被申请人不按照本法**第四十八条、第五十四条**的规定提出书面答复、提交作出行政行为的证据、依据和其他有关材料的，视为该行政行为没有证据、依据，**行政复议机关**决定撤销、**部分撤销**该行政行为，**确认该行政行为违法、无效或者决定被申请人在一定期限内履行，但是行政行为涉及第三人合法权益，第三人提供证据的除外。**
	第七十一条 被申请人不依法订立、不依法履行、未按照约定履行或者违法变更、解除行政协议的，行政复议机关决定被申请人承担依法订立、继续履行、采取补救措施或者赔偿损失等责任。 **被申请人变更、解除行政协议合法，但是未依法给予补偿或者补偿不合理的，行政复议机关决定被申请人依法给予合理补偿。**
第二十九条 申请人在申请行政复议时~~可以~~一并提出行政赔偿请求，行政复议机关对符合国家赔偿法的有关规定应当给予赔偿的，在决定撤销、变更~~具体~~行政行为或者确认具体行政行为违法时，应当同时决定被申请人依法给予赔偿。 申请人在申请行政复议时没有提出行政赔偿请求的，行政复议机关在依法决定撤销或者变更罚款，撤销违	第七十二条 申请人在申请行政复议时一并提出行政赔偿请求，行政复议机关**对依照《中华人民共和国国家赔偿法》的有关规定应当不予赔偿的，在作出行政复议决定时，应当同时决定驳回行政赔偿请求**；对符合《**中华人民共和国**国家赔偿法》的有关规定应当给予赔偿的，在决定撤销**或者部分撤销**、变更行政行为或者确认行政行为违法、**无效**时，应当同时决定被申

续表

2017 年《行政复议法》	2023 年《行政复议法》
法集资、没收财物、征收~~财物~~、摊派费用以及对财产的查封、扣押、冻结等~~具体~~行政行为时，应当同时责令被申请人返还财产，解除对财产的查封、扣押、冻结措施，或者赔偿相应的价款。	请人依法给予赔偿；**确认行政行为违法的，还可以同时责令被申请人采取补救措施**。 申请人在申请行政复议时没有提出行政赔偿请求的，行政复议机关在依法决定撤销**或者部分撤销**、变更罚款，撤销**或者部分撤销**违法集资、没收财物、征收**征用**、摊派费用以及对财产的查封、扣押、冻结等行政行为时，应当同时责令被申请人返还财产，解除对财产的查封、扣押、冻结措施，或者赔偿相应的价款。
~~第三十条第二款　根据国务院或者省、自治区、直辖市人民政府对行政区划的勘定、调整或者征收土地的决定，省、自治区、直辖市人民政府确认土地、矿藏、水流、森林、山岭、草原、荒地、滩涂、海域等自然资源的所有权或者使用权的行政复议决定为最终裁决。~~	
	第七十三条　当事人经调解达成协议的，行政复议机关应当制作行政复议调解书，经各方当事人签字或者签章，并加盖行政复议机关印章，即具有法律效力。 **调解未达成协议或者调解书生效前一方反悔的，行政复议机关应当依法审查或者及时作出行政复议决定。**
	第七十四条　当事人在行政复议决定作出前可以自愿达成和解，和解

续表

2017年《行政复议法》	2023年《行政复议法》
	内容不得损害国家利益、社会公共利益和他人合法权益,不得违反法律、法规的强制性规定。 **当事人达成和解后,由申请人向行政复议机构撤回行政复议申请。行政复议机构准予撤回行政复议申请、行政复议机关决定终止行政复议的,申请人不得再以同一事实和理由提出行政复议申请。但是,申请人能够证明撤回行政复议申请违背其真实意愿的除外。**
第三十一条*第二款、第三款* 行政复议机关作出行政复议决定,应当制作行政复议决定书,并加盖印章。 行政复议决定书一经送达,即发生法律效力。	第*七十五*条 行政复议机关作出行政复议决定,应当制作行政复议决定书,并加盖**行政复议机关**印章。 行政复议决定书一经送达,即发生法律效力。
第三条*第一款第五项* …… (五)*对行政机关违反本法规定的行为依照规定的权限和程序提出处理建议;*	第*七十六*条 行政复议机关在办理行政复议案件过程中,发现被申请人或者其他下级行政机关的有关行政行为违法或者不当的,可以向其制发行政复议意见书。**有关机关应当自收到行政复议意见书之日起六十日内,将纠正相关违法或者不当行政行为的情况报送行政复议机关。**
第三十二条 被申请人应当履行行政复议决定。 被申请人不履行或者无正当理由拖延履行行政复议决定的,行政复议机关或者有关上级行政机关应当责令其限期履行。	第*七十七*条 被申请人应当履行行政复议决定**书、调解书、意见书**。 被申请人不履行或者无正当理由拖延履行行政复议决定**书、调解书、意见书**的,行政复议机关或者有关上级行政机关应当责令其限期履行**,并可**

续表

2017 年《行政复议法》	2023 年《行政复议法》
	以约谈被申请人的有关负责人或者予以通报批评。
第三十三条　申请人逾期不起诉又不履行行政复议决定的，或者不履行最终裁决的行政复议决定的，按照下列规定分别处理： （一）维持~~具体~~行政行为的行政复议决定，由作出~~具体~~行政行为的行政机关依法强制执行，或者申请人民法院强制执行； （二）变更~~具体~~行政行为的行政复议决定，由行政复议机关依法强制执行，或者申请人民法院强制执行。	第七十八条　申请人、**第三人**逾期不起诉又不履行行政复议决定**书、调解书**的，或者不履行最终裁决的行政复议决定的，按照下列规定分别处理： （一）维持行政行为的行政复议决定**书**，由作出行政行为的行政机关依法强制执行，或者申请人民法院强制执行； （二）变更行政行为的行政复议决定**书**，由行政复议机关依法强制执行，或者申请人民法院强制执行； **（三）行政复议调解书，由行政复议机关依法强制执行，或者申请人民法院强制执行。**
	第七十九条　行政复议机关根据被申请行政复议的行政行为的公开情况，按照国家有关规定将行政复议决定书向社会公开。 **县级以上地方各级人民政府办理以本级人民政府工作部门为被申请人的行政复议案件，应当将发生法律效力的行政复议决定书、意见书同时抄告被申请人的上一级主管部门。**
第六章　法律责任	第六章　法律责任
第三十四条　行政复议机关~~违反本法规定，无正当理由不予受理依法提出的行政复议申请或者不按照规定~~	第八十条　行政复议机关**不依照本法规定履行行政复议职责**，对负有**责任的领导人员和**直接责任人员依法

续表

2017年《行政复议法》	2023年《行政复议法》
转送行政复议申请的，或者在法定期限内不作出行政复议决定的，对直接负责的主管人员和其他直接责任人员依法给予警告、记过、记大过的行政处分；经责令受理仍不受理或者不按照规定转送行政复议申请，造成严重后果的，依法给予降级、撤职、开除的行政处分。	给予警告、记过、记大过的处分；经**有权监督的机关督促仍不改正或者**造成严重后果的，依法给予降级、撤职、开除的处分。
第三十五条　行政复议机关工作人员在行政复议活动中，徇私舞弊或者有其他渎职、失职行为的，依法给予警告、记过、记大过的行政处分；情节严重的，依法给予降级、撤职、开除的行政处分；构成犯罪的，依法追究刑事责任。	第八十一条　行政复议机关工作人员在行政复议活动中，徇私舞弊或者有其他渎职、失职行为的，依法给予警告、记过、记大过的处分；情节严重的，依法给予降级、撤职、开除的处分；构成犯罪的，依法追究刑事责任。
第三十六条　被申请人违反本法规定，不提出书面答复或者不提交作出具体行政行为的证据、依据和其他有关材料，或者阻挠、变相阻挠公民、法人或者其他组织依法申请行政复议的，对直接负责的主管人员和其他直接责任人员依法给予警告、记过、记大过的行政处分；进行报复陷害的，依法给予降级、撤职、开除的行政处分；构成犯罪的，依法追究刑事责任。	第八十二条　被申请人违反本法规定，不提出书面答复或者不提交作出行政行为的证据、依据和其他有关材料，或者阻挠、变相阻挠公民、法人或者其他组织依法申请行政复议的，对**负有责任的领导**人员和直接责任人员依法给予警告、记过、记大过的处分；进行报复陷害的，依法给予降级、撤职、开除的处分；构成犯罪的，依法追究刑事责任。
第三十七条　被申请人不履行或者无正当理由拖延履行行政复议决定的，对直接负责的主管人员和其他直接责任人员依法给予警告、记过、记大过的行政处分；经责令履行仍拒不履行的，依法给予降级、撤职、开除的行政处分。	第八十三条　被申请人不履行或者无正当理由拖延履行行政复议决定**书、调解书、意见书**的，对**负有责任的领导人员**和直接责任人员依法给予警告、记过、记大过的处分；经责令履行仍拒不履行的，依法给予降级、撤职、开除的处分。

续表

2017 年《行政复议法》	2023 年《行政复议法》
	第八十四条　拒绝、阻挠行政复议人员调查取证，故意扰乱行政复议工作秩序的，依法给予处分、治安管理处罚；构成犯罪的，依法追究刑事责任。
第三十八条　行政复议机关负责法制工作的机构发现有无正当理由不予受理行政复议申请、不按照规定期限作出行政复议决定、徇私舞弊、对申请人打击报复或者不履行行政复议决定等情形的，应当向有关行政机关提出建议，有关行政机关应当依照本法和有关法律、行政法规的规定作出处理。	*第八十五条*　行政机关及其工作人员违反本法规定的，行政复议机关可以向监察机关或者公职人员任免机关、单位移送有关人员违法的事实材料，接受移送的监察机关或者公职人员任免机关、单位应当依法处理。
	第八十六条　行政复议机关在办理行政复议案件过程中，发现公职人员涉嫌贪污贿赂、失职渎职等职务违法或者职务犯罪的问题线索，应当依照有关规定移送监察机关，由监察机关依法调查处置。
第七章　附　　则	第七章　附　　则
第三十九条　行政复议机关受理行政复议申请，不得向申请人收取任何费用……	第八十七条　行政复议机关受理行政复议申请，不得向申请人收取任何费用。
第*四十*条　行政复议期间的计算和行政复议文书的送达，依照民事诉讼法关于期间、送达的规定执行。 本法关于行政复议期间有关“五日”、“七日”的规定是指工作日，不含节假日。	第*八十八*条　行政复议期间的计算和行政复议文书的送达，**本法没有规定的，**依照**《中华人民共和国**民事诉讼法》关于期间、送达的规定执行。 本法关于行政复议期间有关**“三日”**、“五日”、“七日”、**“十日”**的规定是指工作日，不含**法定休**假日。

续表

2017 年《行政复议法》	2023 年《行政复议法》
第四十一条 外国人、无国籍人、外国组织在中华人民共和国境内申请行政复议,适用本法。	第八十九条 外国人、无国籍人、外国组织在中华人民共和国境内申请行政复议,适用本法。
~~第四十二条 本法施行前公布的法律有关行政复议的规定与本法的规定不一致的,以本法的规定为准。~~	
第四十三条 本法自~~1999 年 10 月 1 日~~起施行。~~1990 年 12 月 24 日国务院发布、1994 年 10 月 9 日国务院修订发布的《行政复议条例》同时废止。~~	第九十条 本法自 **2024 年 1 月 1 日**起施行。